KB178694

# 실학과 서학

### 한국근대사상의 원류

금장태

지식과교양

# 머리말

　조선사회는 도학(道學: 朱子學)이념을 통치원리로 표방하였다. 그러나 17세기부터 조선 후기로 넘어가면서 비록 여전히 '도학'이념이 주류를 이루고 있었던 것은 사실이지만, 마치 봄이 가까워지면 두꺼운 얼음 밑으로 물 흐르는 소리가 들리기 시작하듯이, 이 시대 사상사의 저변에는 이미 새로운 사상조류가 흐르기 시작하였다.

　18, 19세기에 오면 정통의 학맥으로 자리 잡은 '도학파' 이외에도 아직 미약하지만 '심학'(心學: 陽明學)의 흐름으로 '강화(江華)학파'가 눈에 띄고, '실학'의 계보로 '성호(星湖)학파'와 '북학파'(北學派) 등이 뚜렷한 모습을 드러내었으며, 서양과학기술과 서양종교에 관한 지식으로서 '서학'(西學)에 깊은 관심을 기울이는 '신서파'(信西派)가 '성호학파'의 내부에서 발생하여 사회적인 큰 물의를 일으켰다. 이처럼 조선 후기의 한국사상사는 '도학'의 흐름과 더불어 '심학'·'실학'·'서학' 등 여러 물줄기가 얽혀서 흘러가는 다원화 시대를 맞게 되었다고 할 수 있다.

　크게 보면 '도학'에 대한 가장 큰 도전 세력은 '실학'으로 보인다. 17세기에 지봉(芝峯 李睟光)과 반계(磻溪 柳馨遠)를 거치면서 도학에서 외면당하던 명물도수(名物度數)의 잡학(雜學)에 대한 관심이 일어나고, 소홀히 하였던 사회현실의 제도개혁에 관한 논의도 활발해지면서 새로운 사상조류로 '실학'이 출현하였다. 나아가 18세기 초반 성호(星

湖 李瀷)에 이르면 '실학'은 학파로서 자리를 틀기 시작하였다. 흥미로운 사실은 조선 후기 실학이 처음 싹트는 시기부터 실학자들의 촉수에 때마침 중국에 전파되고 있던 '서학'이 곧바로 감지되었다는 점이다. 그때부터 '실학'은 '서학'으로부터 폭넓게 영향을 받았고 '서학'은 '실학'을 통해 조선사회에 뿌리를 내릴 수 있게 되는 '실학'과 '서학'의 동반관계가 성립되었다.

'도학파'는 도덕성의 내면적 가치를 중시하여 이념적 정통성을 강화하면서 다른 사상조류를 배척하는 폐쇄적 태도를 보였다면, 그 반면에 '실학파'는 현실적 효용성을 중시하여 개방적 열린 자세를 정립하면서 점차 '도학'에서 벗어나, 상당부분에서 '도학'에 대한 차별성을 뚜렷하게 드러내었다. 곧 '도학'이 이기론(理氣論)의 형이상학적 관념체계에 기반을 두고 있다면 '실학'은 현실의 실용성을 토대로 삼고 있으며, '도학'이 중국중심의 전통질서를 견지하고 있다면 '실학'은 서양을 포함한 세계로 열린 관심과 우리의 고유한 역사와 문화전통을 중시하는 태도를 보여주기도 한다. 이처럼 새로운 사상조류로서 '실학'이 '도학'에 맞서고 있는 상황은 바로 이 시대가 한국사상사에서 중대한 변동의 전환기를 맞이하고 있다는 사실을 말해준다. 이제 '도학'은 낡은 전통을 고수하는 구(舊)질서라면 '실학'은 새로운 시대를 열기 위한 신(新)질서로 대비될 수 있으며, 바로 이 점에서 '실학'의 중요한 특징의 하나로 '근대지향성'이 지적되고 있다.

문제는 한국사상사에서 '서학'의 위치를 다시 한번 살펴볼 필요가 있다는 것이다. '도학'이 고수하고 있던 중국중심의 닫힌 세계에서 벗어나 '실학'이 동양과 서양을 포함하는 열린 세계를 지향하게 되는 가장 큰 계기는 '서학'지식으로부터 영향을 받았다는 사실이다. '서학'은 지구설(地球說)을 토대로 하는 천문학지식과 대항해(大航海)시대 이후 서양의 세계지리에 대한 지식을 포함하는 새로운 지리학지식을 통해, 실학자들에게 새로운 세계관을 열어주고 있었다. 역사의 대세는 '도학'의 중세적 질서에서 '실학'과 '서학'의 근대적 질서로 흘러가지 않을 수 없었던 것이다.

그렇다면 지금까지 한국사상사의 서술은 불교나 도교사상을 예외로 한다면, '도학'을 중심으로 하면서 조선 후기의 경우 '도학'과 '실학'의 이원적 구조로 제시하는 것이 일반적 시각이요, 여기에 '심학'을 위해 구석자리를 조금 할애하기도 하고, '서학'의 문제를 곁들여서 다루기도 하는 것이 현실이다. 그러나 '서학'은 '실학'사상에 큰 영향을 미쳤을 뿐만 아니라, '도학'이념과 정면으로 충돌하면서 18세기말 이후 조선사회의 중대한 사회문제로 대두되었다. 그렇다면 이제 '서학'의 문제는 한국사상사에서 부수적 사항이 아니라, '도학'·'심학'의 전통적 사유에 대비하여 근대사상의 원류로서 '실학'·'서학'의 위치를 확보해 줄 필요가 있는 것으로 보인다. 이 점에서 '서학'은 단순히 서양문물에 관한 지식을 넘어서 한국사상사 속에서 중요한 역할을 뚜렷하게 남기고 이에 상응하는 자리를 차지하는 '조선서학'으로 인식하는 것이 매우 의미있는 일이라 생각한다.

이 책은 '조선서학'이 실학자들을 통해 어떻게 인식되고 전개되는지를 탐색해 보고자 시도한 것으로 제목을 『실학(實學)과 서학(西學) ― 한국근대사상의 원류』로 삼았다. 제1장 '조선서학의 전개와 성격'은 '조선서학'의 전래과정과 전파과정을 개괄하면서 특히 성호학파에서 양극적 인식태도가 분열되는 현상을 점검하였다. 이에 따라 성호학파에서 '서학'의 천주교 신앙에 엄격한 비판의 논리를 제시하였던 경우를 살펴본 것이 제2장 '순암 안정복(順菴 安鼎福)의 비판적 서학인식'이다. 이와 같이 성호학파에서 '서학'의 종교적 세계관으로부터 깊은 영향을 받아 유교경전을 창의적으로 재해석하고 실학의 새로운 세계관을 제시하였던 경우를 살펴본 것이 제3장 '다산(茶山)경학의 사천학(事天學)적 성격과 서학적 조명'이다. 여기서 나아가 19세기 중반의 실학자인 최한기(惠岡 崔漢綺)가 '서학'지식을 폭넓게 수용하면서 동양과 서양의 통합질서를 위한 새로운 철학기반으로 '신기'(神氣)철학을 제시하면서 인간의 마음을 인식하고 세계를 보는 시야를 어떻게 열어가고 있는지를 살펴본 것이 제4장 '최한기에서 마음의 이해와 서학인식'이다. 전체로 보면 '조선서학'이 실학의 품 속에 뿌리내리고 한국사상의 한 줄기로 구체화되는모습을 확인하고자 한 것이다.

이 책은 필자가 앞서 간행한 『조선후기 유교와 서학－교류와 갈등』(2003, 서울대출판부)에서 서술한 '서학'의 문제를 '조선서학'이라는 주제의 관심에서 보완하고 재해석하고자 시도한 것이지만, 여전히 문제의식을 투명하게 정립하지 못한 한계를 절실하게 의식하고 있다. 앞으로 독자의 질정(叱正)을 받아 좀 더 정밀하게 다듬어가기를 기약해 본다. 끝으로 이 책의 간행을 허락해주신 지식과교양 윤석원 사장님의 따뜻한 격려에 감사하는 마음을 전하고 싶다.

2012년 5월 8일
潛研齋에서 금장태

# 목차

# I. 조선서학의 전개와 성격

실학과 서학
─한국근대사상의 원류

# 1 한국학으로서 조선서학의 가능성

　조선시대의 사상적 특징은 16세기 말까지의 조선 전기가 대체로 주자학의 '도학'(道學)을 정착시켜가는 단계라면, 17세기부터 시작되는 조선 후기는 '도학'을 정통이념으로 확고하게 정립되었다. 그러나 다른 한편에서 양명학의 '심학'(心學)이 수용되고, 서양의 과학지식과 천주교 교리를 포함하는 '서학'(西學)이 전래하였으며, '도학'의 이념적 전통과 달리 현실제도의 개혁과 실용적 방법을 추구하는 '실학'(實學)이 등장하여 사상적 다변화가 일어나면서 갈등과 동요가 일어나는 단계라 할 수 있다.

　정통의 주류를 이루는 '도학'에 맞서서 새로 일어난 사상조류인 '심학'·'서학'·'실학'의 양상을 보면, '심학'은 중국사상 전통 속에서 발생한 내부의 도전세력이라면, '서학'은 중국으로부터 조선사회에 전래해 왔지만 이미 중국전통과는 다른 서양이라는 이질적 세계로서 '도학'의 성벽에 밀어닥친 외부의 침투세력이라 할 수 있다. 또한 '실학'은 현실의 제도적 경제적 모순을 효율적으로 해결하기 위해 실용성을 중시하고 개방적 자세로 '서학'의 수용에도 적극적 관심을 보이면서 '도학'의 배타적 정통이념의 벽을 안에서 허물어가는 개혁세력이라 할 수 있다.

조선후기 사회는 이러한 다양한 사상의 충돌 과정에서 크게 보면, '도학'이 절대적 다수와 우위를 차지하지만, '심학'은 극소수 지식인의 미약한 목소리였고, '실학'은 비록 소수의 지식인들이지만 활발한 문제제기를 하고 있었다. 이와 더불어 '서학'은 '실학'의 소수지식인들이 발단을 일으켰지만 대중적 신앙 속으로 확산하면서 '도학'체제를 뿌리부터 흔드는 가장 심각한 도전세력으로 등장하였던 것이 사실이다.

이런 의미에서 조선후기 사상사를 다시 개괄해 보면, 지금까지의 일반적 관점으로 조선후기 사상사를 '도학–실학'의 두 흐름을 중심으로 서술하여 왔던 시각에는 문제가 있는 것으로 보인다. '심학'은 학파로서 존재하였다는 사실을 확인할 수 있지만 그 영향력이 매우 미약하여 사상사의 중심세력으로 보기는 어렵다. 그러나 '서학'은 '실학'의 전개과정에도 깊은 영향을 미쳤을 뿐 아니라, '도학'의 주류와도 정면으로 충돌하여 심각한 갈등과 다양한 쟁점으로 제시되어 왔던 것이 사실이다. 그렇다면 조선후기 사상사는 '도학–실학'의 이원구조가 아니라, '도학–실학'의 상호보완적 이원구조와 더불어 '도학–서학'의 대립관계와 '실학–서학'의 영향관계가 얽혀 있는 복합구조로 이루어져 있는 것으로 보아야 할 것이다. 바로 이 점에서 조선후기 사상사는 '도학–실학–서학'의 세 유파를 중심의 흐름으로 파악하는 것이 한국사상사 인식에 보다 현실적 실상을 드러낼 수 있으며 균형 있는 사상사의 이해를 가능하게 할 것으로 볼 수 있다. 물론 조선후기 사상사의 전반을 논의할 때는 '도학–실학–서학'을 중심의 조류로 삼으면서, 이와 더불어 '심학'·'선학'(禪學)·'노장학'(老莊學) 등 다양한 분야를 포함시켜 관심의 폭을 넓히는 것이 당연한 필요한 일이다.

　따라서 '서학'은 조선후기 사상사의 주변적 사건의 수준이 아니라, 조선후기 사상사를 형성하는 기본요소의 하나요, 새로운 시대를 열어가는 가장 활성적 요인의 하나로 파악해야 할 필요가 있다. 그만큼 '조선서학'의 문제는 조선후기 사상사의 핵심적 과제요, 사상조류의 하나로 자리잡게 하는 것이 한국사상사를 더욱 활력있고 풍성하게 파악하는 중요한 의미를 지니는 것이라 하겠다.

　'조선서학'의 문제는 '과학기술'과 '신앙'이라는 두 요인 사이에 어떻게 전개되는 것인지가 그 성격과 사회적 역할을 이해하는 데 중요한 과제가 될 수 있다. 이와 더불어 '서학'이 전래해온 원천으로서 정치적 세력인 '서양'과 종교적 신앙으로서 '서학' 사이에 어떤 연관성이나 구속력을 갖는지 파악하는 문제도 복잡한 쟁점이 되고 있음을 유의하지 않을 수 없을 것이다.

## 2  조선서학의 배경과 상황

### 1) 서학전래의 양상과 성격

16세기말 예수회 선교사들이 중국 남쪽 변경인 광주(廣州)를 거쳐 중국에 들어와 1601년 북경에 자리 잡는 과정에서부터 중국지식인들의 우호적 반응을 이끌어냈다. 이들은 서양문물과 천주교 교리로서 '서학'이라는 새로운 서양문화를 중국사회에 소개하고 전파하면서 중국은 근세의 서양과 비로소 만나게 되었다. 예수회 선교사들이 중국사회에 성공적으로 정착하여 활동할 수 있었던 요인으로 크게 세 가지를 들면, 첫째 '보유론'(補儒論)의 적응주의 선교정책, 둘째 서양근세의 과학기술 전수, 셋째 한문으로 번역된 서학서적(漢譯西學書)의 보급을 들 수 있다.[1]

---

1 方豪는 明末淸初에 천주교가 중국에서 크게 성행할 수 있었던 원인과 시대적 배경으로서, ① 과학 지식에 대한 중국의 수요, ② 황실에 파고드는 선교정책, ③ 압박 속에서 더욱 굳어지는 신앙심, ④ 일반인의 교도에 대한 신뢰감, ⑤ 중국 문자와 유교에 능통한 선교사의 학식, ⑥ 서적을 통한 전교의 신속한 확산, ⑦ 교도들의 용감한 護敎자세, ⑧ 천주교와 유교의 조화를 위한 교도들의 노력 등 8가지를 들고 있다.(方豪, 『中西交通史』, 下卷, 臺北, 中國文化大學出版部, 1983, 982-992쪽.)

　무엇보다 먼저 예수회 선교사들은 중국문화의 전통적 기반을 깊이 이해하고 이에 적응하는 입장에서 천주교 교리를 제시함으로써 전교의 토대를 닦는 데 놀라운 성과를 거두었다. 마테오 리치(Matteo Ricci, 利瑪竇)를 비롯한 예수회 선교사들은 유교경전에 대한 이해를 심화하여 천주교 교리를 유교 교리에 적응시켜 제시하였던 적응주의 선교정책을 채택한 사실이다. 이른바 천주교를 유교와 일치시키면서 보완한다는 '보유론'의 선교정책은 중국사회의 이념적 기반인 유교와 충돌을 완화시켜줄 뿐만 아니라, 유교지식인이 천주교에 대해 보다 쉽게 접근할 수 있는 길을 열어주었던 것이다. 바로 이 점은 예수회의 중국선교는 초기부터 외래종교로서 이질성을 완화시키고 토착화를 추구하였던 것이요, 이로 인해 유교체제의 중국사회에 깊이 침투하고 빠른 시간 안에 확고히 뿌리를 내릴 수 있었던 것으로 보인다.

　동시에 예수회 선교사들은 전교활동의 초기부터 서양의 문물과 과학기술을 소개하는 데에 주의를 기울였고, 중국인들은 서양의 새로운 문물을 접하면서 단순히 신기함에 대한 호기심의 수준을 넘어서 그 실용성과 합리성을 인정하면서 '서학'을 유용한 지식으로 받아들일 수 있는 계기를 열어주었다. 천리경(千里鏡)·시계을 비롯한 온갖 기구와 수차(水車) 등 농경을 위한 기계 및 대포 등 무기에 이르기까지 서양의 문물이 지닌 유용성을 중국지식인들이 적극 수용하였고, 수학·천문학·역법(曆法) 등 과학지식에서도 서양의 우월함을 인정하였다. 중국정부는 국가기관인 흠천감(欽天監: 天文臺)의 실무를 서양신부에게 맡겼을 뿐만 아니라, 전통역법인 '대통력'(大統曆)을 버리고 서양역법에 따른 '시헌력'(時憲曆)으로 개정하기까지 하였다. 예수회 선교사들은 중국이 필요한 새로운 과학지식과 기술문명을 전수해 주었고, 중국정부는 선교사들로부터 필요한 지식과 기술을 받아들이면서 그 반대급부로 선교활동에 관용을 베풀었던 것으로 보이며, 심지어 중국정부가 북경에 천주당을 지어주기까지 하였던 사실도 있다.

이와 더불어 예수회 선교사들은 문헌과 독서를 중시하는 중국 지식인들을 '서학' 전파의 일차적 대상으로 삼아, 근세 서양의 문물과 천주교 교리를 한문으로 번역하고 저술한 '한역서학서'(漢譯西學書)를 간행하는데 노력하였던 사실이다. 중국사회의 통치자와 지식계층에 커다란 관심을 불러 일으켰으며, 그에 따라 유교지식인들이 자발적으로 '서학'지식을 연구하거나 천주교 신앙을 수용하는 엄청난 전파효과를 거두었던 것이다. 조선사회가 '서학'을 수용하였던 것도 선교사에 의한 전파가 아니라 '한역서학서'의 문헌을 통한 전파로 자생적 천주교도가 발생하기에 이르렀던 사실을 볼 수 있다.

예수회 선교사들이 적응주의 선교정책으로 유교전통과의 조화를 추구하여 큰 성공을 거두었으나, 천주교 신앙의 고유성을 중시하는 프란시스코회나 도미니코회 등 다른 선교단체에서는 적응주의에 문제점을 제기하였다. 이에 따라 선교단체들 사이에 쟁점으로 제기된 가장 큰 문제는 유교전통의 제사의례를 인정할 수 있는지 여부에 대한 것이다. 예수회는 유교의 제사의례를 조상신에 대한 추모의식의 표현형식으로 보고 허용하는 입장이었지만, 다른 선교단체는 '천주' 이외의 신적 존재에 대한 제사의례를 허용할 수 없다는 입장이었다. 이러한 입장차이로 17세기 중엽부터 이른바 '의례문제'로 논쟁이 벌어져 교황청에서도 입장을 번복하다가 1715년 교황 클레멘트(Clement) 11세에 의해 제사 금지령이 내려졌다.[2] 이러한 천주교의 제사 금지령이 중국의 선교사들에게 전해지자, 1720년 강희제(康熙帝)는 천주교를 배척하는 고유(告諭)를 반포되며, 뒤이어 선교사들을 마카오로 추방함으로써, 청나라 정부의 천주교 금지와 억압을 불러일으켰다. 이로부터 중국정부뿐만 아니라 지방관청과 민간으로부터 배척을 당하게 되었고, 중국의 천주교 공동체에서는 사대부층이 이탈하고 서민만이 남게 되었다 .이로써 중국과 서양이 '서학'으로 교류되던 밀월관계가 끝나고 말았으며, 서양에서도 교황권과 황제권 사이의 갈등이 일어나면서 1775년 예수회가 해산되었으며, 중국선교에서 적응주의 선교정책이 사실상 포기되는 상황에 놓이게 되었다.

18세기 초에 이르러 천주교가 적응주의 선교정책을 폐기하고 신앙의 배타적 정통성을 강화해갔던 사실은 '서학'의 성격에 중요한 변화현상이었다. 이러한 변화의 요인은 서양사회의 정치적 변화로서 식민지지배가 확장되고 유럽중심의 우월성을 강화하면서 중국문화에 대한 존중태도가 사라진 사실을 반영하는 것이라 할 수 있다. 그것은 유럽의 제국주의적 지배의식이 이 시기에 발생하고 있음을 의미하고, 교회도 독선적 정통의식을 강화하고 적응과 조화의 논리가 아니라 점령의 논리를 따르고 있음을 보여주는 것이라 하겠다. 이러한 변화요인이 '서학'과 유교의 대립과 충돌을 심화시켰던 사실을 주목할 필요가 있을 것이다.

---

**2** 1610년 Ricci가 죽은 뒤 예수회 안에서도 의견분열이 일어나고, 도미니코회의 Ricci에 대한 반대의견으로 일어난 신학적인 논쟁은 로마교황청에까지 확대되어 「의례문제」(Quaestio de Ritibus)를 일으켰다. 이에 따라 ① '天主' 이외에 '天'·'上帝'라는 호칭의 사용, ② 조상에 대한 제사, ③ 孔子에 대한 제사를 금지하는 敎令이 내리게 되었다. (方豪, 『中西交通史』(五), 臺北, 1954, pp.138-140.) 1715년 교황 클레멘트(Clement) 11세가 내린 유교제사에 대한 금지령은 1742년 교황 베네딕토(Benedicto) 14세에 의해 재차 반포된 이후 1939년 12월에 제사금지령이 해제될 때까지 계속되었다.

## 2) 서학수용의 과정과 조선사회의 서학수용기반

### (1) 서학수용의 과정과 서양과학의 이해

17세기 초부터 서양문물과 천주교 교리를 포함하는 '서학'이 유교 지식인들에 의해 중국문물의 수입과정에서 자연스럽게 전래되었다. 조선사회의 유교 지식인들이 서학을 이해하는 입장은 다양하다. 수용하는 입장에서도 서학의 과학기술만 선택적으로 수용하는 경우와 천주교 신앙까지 받아들이는 경우가 다르고, 거부하는 입장에서도 특히 천주교 신앙에 대해 이론적 비판에 치중하는 경우와 서학 전반에 관해 적대적 배척의 경우가 다르다. 개괄하여 보면 유교지식인들의 서학에 대한 입장은 초기에 서학의 과학기술을 수용하여 활발하였지만, 천주교 신앙공동체가 성립된 이후에는 폐쇄적 배척태도로 굳어져 갔던 것이 사실이다.

17세기초 이수광(李睟光)이 마테오 리치의 대표적 천주교 교리서인 『천주실의』(天主實義)와 서양문물을 간략하게 소개하면서 조선에 서학지식이 들어왔을 때, 서학은 극소수의 유교 지식인들 사이에서 호기심의 대상이 되거나 단편적 지식으로 논의되는 데 머물었고, 역법(曆法)이나 과학기술 등의 서양 문물에 대한 제한된 관심을 보이는 정도에 그쳤다. 그후 150년쯤 지나 18세기 중반에 성호(星湖 李瀷)에 와서 비로소 서학은 서양과학지식을 적극적으로 수용하는 단계에 이르게 되었다. 그리고 18세기 후반에 천주교 신앙공동체가 성립할 때까지는 거의 2세기에 가까운 세월이 흘러야 했다. 이러한 현상은 도학이념의 조선사회가 외래문물에 얼마나 소극적 반응을 하였는지 잘 보여주며, 그만큼 보수적 체제가 견고하였음을 말해준다.

초기에 서학지식을 수용하는 과정으로 1631년 정두원(鄭斗源)이 사신으로 북경에 갔을 때 로드리께즈(Rodriquez, 陸若漢) 신부로부터 천문·역법에 관한 서적과 천리경 등을 얻어 왔고, 조선정부는 서양역법에 깊은 관심을 기울여 이영준(李榮俊)을 시켜 로드리께즈에게서 역법을 배워오게 하였고, 김육(金堉)이 1644년 북경에서 천문역서(曆書)를 구입해오자 관상감(觀象監)의 김상범(金尙範) 등에게 연구하게 하여 조선에서도 1653년(효종4)부터 서양역법에 근거한 시헌력(時憲曆)을 시행하기에 이르렀다. 또한 1708년 숙종의 왕명으로 리치의 천문도인 「건상도」(乾象圖)와 세계지도인 「곤여도」(坤輿圖)를 병풍으로 만들기도 하였다. 서양의 천문·역법을 수입하는 일은 정부의 중요한 사업으로 인정되어 영조 때까지 활발하여 이이명(李頤命)을 비롯하여 여러 인물들이 북경에 가서 당시 흠천감 감정(欽天監 監正)이었던 쾨글러(Koegler, 戴進賢) 신부 등에게서 천문·역법을 배워왔다.

서양 천문학을 수용하면서, '하늘은 높고 땅은 낮으며 하늘은 둥글고 땅은 모난 것'이라는 전통적 우주관을 벗어나, '하늘이 땅을 둘러싸고 있으며 하늘과 땅은 모두 둥근 것'이라는 새로운 우주관으로 전환하는 계기가 열렸다. 또한 서양과학은 천체의 운행질서를 인간의 행위나 사회제도가 본받아 모방하여야 할 기준이 아니라, 수학적 계산과 실증적 관측을 통해 인식해야 할 대상으로 이해하는 사유방법의 변화를 이끌어내었다. 따라서 실학파의 지식인들은 서양의 천문·역법·수학에 관한 지식을 받아들여 여러 저술을 남기고 있다.[3]

---

3 18세기 후반에서 19세기 전반 사이에 이루어진 실학자들의 서양 천문학과 수학에 관한 저술로 愼後聃의 「天文略」·「坤輿圖說略論」(1760), 黃胤錫의 『理藪新編』, 洪大容의 『籌解需用』·『醫山問答』, 정약용의 「句股源流」, 최한기의 『儀象理數』(1839)·『習算津筏』(1850), 南秉哲의 『儀器輯說』·『海鏡細草解』 등이 있다.

서양 선교사들이 전해준 세계지도는 실학파 유교지식인의 세계관을 바꾸어놓는 충격을 주었다. 리치가 중국에서 간행한 세계지도인 「산해여지전도」(山海興地全圖, 1584)와 「곤여만국전도」(坤輿萬國全圖, 1602)는 중국중심의 세계지리의 이해를 벗어나 새로운 세계관을 열어주는 중요한 역할을 하였다. 이광정(李光庭)은 1603년 북경에서 리치의 「곤여만국전도」를 구입하여 우리나라에 처음 전해주었을 때, 이수광은 이 지도의 정밀함을 적극 인정하였으나, 최석정(崔錫鼎)은 이 세계지도에서 중국을 북쪽에 위치시킨 것을 근거 없는 것이라 비판하여 여전히 중국중심의 세계의식에 사로잡혀 있음을 보여주었다. 그러나 지구를 돌아 항해하여 중국에 왔던 서양인이 제시한 세계지도가 객관적임을 받아들이게 되자, 중국이 천하의 중심이라는 중국중심의 천하관에서 벗어나자 중국중심의 의리론 곧 화이론(華夷論)에도 동요가 일어나기 시작하였다. 따라서 실학파 지식인들이 사대주의적 예속의식을 탈피하고 조선의 고유성을 재발견하면서, 조선의 지리·역사·언어·풍속에 대한 연구가 활발하게 일어났다. 이러한 지리의식과 역사의식의 변화는 서학의 지리적 세계관에서 받은 충격의 효과라 할 수 있다.

(2) 천주교 신앙공동체의 발생과 유교사회의 대응

18세기 중엽까지 서학의 수용은 천주교 신앙의 수용이 아니라 '한역서학서'를 통한 문헌적 접근으로 서양의 과학기술에 관심이 집중되었고, 천주교 교리에 대한 언급은 부수적이고 지극히 미미한 수준에 머물었다. 그러나 18세기 중엽 성호에 의해 '서학'의 다양한 문제들이 본격적으로 검토되었고, 18세기 후반에 성호학파 안에서 천주교 신앙에 대한 비판과 이해가 양극적으로 심화되면서, 이들 사이에 천주교 신앙을 받아들이는 성호학파의 신서파(信西派)가 형성되었다. 그만큼 천주교 교리비판과 천주교 신앙수용의 양면에서 성호의 서학에 대한 학문적 관심이 결정적 계기가 되었던 것이다.

18세기 후반에 성호학파의 신서파 인물들 사이에 서양과학에 관한 연구가 활기를 띠면서 천주교 교리에 대한 긍정적 이해가 신앙의 수용으로 전개되었다. 그 선구적 인물이 이벽(李檗)이었고, 이승훈(李承薰)이 1784년 북경에서 영세를 받고 돌아오면서 성호학파 신서파 인물들과 역관(譯官)들 사이에서 천주교 신앙활동이 처음으로 일어났다. 이들 초기 천주교 신자들의 신앙집회가 1785년 봄에 형조(刑曹)에 적발되면서 조선사회 안에서 비로소 천주교 신앙문제가 사회문제로 대두되기 시작하였다. 성호학파의 공서파에서는 일찍부터 신후담(愼後聃)이 천주교 교리서를 조목별로 비판한 『서학변』(西學辨, 1724)을 저술하였고, 1785년에는 안정복(安鼎福)이 『천학고』(天學考)와 『천학문답』(天學問答)을 지어 천주교의 역사적 사실과 교리의 기본주제들을 비판하였다. 천주교 신앙집회가 형조에 적발되자, 가장 먼저 억압한 세력은 바로 신서파 신앙인들의 부형(父兄)들이다. 이벽과 이승훈은 부형의 심한 질책과 금압을 당하여 배교하지 않을 수 없었다. 이러한 사실은 조선사회의 사대부 가정에서 유교를 벗어난 '이단'의 신앙활동을 한다는 것은 곧 그 가문이 사회적 도태를 당한다는 심각한 위기의식이 있었음을 드러내주는 것이다.

1785년 천주교도들의 신앙집회가 적발된 이후 조정에서는 서학의 천주교 신앙에 대해 인륜(人倫)과 강상(綱常)의 유교 규범에 배반되는 이단으로 규정하여 비판하는 견해가 되풀이 되었다. 그러나 당시 정조(正祖)임금은 천주교 신앙이 발생한 원인을 추궁하여, 당시의 선비들의 학풍이 퇴락한 현실을 자책하면서, "우리의 '도'(吾道: 유교)를 크게 밝히고 바른 학문을 크게 드러내면 이와 같은 사설(邪說: 천주교)은 스스로 일어났다가 스스로 소멸될 것이니, 그 사람은 사람으로 여기고 그 서적은 불태우는 것이 옳다"[4]고 하였다. 정조는 이단·사설이 일어나는 원인은 선비가 유교의 바른 학문을 제대로 밝히지 못한 데서 책임이 있다는 자성(自省)의 입장을 강조한 것이다. 따라서 유교의 도리가 온전하게 밝혀지면 사설인 천주교는 자멸할 것이라 하여, 천주교에 대한 배척에 중점을 두는 것이 아니라 유학자가 유교의 바른 학문을 잘 밝혀야할 책임을 강조하였고, 천주교 서적만 금지하고 천주교를 따르는 백성을 처벌할 것이 아니라 바르게 교화시켜야 한다는 정책의 기본입장을 제시하였다. 이러한 정조의 서학에 대한 정책은 형벌에 의한 강압적 금지가 아니라 올바른 도리를 제시하는 온건한 교화정책이며, 유학자들이 밖으로 천주교를 이단·사설로 공격하는 태도와 달리 안으로 유학자에게 바른 도리를 밝히지 못한 책임을 추궁하는 것이다. 이러한 정조의 온건정책은 천주교 신앙활동이 유교사회의 전통질서에 파괴적 위협으로 인식되지 않았던 초기 단계의 입장을 보여주고 있다.

### (3) 조선사회의 서학수용기반

18세기 말 조선사회에 천주교 신앙활동이 불붙기 시작하였을 때, 그 불씨는 '한역서학서'가 성호학파 신서파의 유교 지식인를 통해 이

---

**4**『正宗實錄』, '12년戊申 8월壬辰', "使吾道大明, 正學丕闡, 則如此邪說, 可以自起自滅, 而人其人火其書, 則可矣."

해를 심화시켰던 것이 사실이라면, 그 불씨가 피어날 수 있었던 섶은 당시 조선사회의 현실적 조건이라 할 수 있다. 서학지식이 17세기 초에 전래되어 2백년 가까운 세월이 지나서 신앙활동으로 살아났던 것은 불씨가 불붙을 수 있는 시대·사회적 여건이 갖추어졌음을 말해준다. 조선사회에 선교사들의 전교활동이 없이도 유교 지식인들 속에서 자생적으로 천주교 신앙이 일어났다는 점은 천주교 신앙이 자연발화할 수 있는 사회내부적 여건이 있었다는 사실을 주목할 필요가 있다. 또한 유교 지식인들이 능동적으로 천주교 신앙을 받아들였지만, 잇달아 신속하게 서민 대중 속으로 전파되었고, 조선정부의 엄격한 억압에도 불구하고 100년 이상 지하신앙활동을 지속해 갈 수 있었던 사실도 조선사회의 여건이 수용기반을 이루고 있음을 말해준다. 이러한 조선사회의 수용기반을 사상적 상황, 사회적 실상 및 대외적 환경이라는 세 측면에서 확인해 볼 수 있을 것이다.

먼저 사상적 상황을 돌아보면, 당시 조선사회를 지탱하는 '도학'이념은 시대적 변화에 적응력을 잃고 보수적 틀에 고착되었으므로, 사상적 변혁의 요구가 다양하게 제기되고 있었다. 의례적 형식에 사로잡힌 질곡을 벗어나 심성의 자율성을 각성하면서 양명학의 '심학'이 제기되고 있었으며, 의리의 관념에 얽매어 사회경제적 모순이 누적된 현실을 해결하기 위해 '실학'이 활발하게 일어나고 있었으며, 서학의 과학기술이 제공하는 효율성과 새로운 세계관을 제공하는 '서학'은 '도학'이념의 정당성에 대한 근본적 의문을 제기하는 상황이었다. 이러한 사상적 다변화 속에서 '도학'의 권위가 동요하면서 '서학'의 천주교 교리에 의해 촉발된 새로운 세계관과 인간관은 새로운 가능성과 진실성으로 설득력 있게 다가올 수 있었던 것이라 할 수 있다.

다음으로 사회적 현실을 살펴보면, 조선후기 사회는 누적된 폐단으로 사회체제에 대한 개혁의 압력이 높았던 변동기를 맞고 있었다. 사대부층은 오랜 당쟁의 분열로 병이 깊이 들었고, 관료의 부패는 고질화되어 민생의 고통을 가중시켰다. 이 시대 조선사회는 신분질서의 동요를 비롯하여 민심이 이반하면서 유교전통의 사회체제가 한계에 이르렀던 것이다. 실학의 사회개혁이론들은 바로 이러한 사회적 모순을 타파하기 위한 활로를 찾으려는 노력이었다. 이때 서학의 과학기술은 개혁을 위한 도구와 논리로서 실학자들에 의해 적극적으로 수용되었고, 한걸음 나아가 천주교 신앙은 전통적 사회질서의 모순을 전면적으로 변혁하고 새로운 사회질서를 꿈꾸는 유교 지식인의 일부나 유교체제의 현세적 질곡에서 해방되어 미래의 새로운 세계를 요구하는 대중들에게 새로운 희망으로 받아들여졌던 사실을 인정할 필요가 있다. 당시 생활의 안정기반을 상실한 대중들 속에서 미륵신앙으로 미륵이 출현하여 새로운 세계가 열린다거나 정감록(鄭鑑錄)을 비롯한 감결(鑑訣)신앙으로 진인(眞人)이 출현하여 복지(福地)를 열어준다는 변혁과 구원을 대망하는 신앙이 확산되었다. 이러한 새로운 체제를 통한 구원의 희망은 바로 천주교 신앙이 대중 속에 받아들여질 수 있는 사회적 현실의 조건이었다. 당시 천주교 신앙은 유교사회체제에서 이탈하여 동요하는 대중의식과 결합하면서 빠른 확산이 가능하였던 것으로 보인다.

그 다음으로 대외적 환경을 보면 서학에서 제공된 세계지도를 통해 중국중심에서 벗어나 서양이라는 새로운 세계가 받아들여졌을 뿐만 아니라, 서양 과학기술의 우월함이 인정되고, 나아가 서양이 강력한 무력을 지닌 세력으로 받아들여지기 시작하였다는 사실이다. 중국이 유일한 문화적 중심이요 가장 강력한 세력으로 인식되는 차원에서 벗어나 중국에 맞서거나 더 강한 힘을 지닌 서양의 존재가 인식되는 새로운 차원의 세계의식이 자리잡게 되었다. 따라서 서양종교로서 천주교 신앙은 강력한 배경을 지닌 신앙조직으로 조선사회에 훨씬 쉽게 받아들여질 수 있었던 것으로 보인다. 따라서 천주교 교회가 유교적 의례질서의 핵심인 제사의례를 거부하였을 때도 북경 교회의 지시에 따라 강경하게 유교체제에 맞서서 교회의 지시를 따를 수 있었다. 이러한 신앙적 확신에는 교리의 진실성에 대한 확신과 더불어 서양의 힘을 배경으로 하는 교회에 대한 안정된 신뢰감이 크게 작용하였던 것이라 할 수 있다.

## 3 조선서학의 발화점으로서 성호(星湖)

### 1) 성호의 실학적 개방정신과 서양과학의 수용

성호(星湖 李瀷, 1681-1763)는 조선후기 사상사의 큰 흐름에서 '도학'과 '실학'을 계승하면서 '서학'을 수용함으로써, 이 시대 사상을 종합적으로 구현한 인물이다. '도학'에서는 주자-퇴계의 성리학을 계승하였고, '실학'에서는 율곡-유형원(柳馨遠)의 경세론을 계승하였으며, '서학'에서는 서양과학지식과 천주교 교리에 대해 본격적인 관심으로 논의함으로써 조선후기 서학의 물길을 열어주었다. 성호는 서양과학지식을 적극적으로 수용하였으며, 천주교 교리에서도 윤리적 규범에 대해서는 긍정적으로 수용하면서 신비적 신앙에 대해서는 분명하게 비판적 입장을 밝힘으로써, 유학자로서 열린 자세로 서학을 이해하는 태도를 보여주었다. 그의 서학인식은 그의 후학으로 이루어진 성호학파를 통해 조선시대 사상사의 뚜렷한 주제로 자리 잡게 되었던 사실이 주목된다.

성호의 부친 이하진(李夏鎭)은 1678년 사신으로 북경에 갔다가 중국에서 수천 권의 서적을 구입해 왔는데 그 가운데는 '한역서학서'도 상당수 있었다. 성호는 이 '한역서학서'를 접하면서 서학인식을 심화시킴으로써 이 시대 사상사에 '서학'이라는 새로운 물길을 열었던 것이다. 성호의 서학 인식이 지닌 사상사적 성격은 첫째, 이전까지의 단편적 지식을 소개하는 수준에서 학문적 논의의 차원으로 끌어올렸다는 점이요, 둘째, 이전까지의 부분적 관심에서 서학의 다양한 영역을 전체적 시야로 끌어올렸다는 점이며, 셋째, 이전까지 개인적 관심의 수준에서 학파적 사상조류로 끌어올렸다는 점을 들 수 있다.

성호의 '서학'에서는 서양의 자연과학은 유교의 성인을 넘어서는 합리적 진실로 높여지고, 서양의 윤리사상은 유교 윤리를 보완할 수 있는 유용한 가치로 인정되며, 다만 서양의 천주교 교리는 환망한 허위로 비판되고 있다. 그렇다면 '서학'의 과학지식은 유교사회에서도 받아들이고 따라야할 진실성의 기준으로 강조되고 있음을 의미한다. 그는 '도학'의 성리학적 자연철학이 제시하는 우주관을 바탕으로 삼으면서도 '서학'의 새로운 자연과학적 세계관을 수용하는 열린 정신을 제시하였으며, 이것은 바로 그의 '실학'정신이 어떤 이념에 폐쇄되지 않은 개방적 사유요, 실용적 합리성임을 말해주고 있다.

성호가 접하였던 서학 서적과 서양 문물의 범위를 분류하여 보면, 그의 서학에 대한 이해가 얼마나 폭넓은 것인지를 확인할 수 있다.[5] 그는 22종의 서학서적과 10건의 서양문물을 소개하고 있는데, 그 가운데 서양과학서가 13종으로 가장 많고, 지리·지도가 4종, 서양윤리서 2종, 천주교 교리서 3종이 있으며, 서양 문물도 대부분 과학기술과 관련된 것인 만큼 서양과학의 비중이 가장 크다.

성호는 서양과학과 서양문물을 폭넓게 수용하면서, 특히 천문·역

법에 가장 깊은 관심을 기울였다. 그는 서양 천문학에 따라 땅이 공처
럼 둥글다는 지구설(地球說)을 확인함으로써, 중국 전통의 하늘이 둥
글고 땅은 모지다는 천원지방설(天圓地方說)의 우주론을 벗어나고 있
었다. 또한 그는 "기계와 수학의 법은 뒤에 나온 것이 더욱 정교하다.
비록 성인의 지혜로도 미진함이 있어서, 후세의 사람이 더욱 보완하
고 연마해가니, 오래 지나갈수록 더욱 정밀해지는 것이다"6라고 하였
다. 곧 중국의 역법도 발전해 온 것이지만, 새롭게 계발된 역법을 비
롯한 서양의 과학기술이 더욱 우수한 것임을 지적하고 있다. 그것은
역법의 경우도 성인의 제작한 것을 표준으로 삼아야 하는 것이 아니
라 후대에 발전된 것이 더욱 정밀하고 기준이 되는 것임을 확인해주
는 것이다. 이처럼 그는 자연현상의 인식에서는 중국의 옛 성인이나
경전을 진실의 기준으로 삼는 태도를 탈피하고 객관적 실증을 진실의
기준으로 삼는 합리적 진리관을 내세우고 있으며, 동시에 과학기술은
끊임없이 정교해지고 진보한다는 과학지식의 진보관을 제시하는 것

---

**5** 성호가 접한 서학서적과 서양문물 목록을 분류해 보면, 다음과 같다.

西洋科學── 天文─『星土圻開圖』(六片方星圖)·『渾蓋通憲圖說』·
                        『天文略』·『簡平儀說』·『日月蝕推步』·『乾坤體義』
        ── 曆法─『治曆緣起』·『時憲曆』
        ── 數學─『幾何原本』
        ── 測量─『望海島術』
        ── 技術─『遠鏡說』·『泰西水法』·『西洋貢獻神威大鏡疏』

地理·地圖    ── 『萬國全圖』·『大地全圖』·『坤輿圖說』·『職方外紀』
西洋倫理書  ── 『交友論』·『七克』
天主敎敎理書 ── 『天主實義』·『主制群徵』·『天學正宗』
西洋文物     ── 視遠鏡(千里鏡)·羅鏡(나침반)·靉靆鏡(안경)·自鳴鍾(시계)·
                紅夷炮·鳥銃·藥筒·西洋畵·西洋水庫(댐)·龍尾車(농업용水車)

**6** 『星湖僿說』, 권2, 43, '曆象', "凡器數之法, 後出者工, 雖聖智有所未盡, 而後人因以增
修, 宜其愈久而愈精也."

이다.

　나아가 서학의 세계지도와 세계지리서를 받아들이면서 중국 중심적 대일통론(大一統論)의 천하관을 벗어나기 시작하였다. 그는 "대지(大地)로 논하면 중국이란 한 조각의 땅에 불과하고, 우리나라는 그 동북쪽에 있는 검정 사마귀만한 땅에 불과하다"[7]고 하여, 그의 지리의식을 지구 전체로 확장시키고 있다. 이러한 세계지리 의식에 따라 중국 중심의식도 약화될 수밖에 없다. 또한 중국중심의 지리의식을 탈피하면서 중국중심의 역사의식에서도 벗어나기 시작하고 있음을 엿볼 수 있다. 곧 그는 우리 역사의 독자성을 확인하는데 관심을 기울여, "오늘날 사람들이 우리나라 땅에서 살아가면서 우리나라 일은 전혀 살피지 않으며, 심지어 '『동국통감』(東國通鑑)은 읽는 사람이 누가 있는가'라고 말한다. …우리나라는 스스로 우리나라이다. 그 규모와 제도와 체질과 형세가 중국 역사와는 저절로 구별됨이 있다"[8]고 하였다. 그것은 우리 자신이 우리의 실상과 우리의 역사를 외면하고 오직 중국만 바라보며 사대주의에 빠져있는 현실을 성찰하는 것이다. 이러한 서학의 세계지리를 받아들이면서 지리적 인식과 역사적 인식의 변화는 바로 중국 중심에서 벗어난 우리의 역사적·문화적 독자성에 대한 새로운 각성을 불러일으키고 있음을 보여준다.

　서양의 과학기술이 지닌 합리성과 실용성을 적극적으로 인정하고 수용하는 성호의 사유세계에서는 이미 중국 전통이 유일한 정신적 기반이 아니요 서학의 새로운 과학기술과 문물은 필수적으로 섭취해야

---

**7**『星湖全書』, 권24, 13, '答安百順 別紙', "以大地言, 中國不過一片土, 我邦又不過其東北黑痣之地."

**8**『星湖全書』, 권25, 21, '答安百順', "今人生乎東邦, 惟東事全不省覺, 至曰東國通鑑有誰讀之, …東國自東國, 其規制體勢, 自與中史有別."

할 요소였다. 한걸음 나아가 성호는 유교전통의 시대적 한계를 절실
하게 각성하고 있었다. 그는 제자 권철신(權哲身)에게 보낸 편지에서,
"나는 사람을 대하여 일찍이 유교의 법도로 말하지 않았다. 아무 이익
됨이 없기 때문이다"[9]라고 하였다. 이 시대 조선사회가 당면한 문제를
해결하는데 유교의 법도(儒術)가 이미 효용성을 잃고 있다는 사실을
토로하고 있는 것이다. 사실상 이러한 상황에서 그는 '서학'을 통해 활
로를 찾아가지 않을 수 없는 사실을 엿볼 수 있게 한다. 그는 '서학'의
수용을 통해 실학의 방향을 찾았고, 동시에 전통의 '도학'과 신문물의
'서학'이라는 양극을 포용하면서도 '도학'으로부터 '서학'으로 향하는
길을 열어주었던 것이라 할 수 있다.

## 2) 서학 윤리의 이해와 천주교 교리의 인식

### (1) 서학 윤리의 긍정적 이해

성호의 서학 인식에서 서학의 윤리 규범에 대한 이해 서학의 윤리
서인 마테오 리치의 『교우론』(交友論)과 판토하(Pantoja, 龐迪我)의
『칠극』(七克)에 근거하고 있다. 먼저 정현로(鄭玄老)에게 보낸 편지에
서, 『교우론』의 구절로 "벗이란 제2의 나이다, (벗과 나는) 몸은 둘이
지만 마음은 하나이다"라는 언급 등을 인용하면서, "읽어보면 모두 뼛
속을 파고드는 말이다"[10]라고 하여, 절실한 격언으로 받아들이고 있
다. 교우의 도리는 유교규범에서도 '오륜'에 들어 있어 중시되는 일이

---

9 『星湖全書』, 권30, 30, '答權旣明(哲身)', "吾對人未嘗以儒術爲辭, 無益故也."
10 『星湖全書』, 권29, 13, '答鄭玄老', "有云, 友者第二我也, 身二而心一,…讀之儘是刺骨
之談也."

며, 서학의 교우론이 유교적 규범의식 속에서도 절실한 격언으로 인정하는 수용태도를 밝혔던 것이다.

또한 그는 『칠극』에 대해서도 사람이 사사로움으로 욕심에 빠지면서 비로소 죄와 허물이 생겨나는 것이라는 악의 발생근거에 대한 설명을 주목하고, 마음에서 욕심이 세 가지 큰 줄기(富·貴·逸樂)에서 일곱 개의 가지(貪·傲·饕·淫·怠·妬·忿)가 벌어지며 이를 극복하는 일곱 가지 방법(惠·謙·節·貞·勤·恕·忍)을 제시하는 『칠극』의 도덕적 실천체계를 자세하게 음미하였다. 따라서 그는 "『칠극』은…곧 우리 유교의 '극기'(克己) 이론이다. …조리에 질서가 있으며, 비유가 절실하다. 간혹 우리 유교에서 계발하지 못한 것도 있으니, 예법을 회복하는 공부에 도움 됨이 크다. 다만 '천주'와 '귀신'의 이론으로 뒤섞고 있는 것은 해괴하다. 만약 잡된 것을 제거하고 뛰어난 이론만 채택한다면 바로 유교의 유파일 따름이다"[11]라 하여, 『칠극』에서 제시된 일곱 가지 악을 극복하는 방법이 바로 공자가 욕심의 사사로움을 극복하는 '극기'(克己)의 가르침과 일치하는 것이라 확인함으로써 서학의 윤리체계를 적극적으로 긍정하고 있다.

성호는 서학의 윤리체계로서 『칠극』은 유교에서 계발되지 못한 것을 계발하여 유교윤리를 보완해주는 유익한 것임을 역설하였다. 여기서 그는 서학의 윤리체계에서 '천주'나 '귀신'의 존재와 연결시키는 신앙적 설명들을 제거한다면 바로 '서학'은 '유교의 유파'로 받아들일 수 있음을 선언하기까지 하였다. 그것은 예수회 선교사들의 적응주의에

---

11 『星湖僿說』, 권11, 2, '七克', "七克者, 西洋龐迪我所著, 即吾儒克己之說也, …條貫有序, 比喻切已, 間有吾儒所未發者, 其有助於復禮之功大矣, 但其雜之以天主鬼神之說, 則駭焉, 若刊汰沙礫, 抄採名論, 便是儒家者流耳."

따른 '보유론'의 해석이 열린 마음을 지닌 유교지식인에게 얼마나 설
득력 있게 전달되고 있는지를 가장 잘 보여주는 대목이라 할 수 있다.
다만 성호는 유학자로서 서학의 윤리체계를 적극적으로 수용하면서
도 천주교 신앙과 열결된 교리적 해석은 해괴하고 잡박한 것이라 규
정하여, 제거할 것을 요구함으로써, 서학의 윤리체계와 신앙조목을 분
별하여 선택적 수용의 입장을 제시하고 있는 것이다.

### (2) 천주교 교리에 대한 비판적 인식

성호는 천주교 교리서의 대표적 저술인 마테오 리치의 『천주실의』
(天主實義)에 발문을 붙여 천주교 교리의 기본 문제에 관해 구체적 논
의를 하고 있다.[12] 여기서 그는 리치에 대해, "교통이 없었던 외국의
신하로서 아득한 바다를 건너와 중국의 학사·대부들과 교유하였는
데, 이들 모두가 옷깃을 여미고 그를 받들었으며, '선생'이라 일컫고
감히 맞서지 못하였으니 호걸스런 선비라 할 수 있다"[13]고 하여, 리치
가 중국의 학자나 고관들로부터 극진한 존경을 받았던 사실을 들어
자신의 존숭하는 마음을 보여주고 있다.

그는 1724년 신후담과의 문답에서도 리치의 인물됨에 대해, "이 사
람의 학문은 소홀히 할 수 없는 것이다. 지금 그가 저술한 문자로 『천
주실의』와 『천학정종』(天學正宗) 등 여러 서적을 보면, 비록 그 '도'가
우리 유교와 반드시 합치되는지는 알지 못하겠으나, 그 '도'에 나아가

---

12 星湖는 천주교 교리서로서 아담 샬(湯若望)의 『主制群徵』도 인용하고 있지만(『星湖
　僿說』, 권2, '日天之行'), 『主宰群徵』에서는 천주교 교리의 진실성을 논증하기 위해 끌
　어들인 천문학 지식만을 인용할 뿐 교리 내용에 대해서는 언급하지는 않았다.
13 『星湖全書』, 권55, 28, '跋天主實義', "彼絶域外臣, 越溟海而與學士大夫遊, 學士大夫,
　莫不斂衽崇奉, 稱先生而不敢抗, 其亦豪傑之士也."

그 도달한 바를 논한다면, 또한 '성인'이라 할 수 있다"[14]고 하였다. 여기서 그는 리치의 천주교 교리가 유교의 도리와 일치하지 않음을 인정하면서도 리치가 이룬 학문 경지를 높이면서, 리치를 '성인'으로 일컫기까지 하여, 그 자신이 리치를 얼마나 존중하고 있는지 잘 보여주고 있다. 『천주실의』를 통해 성호가 주목한 천주교 교리의 기본 과제는 ① '천주'와 '예수'의 존재, ② '신'(神: 귀신)과 '영이'(靈異: 기적)의 문제, ③ '영혼'개념의 문제, ④ '천당·지옥' 문제로 정리해 볼 수 있다.

첫째, '천주'와 '예수'의 존재에 대한 이해로서, 성호는 "서학은 오로지 천주를 존숭하니, 천주는 곧 우리 유교의 상제이다. 그러나 (천주를) 공경하여 섬기고 두려워하여 믿는 것은 불교에서 석가모니에 대한 것과 같다. 천당·지옥을 징계와 권면의 방법으로 삼고, 두루 다니며 인도하고 교화함으로써 예수를 위한다"[15]고 하였다. 그것은 '천주'의 존재를 유교의 '상제'와 일치시켜 받아들이지만, 천주교의 '천주'에 대한 신앙 태도는 불교에서 부처를 섬기는 태도와 같은 것이라 하여 거부함으로써, '천주'에 대해서도 존재 자체와 신앙의례를 분별하고 있다. 이처럼 성호는 서학의 교리에 대해서도 전면적으로 비판하는 배척의 태도가 아니라, 유교와 일치되는 부분을 적극적으로 확보하고 차별화할 수밖에 없는 부분을 구별해내는 관점을 제시하였다.

따라서 성호는 제자 신후담이 서학을 배척하는 태도에 대해 문제점을 제시하면서, "'천주'의 설명에 이르러 우매한 사람은 놀라서 눈을

---

**14** 『河濱全集』(7), 3, '紀聞編', "星湖曰, 此人之學不可歇者, 今以其所著文字, 如天主實義天學正宗等諸書觀之, 雖未知其道之必合於吾儒, 而就其道而論其所至, 則亦可謂聖人矣."

**15** 『星湖全書』, 권55, 27, '跋天主實義', "其學專以天主爲尊, 天主者, 卽儒家之上帝, 而其敬事畏信, 則如佛氏之釋迦也, 以天堂地獄爲懲勸, 以周流導化爲耶蘇."

휘둥그렇게 뜨지만, 이제 경전에 실려 있는 '상제'와 '귀신'의 설명으로
써 보면, 그 이론 또한 묵묵히 서로 합치됨이 있다. 이것이 중국 선비
가 '천주'의 이론을 배척하다가 서양 선비에게 굴복 당하는 이유이
다"[16]라 하였다. 『천주실의』에서 '천주'의 존재를 유교 경전의 '상제'
나 '귀신'과 일치시켜 설명하고 있는 보유론적 해석에 대해, 성호 자신
도 적극적으로 공감하고 있음을 보여준다. 이러한 입장에서는 '천주'
라는 생소한 호칭에 거부감부터 갖는 태도는 어리석은 것이라 경계하
기도 하였다.

성호는 천주교 교리서의 설명에 따라 '예수'(耶蘇)라는 말의 뜻은 서
양에서 '세상을 구원함'(救世)의 명칭이라고 소개하였다. 또한 순박한
풍속이 무너져 사람들이 이치를 저버리고 욕심을 따르게 되자, 이에
'천주'가 크게 자비를 발하여 친히 세상을 구원하러 와서, 남녀의 교감
이 없이 동정녀를 택하여 유태에서 태어나면서 '예수'라는 이름이 시
작되었다는 사실과 더불어, 예수는 친히 가르침을 세워 서양에서 크
게 교화를 베풀고 다시 하늘로 올라갔다는 설명을 소개하고 있다. 여
기서 그는 우선 '천주'가 인간 세상에 육신을 드러내고 말씀으로 가르
침을 베풀었다는 사실에 대해 의문점을 제기하여, "자비를 베풀어야
할 나라와 지역은 무수히 많아 한정이 없는데, 한 천주가 두루 다니며
경계하려면 수고롭지 않겠는가?"[17]라고 하였다. '천주'가 '예수'라는
한 개체의 인간으로 특정한 지역에 출생하여 인간을 구제하기 위해
가르침을 베풀었다는 것은 '천주'의 보편성과 논리적으로 모순된 것이

---

**16** 『河濱全集』(7), 6–7, '紀聞編', "至其天主之說, 昧者瞠焉, 而今以經傳所載上帝鬼神
之說觀之, 則其說亦有嘿相契者, 此中士斥天主之說, 所以見屈於西士者也."

**17** 『星湖全書』, 권55, 29, '跋天主實義', "若天主慈悲下民, 現幻於實界間, 或相告語, 一如
人之施敎, 則億萬邦域, 可慈可悲者何限, 而一天主遍行提警, 得無勞乎."

아닌가 하는 의문점을 제기한 것이다.

둘째, '신'(神: 귀신)과 '영이'(靈異: 기적)의 문제에 대해, 성호는『시경』·『서경』등 경전에서 드러나는 '신'의 신비한 자취는 '착한 이는 복을 받고 방탕한 이는 재앙을 받음'(福善禍淫)으로 권면하고 징계하는 것이니 허황하고 공허한 말이 아니라 필연적으로 상응함이 있는 것이라 하였다. 이처럼 그는 '영이'(靈異)함을 유교경전에 근거하여 인정하였던 것이다. 여기서 그는 천주교에서 말하는 '영이'함에 대해, "그 시작은 중국의『시경』·『서경』이 말하는 것과 같은 것에 지나지 않았지만, 오히려 따르지 않음을 근심하여 천당·지옥의 이론으로 구제하고자 하였으니, 그 흘러 전해옴이 지금에 이르렀다. 그 후에 나오는 갖가지 신령하고 기이한 자취는 저들이 말하는 마귀가 사람을 속이는 짓에 불과하다"[18]고 언급하였다.

여기서 그는 '영이'함 곧 '신'의 신비한 행적이나 기적에 대해 천주교 교리를 전면으로 부정하는 것이 아니라, 그 발생의 초기에는 '신'이 '착한 이에게 복을 내리고 방탕한 이에게 재앙을 내리는' 것으로서 유교경전과 동일함을 인정하였다. 그러나 다음 단계로 천주교에서는 대중들이 믿고 따르게 하기 위해 '천당·지옥'의 이론을 끌어들인 것은 의도가 선하더라도 거짓된 방법을 사용한 과오를 저지른 것이라 거부의 입장을 밝혔다. 나아가 그 다음에 나오는 '영이'의 온갖 신령하고 기이한 기적들은 바로 천주교에서 말하는 마귀의 속임수라 규정하여 비판하였다. 이처럼 '영이'함에 대해서도 '신'이 인간을 이끌어가는 도덕적

---

**18**『星湖全書』, 권55, 29-30, '跋天主實義', "其始不過如中國詩書之云, 憫其猶不率也, 則濟之以天堂地獄之說, 流傳至今, 其後來種種靈異之迹, 不過彼所謂魔鬼証人之致也."

의도를 지녔을 때는 정당한 것으로 인정하며, 유교와 천주교가 일치하는 것으로 확인한다. 다만 도덕적 의도를 지닌 신비한 기적도 거짓된 이론이 개입되면 인정할 수 없다는 한계를 분명히 밝히고, 도덕적 의도를 벗어나는 온갖 기적의 신비한 행적은 모두 인간의 욕심이 만들어내는 거짓이요 천주교에서 말하는 마귀의 속임수일 뿐이라 밝힌다. 여기서 성호가 제시하는 천주교의 신비적 신앙에 대한 평가기준으로서 유교의 도덕적 합리성을 확인할 수 있다.

따라서 그는 유교와 천주교의 특성으로 합리적 사실성을 추구하는 입장과 신비적 기적을 추구하는 입장으로 대비시키면서, "중국은 그 실지의 자취(實迹)를 말하니, 자취가 사라지면 어리석은 자도 믿지 않으나, 서양은 허망한 자취(幻迹)를 말하니, 자취가 현혹될수록 혼미한 자는 더욱 미혹하게 되는 것은 그 형세가 그러하다. 오직 마귀가 이렇게 하는 것은 역시 천주의 가르침에 말미암고 있으니, 이미 인심에 고질병이 들어 있기 때문이다"[19]라고 밝혔다. 그것은 '영이(靈異)'함의 신비한 기적도 이치에 맞고 현실에 근거하여야 할 것을 요구하면서, '영이'함을 추구하는데 빠져 이치에 어긋나고 현실에서 벗어나는 허황한 기적을 '천주'의 가르침에 근거시키면서 천주교의 고질병이 되었음을 비판하고 있다.

셋째, '영혼' 개념으로, 성호는 『천주실의』에서 언급한 초목의 생혼(生魂)과 금수의 각혼(覺魂)과 인간의 영혼(靈魂)을 제시한 '혼3품설'(魂三品說)에 대해, "이것은 그들 학문의 큰 요점이다. 이것이 비록 우리 유교의 심성(心性)이론과 같지는 않지만, 또한 어찌 반드시 그렇지

---

**19** 『星湖全書』, 권55, 30, '跋天主實義', "蓋中國言其實迹, 迹泯而愚者不信, 西國言其幻迹, 迹眩而迷者愈惑, 其勢然也, 惟魔鬼之所以如此者, 亦由天主之教, 已痼人心故也."

않다는 것을 알겠는가"[20]라 하였다. 그는 서학의 영혼개념과 유교의 심성개념에 차이가 있음을 전제로 하면서도 서학의 영혼개념에 타당성이 있음을 인정하여 열어놓았다. 여기서 그는 리치의 '혼3품설'을 원형으로 삼아 유교적 입장에서 초목의 '생장지심'(生長之心)과 금수의 '지각지심'(知覺之心)과 인간의 '리의지심'(理義之心)이라는 '심3층설'(心三層說)을 제시하였다.[21] 그것은 서학의 '영혼'을 유교의 '심'으로 대치시켰을 뿐이니, 사실상 리치의 '혼3품설'을 받아들이고 있는 것이다. 다만 그는 "'심'의 명칭은 애초에 사람의 심장을 따라 말한 것이니, '초목의 심'이나 '천지의 심'이란 것은 다만 유사함을 미루어 말한 것이요 억지로 모두 같다고 말하는 것은 아니다"[22]라고 하여, 초목이나 천지에는 심장이 없으므로 엄격한 의미에서 '심'이 없는 것임을 지적하고 있다. 그렇다면 성호의 '심'개념은 금수와 인간의 두 경우에만 적용되는 것이요, 초목이나 천지의 '심'을 말하는 것은 유추하여 붙인 명칭일 뿐임을 전제로 하는 것이다.

넷째, '천당·지옥'에서 천주교는 불교와 상통함에도 불구하고 리치를 비롯한 천주교 선교사들이 불교를 비판하면서 유교를 보완하고 불교를 변혁시키겠다는 '보유역불'(補儒易佛)을 내세우고 있는데 대해, "그들(西士)이 부처의 가르침을 배척하는 바는 지극하지만, 오히려 마침내 불교와 함께 허황하고 망녕된 데로 돌아감을 깨닫지 못한다"[23]

---

**20** 『河濱全集』(7), 3, '紀聞編', "此其論學之大要也, 此雖與吾儒心性之說不同, 而亦安知其必不然也."

**21** 『星湖全書』, 권41, 21, '心說', "至於草木, 生長衰落, 若有心然者, 而無知覺, 只可道生長之心而已矣, 禽獸之有生長之心則固與草木同。而又有所謂知覺之心…至於人, 其有生長及知覺之心, 固與禽獸同, 而又有所謂理義之心."

**22** 『星湖全書』, 권41, 22, '心說', "心之名, 初從人之心臟上說去, 而若草木天地之心者, 特以類推言, 非委曲皆同者也."

고 하여, 천당·지옥설에서는 천주교나 불교가 모두 허황한 데 빠져 있는 것임을 비판하였다.

성호의 천주교 교리에 대한 인식은 그 신비적 신앙에 대해 비판적 입장을 밝히고 있지만, 결코 맹목적 거부태도 아니라는 사실을 유의할 필요가 있다. 그는 '천주'의 존재를 유교의 '상제'와 동일시하여 인정하면서 다만 신앙의례에 대해 거부입장을 밝혔고, '신'의 '영이'함에 대해서도 윤리적 정당성의 범위 안에서는 유교와 동일한 것으로 받아들이면서 '영이'함에 빠져 현실성과 합리성을 상실한 신앙에 대해 비판하였던 것이다. 또한 천주교의 '영혼'개념도 유교의 '심'과 상통하는 것으로 수용하며, 다만 천당·지옥설에 대해서는 불교와 동일한 것으로 거부 입장을 분명히 하고 있다. 따라서 그는 당시 천주교가 불교를 비판하는 태도에 대해서도 의문을 제기하였다. 그만큼 성호는 서학인식에서 천주교 신앙에 대해서도 보유론적 해석을 받아들여 이해가능한 범위에서는 긍정적 수용자세를 지키는 열린 정신을 지켜갔던 사실이 주목된다.

---

**23** 『星湖全書』, 권55, 28, '跋天主實義', "其所以斥竺乾之教者至矣, 猶未覺畢竟同歸於幻妄也."

# 4 성호학파에서 서학인식의 양극적 전개

## 1) 공서파(攻西派)의 서학비판론과 신후담(愼後聃)의 쟁점

### (1) 공서파의 서학비판론

성호학파의 성호 문인들과 후학들 사이에서는 서학에 대한 태도에서 양분되는 양상을 보이고 있다. 곧 신후담(愼後聃)·안정복(安鼎福) 등 초기 제자들은 도학 전통을 수호하고 서학의 서양과학에 대한 관심은 소극적이었지만 천주교 교리에 대해 강경한 비판 입장을 제기하였던 '공서파'(攻西派)이다. 이에 비해 권철신(權哲身)·이가환(李家煥) 등 후기 제자들은 새로운 시대를 열어가기 위해 서양과학의 이해에 적극적이었고 그 후학들 가운데서 천주교 신앙을 받아들이는 데까지 나아갔던 '신서파'(信西派)로 나누어볼 수 있다.

천주교 교리와 신앙활동에 비판적 입장의 저술을 남긴 인물로는 18세기 전반기에 신후담과 18세기 후반에 안정복은 성호학파의 공서파에 속하는 인물들이요, 18세기 후반기에 이헌경(李獻慶)·홍정하(洪正河)·이기경(李基慶) 등은 당파로는 기호남인(畿湖南人)에 속하지만 성호학파 바깥의 공서파 인물들이다. 이들의 서학비판 과정을 보면, 가장 먼저 신후담이 1724년 『서학변』(西學辨)을 저술하여 천주교 교리와 서양문물에 대해 정밀한 비판이론을 전개하였다. 안정복의 경우도 일찍이 1757년에 성호에게 올린 편지에서 천주교 교리서를 검토하면서 천당·지옥설이나 영혼 개념에 대한 비판적 입장을 정밀하게 전개하고 있다. 바로 이 점에서 신후담과 안정복은 성호의 문하에서 수학하였음에도 불구하고 스승의 포용적 관점을 따르지 않고, 도학의 배타적 이단배척론 전통을 따르고 있는 사실을 보여준다. 신후담의 경우는 문헌으로 서학서적을 연구하는 단계에서 엄격한 비판론을 제기한 것이요, 안정복의 경우는 천주교 신앙활동이 일어난 다음에 방어적 성격이 강한 점을 특징으로 지적할 수 있다.

1784─1785년 사이에 성호학파의 신서파 청년들이 천주교 신앙을 받아들여 신앙활동에 몰입하자 1785년 안정복은 「천학고」(天學考)와 「천학문답」(天學問答)을 저술하였다. 이 저술은 성호학파 내부의 후배들 사이에서 발생한 천주교 신앙활동을 견제할 필요에 따라 엄격한 비판론을 제시하였던 것이다. 그러나 안정복의 경우 서학비판론의 입장은 확고하지만 이론적 쟁점에서는 신후담의 『서학변』이 보여준 체계적이고 정밀함에는 훨씬 미치지 못하는 것이 사실이다. 그것은 천주교 교리서의 비판적 분석에 관심을 집중하고 있는 것이 아니라, 현실의 천주교 신앙활동을 견제하는데 초점을 맞추고 있다는 차이점에 따른 것으로 보인다.

성호학파 바깥에서 천주교 교리에 대한 비판론을 저술로 남겼던 인물로서 이헌경·홍정하·이기경의 경우는 성호학파의 공서파인 신후담과 안정복의 비판저술이 나온 다음에 등장한다. 먼저 이헌경은

1782년 부사(副使)로 북경에 가는 홍량호(洪良浩)를 전송하는 글에서
이단의 역사적 해독을 논하고 중국에서 천주학이 성행하는 사실과 우
리나라에도 서학의 교리서를 천인(天人)·심성(心性)의 이치에서도 기
준으로 받아들이고 있는 사실에 깊은 우려를 밝히고 배척의 입장을
강경하게 제시하였던 일이 있다.[24] 아직 국내에 천주교 신앙활동이
표면에 드러나지 않았던 시기이지만 이헌경은 중국 지식인들이 서양
과학에 깊이 빠져 있는 사실을 우려하고, 우리나라에서 전파되어 천
인·심성을 논하는 문제에서도 천주교의 교리를 끌어들이고 있는 점
을 비판한 것이다. 이러한 사실은 당시 성호학파 신서파의 지식인들
사이에 천주교 교리가 활발하게 수용되고 있는 단계에 와 있었던 사
정을 엿볼 수 있게 한다.

이헌경이 「천학문답」을 저술한 시기도 1785년 천주교 신앙활동이
적발된 직후의 일로 보인다. 1789년 안정복은 이헌경의 「천학문답」
을 빌려보고, 자신이 저술한 같은 제목의 「천학문답」을 이헌경에게
빌려주었던 사실이 확인된다.[25] 이처럼 안정복과 이헌경은 학맥이
다르지만 같은 기호남인계열로서 왕래하면서 공서파의 입장을 공유
하였던 것이다. 이헌경은 성인의 학문과 이단의 학문을 대비시키면
서, "성인의 학문은 이치가 평이하지만 공부는 고생스러운데, 이단의
학문은 말이 매우 신기하면서 공부는 지름길을 간다"[26]고 하였다. 이

---

**24** 『艮翁集』, 卷19, 26, '送洪侍郞良浩燕槎之行序', "中州之人驟聞而創見之, 無不嗟異
酷信, 駸駸然流入我國, 我國學者論天人性命之理者, 往往以其說爲宗."

**25** 『順菴集』, 권5, 36, 「答艮翁李參判夢瑞(獻慶)書」, 및 『艮翁集』, 권13, 36-38, '寄安
順菴書'.

**26** 『艮翁集』, 권23, 39, '天學問答', "聖人之學, 理旣平易而用工辛苦, 異端之學, 語甚新
奇而用工徑捷."

처럼 이단이란 대중들이 새롭고 기이한 말을 좋아하며 빨리 성과를
얻는 것을 기뻐하는 경박한 마음(好新喜捷之心)에 영합하는 것이요,
'천학' 곧 천주학도 바로 이러한 속성을 지닌 이단이라 규정하고 있
다. 여기서 그는 불교와 노장이나 천주학을 이단으로 확인하면서, 그
차이를 제시하여, "불교와 노장은 천하를 오랑캐와 짐승으로 빠뜨리
지만, '천학'은 천하를 도깨비소굴에 빠뜨린다. 오랑캐는 오히려 인류
이고, 금수도 형체가 있는 사물이니, 도깨비 무리에 견주면 진실로 차
이가 있다"[27]라 하였다. 도학의 이단배척론의 입장에서 불교와 노장
을 오랑캐와 짐승의 차원으로 인간이 다룰 수 있는 범위이지만, 천주
학은 도깨비 무리라 하여 인간과 양립할 수 없다는 극단적 거부감을
밝히고 있는 것이다.

안정복과 이헌경이 모두 「천학문답」이라는 제목의 서학비판론을
제시하고 있는 것은 그 당시 서학의 문제가 관심 있는 인물들 사이에
서 예리한 쟁점으로 떠올라 활발한 논쟁이 벌어졌다는 사실을 말해준
다. 또한 아직도 '천학'이란 명칭을 허용하고 있는 것은 '서학'을 '천주
학'이나 '천학'으로 일컫는 천주교 쪽의 명칭을 받아들이고 있음을 보
여준다. 조선후기 사회에서 서학에 대한 비판과 배척이 격렬해지면서
'서학'이란 명칭도 거부되고 오직 '사학'(邪學) 내지 '사설'(邪說)이라 일
컬어졌던 사실과 비교해 보면, '천학'이란 호칭은 비록 천주교를 이단
으로 배척하면서도 서로 마주하는 토론의 자세를 유지하고 있음을 보
여주는 것이라 하겠다.

1791년 천주교도가 제사를 폐지하고 신주를 불태운 진산사건(珍山

---

27 『艮翁集』, 권23, 42, '天學問答', "佛老陷天下於夷狄禽獸, 天學溺天下於魑魅魍魎, 夷
狄猶是人類, 禽獸亦有形之物, 比之魑魅魍魎, 固有間也."

事件)이 일어나자 조선정부는 천주교에 대해 금교령(禁敎令)과 금서령 (禁書令)이 내렸다. 그 직후에 홍정하가 『사편증의』(四編證疑)를 저술 하여, 천주교 교리에 대해 구체적 비판을 전개하였다.[28] 비록 금서령 이 내려졌지만 당시 천주교 교리서를 직접 읽고서 비판입장을 밝혔던 마지막 단계라 할 수 있다. 그 이후의 천주교 교리에 대한 비판은 사 실상 다른 비판서에서 간접적으로 인용하는 수준이요, 비판의 구호를 강화하는 차원이라 할 수 있다.

그후 신유교옥(1801)으로 정부의 천주교 금압정책이 강화된 다음, 이기경은 『벽위편』(闢衛編)을 편찬하여 정조시대 천주교 신앙활동이 발생한 이후 신유교옥 때까지 유교지식인들의 천주교에 대한 비판론 과 조선정부의 금압정책이 시행되던 과정의 사건들과 자료들을 수집 하여 사료로 정리하였다. 이 단계는 서학비판이 조선사회에서 하나의 역사적 과제로 등장하게 되었음을 의미하는 것이라 하겠다.

### (2) 신후담(愼後聃)의 『서학변』(西學辨)

유교 지식인의 서학비판론은 뒤로 갈수록 천주교 신앙활동에 대한 적대적 배척의식에 사로잡혀 이론적 논변이 아니라 배척의 구호를 내 세우는데 가까웠다. 이에 비해 초기의 신후담(遯窩·河濱 愼後聃, 1702-1761)은 아직 천주교 신앙활동이 발생하기 이전으로 서학의 교리서에 대한 유교 지식인의 이론적 비판입장을 가장 충실히 드러내고 있다. 바로 이 점에서 신후담의 『서학변』을 통해 공서파의 천주교 교리에

---

**28** 洪正河의 『四編證疑』는 「證疑要旨」・「實義證疑」・「萬物眞源證疑」・「眞道自證證疑」・ 「盛世芻蕘證疑」의 5편으로 구성되어 있으나, 『天主實義』・『萬物眞源』・『眞道自證』・ 『盛世芻蕘』의 천주교 교리서 4종에 대한 의문점을 비판적으로 변증한 '證疑'를 붙였기 때문에 『四編證疑』로 일컬어진다.

대한 비판이론의 쟁점을 이해하는 것이 의미가 있을 것이다.

신후담은 23세 때(1724) 성호 문하에서 '서학'을 접하자, 스승과 서학에 관해 토론을 하였다. 이때 성호와 문답한 내용은 「기문편」(紀聞編)으로 남아 있는데, 성호가 서학의 긍정적 측면을 주목하는 것과는 달리 엄격한 비판적 태도를 보였다. 이때 그는 천주교 교리서로 서학 문헌으로 『영언려작』(靈言蠡勺)과 『천주실의』 및 서양문물과 풍속을 소개한 『직방외기』(職方外記)를 비판하여 『서학변』을 저술하였다. 이러한 사실은 그가 성호문하에서 서학을 접하였지만, 성호문하에 나오기 이전부터 도학의 정통주의적 이단배척론을 확고한 신념으로 정립하고 있었던 사실을 엿볼 수 있다. 따라서 그는 처음 서학서적을 보고 나자 곧바로 서학이 불교를 답습한 것이요 사학(邪學)이라 규정하는 비판적 입장을 밝혔던 것이다.

신후담은 『서학변』에서 천주교의 영혼론을 제시한 삼비아소(Fransesco Sambiaso, 畢方濟)의 『영언려작』을 가장 먼저 검토하였다. 그만큼 '영혼'개념의 인식이 천주교 교리의 핵심적 문제로 주목되고 있음을 보여준다. 그것은 성리학의 기본과제인 심성론(心性論)을 비롯하여 귀신사생론(鬼神死生論)의 논리로서 천주교의 영혼론을 비판하는 것이다. 그만큼 신후담은 『영언려작』의 편차에 따라 '영혼'(anima, 亞尼瑪) 개념을 ① 본체(體), ② 능력(能), ③ 존귀함(尊), ④ 성질(情)의 4주제로 나누어 성리학의 이론에 따라 조목마다 정밀하게 이론적 비판을 시도하였다.

영혼의 본체(體)로서, '혼'이 '신'(神)의 부류에 속하는 것이요 '기'(氣)가 아니라는 천주교의 견해에 대해, 그는 "'혼'은 곧 '기'의 '신'이다"(魂便是氣之神)라는 주자의 언급을 근거로 "이미 '기'의 '신'이라면, '혼'을 곧바로 '기'라고 말할 수는 없다. 그렇지만 '기'가 아니면 '혼'이라는 것도 없다. 이제 다만 '혼'이 '기'가 아니라고만 말하고, '기'의 '신'이라고 말하지 않는다면, 장차 모르는 사람으로 하여금 '기'를 떠나서 '혼'을 찾게 할 것이니 어찌 잘못이 아니겠는가"[29]라고 하였다. 물질적 존재의 바탕인 '기'를 떠나서는 '리'(理)도 성립할 수 없고 '신'도 '혼'도 존재할 수 없다는 것이 성리학의 기본입장이다. '신'의 초월성을 강조하는 천주교의 견해와 '신'의 초월성이 물질적 바탕을 벗어날 수 없으며 내재성의 전제 위에서만 가능하다는 성리학적 견해가 달라지는 차이를 분명하게 드러내주는 것이다.

영혼이 존귀함이 천주와 비슷하다는 주장에 대해, 신후담은 인간의 혼(魂)·백(魄)과 하늘의 귀(鬼)·신(神)은 모두 음양의 영명한 현상으로 서로 비슷한 것으로 견주어질 수 있음을 인정한다. 그러나 그는 "높은 하늘에서 주재하는 것은 '상제'요, 한 몸에서 주재하는 것은 '마음'이다. 사람에게 이 '마음'이 있는 것은 하늘에 '상제'가 있는 것과 같다"[30]고 하여, 인간의 '마음'과 천상의 '상제'는 주재한다는 역할에서 공통되지만 한 몸의 주재와 천지 만물의 주재를 엄격히 구별함으로써 유사하다고 볼 수 없음을 역설하였다.

천주교의 영혼론에 대한 신후담의 비판적 입장은 철저히 성리학의 인식에 기초하여 양자의 차이를 드러내고, 성리학과 다르거나 성리학적 인식을 결여한 것은 바로 거짓된 것으로 규정하는 것이다. 따라서

---

**29** 『河濱全書』(7), 26, '西學辨: 靈言蠡勺', "旣是氣之神, 則固不可便謂之氣, 而非氣則又無所謂魂也. 今但言魂之非氣, 而不言其爲氣之神, 則將使不知者, 離氣而覓魂矣, 豈不誤耶."
**30** 『河濱全書』(7), 60, '西學辨: 靈言蠡勺', "主宰乎上天者帝也, 主宰乎一身者心也, 人之有此心, 如天之有上帝."

그의 비판은 성리학의 논리를 분명하게 밝혀주고 있지만, 성리학의 논리가 천주교 교리의 논리와 어떻게 다른지를 이해하는 데는 거의 관심을 보이지 않는 일방적 비판론인 것은 사실이다.

『천주실의』에서 마테오 리치는 '천주'를 유교 경전의 '상제'나 '천'과 일치시키면서, 송대 성리학의 '태극'이나 '리'의 궁극적 실재성을 부정하였다. 이에 대해 신후담은 "태극이란 그 이치는 실재하지만 그 자리는 비어있다. 상제가 하늘에서 주재하여 정해진 자리가 있는 것과는 같지 않다"[31]고 하여, 하나의 궁극존재이지만 '상제'는 정해진 자리가 있는 주재자를 말하고, '태극'은 자리가 없는 이치를 말하는 것으로서 다른 측면을 가리키는 것이라 본다. 따라서 자리가 없는 이치인 '태극'에 제사를 드리지 않는다고 '태극'이 '상제'와 다른 존재라는 리치의 견해는 잘못된 것이라 밝히고 있다.

신후담은 천주가 강생하여 예수로 태어났다는 천주교 교리에 대해서도, "천주가 각 나라에 강생하였다고 듣지 못했는데, 서양의 나라에 홀로 살았다면 천주가 은혜를 베푸는 도리는 치우치고 사사로움이 심하다 할 것이다. 어찌 큰 부모요 공변된 임금이 될 수 있겠는가"[32]라 하였다. 무엇보다 공변된 존재인 천주가 어느 특정한 나라에 살면서 다른 나라에는 살지 않았다는 것은 천주교의 교리 자체에도 모순된 것이라는 비판이다.

신후담의 천주교 교리에 대한 비판론은 천주교 교리를 비판하는 것이면서 동시에 유교의 이론들을 재점검함으로써 유교의 정통성을 이

---

[31] 『河濱全書』(7), 76-77, '西學辨: 天主實義', "夫太極者, 其理則實, 而其位則虛, 非若上帝之主宰乎天, 而有定位."
[32] 『河濱全書』(7), 91, '西學辨: 天主實義', "不聞天主之降生各國, 獨生於西泰之國, 則天主施恩之道, 可謂偏私之甚, 而惡在其爲大父公君也."

론적으로 강화시켜 가는 것이라 할 수 있다. 따라서 그의 천주교 비판 이론은 천주교도를 설득시키는데 의도가 있는 것이라기 보다, 동요하는 유교 지식인들을 무장시키기 위해 방어논리를 확보하는 것이라는 특성과 한계를 지닌 것이라 할 수 있다.

## 2) 신서파(信西派)의 천주교 신앙활동

### (1) 성호학파 신서파의 천주교 신앙활동의 전개

17세기 초 조선사회에 서양문물이 처음 전래한 이후 2백년 가까운 세월이 지나 18세기 말엽에 이르러 성호학파 신서파의 청년층 유교 지식인늘 사이에 천주교 신앙활동이 일어나기 이르렀다. 신서파에 속하는 인물들은 성호 문하에서 수학한 이가환(李家煥)·권철신(權哲身)·권일신(權日身)·홍유한(洪儒漢)을 비롯하여, 그 후학들인 이기양(李基讓)·이벽(李檗)·이승훈(李承薰)·정약전(丁若銓)·정약종(丁若鍾)·정약용(丁若鏞) 등이다. 이들은 서양과학기술의 수용에 관심을 기울이다가 점차 천주교 교리를 받아들이면서, 대부분 서양과학기술에 대한 관심은 상실하고 천주교 신앙에 몰입하는 경향을 보여주었다.

신서파의 청년유학자들이 천주교 신앙에 빠져들게 된 이유를 찾아보면, 서학 쪽의 요인으로서 예수회의 '보유론'에 따른 천주교 교리서의 이해가 유학자들이 천주교 교리를 이해하고 수용하는 지름길을 제공해주었다는 점과, 조선사회 쪽 요인으로서 조선후기 사회를 이끌어왔던 유교 이념이 한계를 드러내면서 새로운 길을 모색하는 관심이 높아졌다는 점을 들 수 있다.

성호학파의 신서파 청년유학자들은 서양과학기술에 대한 관심에서

한 걸음 더 나가 '보유론'의 천주교 교리에 접근했고, 이를 매개로 천주교 신앙을 받아들였다. 그러나 신서파 유학자들이 천주교 신앙을 받아들였던 18세기 후반의 시기는 유교이념의 조선사회만 동요하고 있었던 것이 아니라, 천주교 신앙을 배양하는 기반인 서양사회도 동요하고 있었다. 천주교 신앙을 처음 받아들였던 신서파의 유학자들은 『천주실의』를 비롯한 예수회의 보유론에 따른 천주교 교리서를 통해 천주교 신앙에 빠져들기 시작하였다. 그러나 '의례논쟁' 이후 예수회는 1773년 해산당하고(중국에서는 예수회가 1775년 해산됨), 교황이 제사금지령을 내렸던 것이다. 이에 따라 중국에서 전교방법도 '보유론'의 적응주의 입장이 후퇴하고 유럽중심주의 의식이 지배하면서 천주교 신앙의 유일성이 강화되어 유교와 천주교 사이에 갈등이 심화되어 갔다.[33]

1780년대 신서파의 유교 지식인들이 천주교를 받아들였을 때는 보유론적 교리서와 독단적 교리서가 병행하는 상태였고, 신서파 인물들은 보유론적 교리서를 통해 처음 신앙을 받아들였지만, 신앙을 받아들이자 마자 독단적 교리서를 접하게 되었던 상황이었다. 이 때문에 보유론적 교리서에 깊이 의존하여 스스로 천주교 신앙을 받아들인 초기 신자들로서 이벽·이승훈·정약전·정약용 등은 뒤에 사회적 억압을 심하게 당하면서 신앙공동체에서 이탈하였지만, 보유론적 교리서에 의존도가 약하고 동료들로부터 전교를 받아 입교한 인물로 정약종·윤지충·권상연·황사영 등 여러 신도들은 순교를 당하면서도 신앙을 지켰던 사실을 엿볼 수 있다.

신서파의 초기 천주교 신앙공동체와 그 전개과정을 보면, 초기에는

---

33 方豪, 「中西交通史」(五), 1954, 臺北, 제5장 6·9·10절 참조.

신서파의 청년 유학자들이 중심이 되었으나 사회적 금압을 받아 사대부층인 유학자들이 신앙에서 이탈하면서 중인 내지 서민층으로 그 중심세력이 이동해 갔다. 이들 신서파의 활동을 보면 초기의 신앙 공동체 형성기의 중심인물로 이벽·이승훈과, 신해 진산사건(1791) 때의 윤지충·권상연, 신유교옥(1801) 때의 정약종·황사영을 거쳐 기해교옥(1839) 때의 정하상(丁夏祥)에 이르기까지 지속적으로 이어갔다.

신서파의 천주교 신앙활동 양상은 18세기 말의 짧은 기간 동안에 불꽃처럼 피어올랐다. 그 과정을 보면 ① 천진암(天眞庵)·주어사(走魚寺) 강학회(1777-1779), ② 이승훈의 영세와 형조(刑曹)의 신앙집회 적발(1784-1785), ③ 폐제분주(廢祭焚主) 사건과 금교령(1791), ④ 주문모(周文謨) 신부의 입국과 신유교옥(1801)의 네 단계로 나누어 볼 수 있다. 19세기에 들어선 다음 조선교구의 설립과 기해교옥(1839)의 단계는 이미 신서파의 계승이라 보기 어려운 경우로 보인다.

① 천진암·주어사 강학회(1777-1779)는 성호의 제사인 권철신을 스승으로 모시고 권상학(權相學)·이총억(李寵億)·이승훈·정약전 등이 참석하였던 강학회로, 여기에 참석했던 이벽이 주도하여 천주교 교리에 대한 토론이 벌어졌던 것으로 보인다. 당시 이벽은 이미 보유론적 교리서를 통해 천주교 교리에 대한 깊은 이해와 신념을 가지고 있었으며 설득력 있게 토론을 벌였을 것이다. 이 강학회에 참석하였던 인물들이 뒤에 대부분 천주교 신앙을 받아들였던 사실을 보면, 천주교 신앙의 온상이 되었던 것이라 볼 수 있다. 강학회를 마친 뒤에 이벽은 「천주공경가」(天主恭敬歌)를 짓고, 정약전은 「십계명가」(十誡命歌)를 지었다고 한다.[34]

「천주공경가」는 유교적 도덕규범과 일치시킨 보유론의 입장에서

가사체로 대중을 설득하기 위해 저술된 것이다. 이와 더불어 이벽의
『성교요지』(聖敎要旨)는 유교적 의식이 거의 배제된 천주교 공동체만
을 의식한 교리서로, 천주교 교리의 인식이 이미 이벽에서 변하고 있
음을 보여주는 것이다. 이보다 뒤에 나왔지만 정약종이 저술한 우리
말 교리서인 『주교요지』는 대중을 전교하는데 탁월함을 인정받아 주
문모 신부도 이 책을 전교서로서 활용하였다고 한다. 『주교요지』도
유교적 사회기반을 배제하고 천주교 교리만을 체계적으로 서술하고
있음을 보여준다. 그러나 문답형식으로 교리를 해명하는 부분에서 공
서파 유학자들이 제기한 일이 있는 의문점인 "천주가 어찌하여 우리
나라에 내리지 않으시고 서국(西國)에 내리셨는가?"라는 문제에 대해,
"천주는 한 곳에 내리시면 그 교법이 가히 천하에 두루 행할 것이오,
또 서국 유데아 지방에 내리심은 오직 이 나라 사람이 예로부터 천주
섬기기를 일삼아 천주의 백성이 되는지라"라 대답하기도 하였다.[35]

② 이승훈이 북경에서 영세를 받고 1784년 봄에 돌아왔다. 이승훈
이 귀국하여 이벽에게 먼저 영세를 주고 몇 사람이 이승훈의 영세를
받음으로써, 천주교 신앙공동체가 성립하고 이들의 신앙집회가 열렸
다. 이벽은 권철신·권일신 형제에게도 전교하고 이가환과도 신앙문
제로 토론하는 등 활발한 전교활동을 벌였으며, 정약용의 형제들도
이벽을 통해 천주교에 입교하였다. 따라서 초기 신앙공동체를 이끌어

---

34 李檗의 「天主恭敬歌」와 丁若銓의 「十誡命歌」 및 李家煥의 「警世歌」가 李承薰의 문
집이라 전하는 『蔓川遺稿』에 수록되어 있는데, 「天主恭敬歌」와 「十誡命歌」는 天主
歌詞이지만 「警世歌」는 천주교를 배격하는 闢異歌詞라고 한다. 이원순, 『한국천주교
회사연구』(한국교회사연구소, 1986), 73~74쪽.

35 정약종, 『쥬교요지』(제2판, 京城府明治町天主敎會, 1932), 79~81쪽, '하편: 텬쥬강싱
ᄒ신의심을봄힘이라'.

갔던 중심인물은 이벽이었다.

1785년(乙巳) 봄 명례방(明禮坊: 현 明洞)에서 열렸던 신서파의 신앙집회가 형조에 적발되었을 때, 이 집회에서 이벽이 주석에 앉고 이승훈·정약전·정약종·정약용·권일신·권상하(부자) 등이 참석하고 있었다 한다. 이 사건으로 천주교 신앙집회가 알려지자 성균관의 태학생(太學生)들이 통문(通文)을 돌려 철저히 배척할 것을 요구하기도 하였다. 이 사건이 알려지자 먼저 신앙집회에 참석한 신서파 청년들은 가정에서 부형들로부터 엄중한 문책을 받았다. 이승훈도 척사문(斥邪文)을 지어 배교하였음을 밝혀야 했고, 결국 이벽도 배교를 선언해야 했다. 그러나 신앙공동체는 붕괴된 것이 아니라 극소수의 사대부층에로 퍼져갔으며, 다른 한편으로 지방과 서민층 속으로 빠르게 확산되어 가는 현상을 보여준다.

1787년 겨울에는 이승훈·정약용·강리원(姜履元) 등이 성균관 근처 사가(私家)에 모여 비밀리에 교리연구를 하였던 사실이 발각되어 물의를 일으켰다. 이에 대해 이듬해 초 홍낙안(洪樂安)은 천주교를 비판하는 글(對策)에서 천주교 신앙이 충청도 일대에 집집마다 널리 전파되고 교리서적을 언문으로 번역하여 베껴서 부녀자와 아이들에게도 퍼지고 있음을 고발하였던 일도 있다.[36]

이승훈이 영세를 받으면서 북경교회에서 얻어온 교리서적을 통해 천주교의 의례와 조직에 관한 지식이 받아들여지고, 이를 토대로 초기 신앙공동체가 조직화되었으나, 여전히 불충분한 지식을 토대로 한 것이었다. 신앙집회가 형조에 적발된 이후에도 지하신앙운동이 조직

---

**36** 李晩采,『闢衛編』, 권2, 8-9, '丁未沕會事: 進士洪樂安對親策文', "近伏聞湖右一帶, 幾至家傳而戶誦, 眞諺翻謄, 下及婦孺, 官長禁之而不得, 里巷轉以爲倣法."

화되었으며, 이 때 이승훈은 10명의 신부를 임명하고 주교를 추대하여 성사(聖事)를 집행함으로써 이른바 '가성직'(假聖職)의 조직이 이루어졌다.[37] 이 때 유항검(柳恒儉)이 '가성직'의 문제점을 지적함에 따라 북경교회에 질의하자, 북경교회로부터 '가성직'을 불법으로 규정할 뿐만 아니라, 제사의례도 금지하라는 지시를 받게 되었다.

③ 신해년(1791) 진산사건은 1790년 북경교회로부터 제사를 금하는 지시를 받자 전라도 진산(珍山: 현 충남 금산군 진산면)에서 윤지충과 권상연이 제사를 폐지하고 신주를 불태웠던 사건이다. 당시의 천주교 신앙공동체는 유교전통의 핵심인 제사의례를 포기할 만큼 확고한 신앙 태도를 보여준 것이요, 이 사건을 계기로 그동안 온건정책을 지켜오던 조선 정부도 윤지충·권상연을 처형하고, 천주교 서적의 소지를 금지하며 천주교 신앙활동을 금지하는 금교령(禁敎令)을 공식적으로 반포하였다.

이미 신서파의 천주교 신앙은 예수회의 보유론에 따른 교리서에서 벗어나, 유교의례체제를 거부하는 북경교회의 지시를 따르는 천주교 공동체로 변화한 것이다. 이에 따라 유교와 천주교의 정면충돌은 필연적 결과였다. 그 결과 권일신·이승훈·정약용 등 초기 신앙공동체를 형성하였던 신서파 유학자의 대부분은 신앙으로부터 이탈하였고, 신앙공동체의 중심이 중인과 서민의 하층 계급과 부녀자로 옮겨가게 되었던 것이다.

---

37 趙珖, 『조선후기 천주교사 연구』(고려대 민족문화연구소, 1988), 56쪽.

### (2) 신유교옥과 황사영(黃嗣永)의 「백서」(帛書)

1794년에는 중국인 신부 주문모가 밀입국하여 전교를 시작하였으며, 금교령 아래서도 천주교도의 지하신앙조직이 확산되어가고 있었으나, 정조(正祖)의 온건정책으로 큰 희생자를 내지는 않았다. 그러나 1800년 정조가 죽고 순조(純祖)가 즉위하자, 1800년 연말부터 천주교도를 체포하기 시작하여 1801년 대략 100명의 신자가 처형되고 400명이 유배된 신유교옥의 큰 옥사(獄事)가 일어났다. 1801년 1월 반포된 대왕대비(大王大妃)의 전교(傳敎)에서는 천주교도들에 대해, "끝내 뉘우치지 않으면 나라에 법이 있으니, 죽여 없애어 종자가 남아있지 않게 하라"[38]는 강경한 소탕 의지를 밝혔다.

신유교옥의 과정에서 전주(全州)의 유항검(柳恒儉)·유관검(柳觀儉) 형제를 심문하면서, 서양의 큰배를 요청하여 무기를 싣고 와서 조선정부와 한바탕 결판을 내겠다는 이른바 '양박청래'(洋舶請來)의 모의가 드러났다. 이때부터 신앙의 자유를 추구하는 천주교도들의 반국가적 의식에 대해 조선정부의 위기의식이 고조되었던 사실을 주목할 필요가 있다. 더구나 1801년 9월 황사영의 「백서」가 발각되면서, 조선정부는 천주교도들이 국가의 안위에 중대한 위협이 되는 반역의 집단이라 규정하였던 것이다. 이때 중국인 신부 주문모를 처형함으로써 청나라와 외교문제로 확대될 위험도 내포하고 있었던 실정이었다.

신유교옥에서 천주교 공동체의 중심인물들이 대부분 희생되자, 황사영은 북경교회의 주교에게 당시 조선의 신앙공동체가 처한 위급한 상태를 알리고 도움을 청하면서 신유교옥에서 희생된 교우들의 행적

---

**38** 李晩采, 『闢衛編』, 권5, 1, '申酉治邪', "猶不悛, 則國有法焉, 勦殄滅之, 無得遺種."

을 자세히 보고하는 「백서」를 작성하여 북경교회에 보내려다가 그 해 9월에 발각되면서, 이 사건은 신유교옥을 더욱 확산시키는 계기가 되었다. 황사영은 「백서」에서 천주교 신앙공동체의 신앙자유를 획득하기 위한 방법을 제안하면서, ① 청나라 황제로 하여금 서양선교사를 받아들이도록 조선왕에게 칙령을 내리게 하는 방법, ② 조선을 만주에 예속시키도록 청나라 황제에게 권고하는 방법, ③ 군함 수백 척에 병정 5─6만 명과 대포 등을 싣고 와서 선교사를 받아들이도록 위협하는 방법 등을 제시하였다. 그 방법이란 조선 정부로서는 국가의 안전을 근본적으로 위협하는 반국가적 역모로 심각하게 받아들이지 않을 수 없었다.

여기서 황사영은 천주교 신앙의 자유를 확보하기 위해 조선정부를 위협하는 것이 천주교의 명분에 맞지 않는다는 신앙공동체 내부의 부정적 견해에 대해, "유독 이 탄환만한 조선이 순명하지 않을 뿐만 아니라, 도리어 강경하게 버티어 '성교'(聖敎: 천주교)를 잔혹하게 해치고, 신부를 학살하였다. …예수의 거룩하신 가르침에 의하면 전교(傳敎)를 허용하지 않는 죄는 소돔과 고모라보다 더 무겁다고 하였으니, 비록 이 나라를 모조리 소멸시킨들 '성교'의 표양에 해로울 것이 없다"[39] 고 하였다. 천주교를 받아들이지 않은 죄로 그 나라를 멸망시키는 것도 천주교의 명분에 어긋나지 않는다는 주장은 극단적 신앙중심 의식이요 국가의식을 떠난 것임을 보여준다. 이에 대해 조선정부는 「백서」에 대해, "글자마다 흉악한 뱃속이요 구절마다 역적의 창자이니, 임금

---

**39** 『黃嗣永帛書 外』, 윤재영 譯, 正音社, 1979, 113─114쪽, "獨此彈丸東土, 不但不卽順命, 反來梗化, 殘害聖敎, 戮殺神司,…據耶蘇聖訓, 則不容傳敎之罪, 更重於索多瑪惡不辣矣, 雖殄滅此邦, 亦無害於聖敎之表樣."

에 대해 무도한 말이 아님이 없고 나라에 대해 원수의 계책이 아님이
없다"[40]고 하여, 반역적 성격에 대한 극단적 적대감으로 성토하였다.

조선 왕조의 공식적인 서학비판의 포고문으로 1801년 12월에 「토
사교문」(討邪敎文)이 반포되었다. 여기서 천주교를 사교(邪敎)로 규정
하여 신앙대상이나 교리에 대한 비판과 더불어, 천주교도들이 나라를
원망하고 뜻을 상실한 무리와 결합하여 무리를 만들고 시정의 잡배를
모아 명분을 어지럽히고 풍속을 더럽힌다고 비판하여 천주교가 사회
질서에 위험한 집단임을 지적하였다. 곧 "겉으로는 사술(邪術)을 칭탁
하고 속으로는 반역의 의도를 품었으며, 처음에는 신교(神敎)를 가탁
하여 몰래 세상을 뒤덮는 재앙을 양성하다가 끝내는 임금을 원수로
보고 공공연히 역모를 자행할 것이다"[41]라 하여, 천주교도들을 사회를
전복시킬 반역의 무리로 규정하였다. 이제 조선에서 천주교 교단과
조선정부는 더 이상 타협이 불가능한 극단적 대립의 양상으로 치닫는
상태에 이른 것이다.

1784년에 천주교 신앙공동체가 처음 형성된 뒤로 1801년 신유교
옥이 일어날 때까지 불과 27년 사이에 신서파의 신앙공동체와 조선
정부로서도 서로 전혀 예상하지 못한 결과로 치달으며 신앙과 국가체
제가 정면으로 충돌하게 되었다. 이러한 신앙공동체가 보여준 특징
은 첫째, 서양과학의 수용에서 출발하였지만 서양과학기술에 대한 관
심을 잃고 천주교 신앙으로만 몰입하였다는 점이다. 서학은 서양 과
학기술의 도입을 위한 통로였는데, 서양 과학기술의 도입으로 생산기

---

**40** 『純祖實錄』, 권3, 52, '元年辛酉 11月 戊寅', "字字凶肚, 句句逆膓, 無非向上不道之
說, 與國爲讐之計."

**41** 『純祖實錄』, 권3, 66, '元年辛酉 12월 甲子; 頒敎文', "是蓋外托邪術, 內懷異圖, 始也
假托神敎, 潛釀滔天之禍, 終焉讎視君父, 公肆射日之謀."

술의 향상을 이룰 수 있는 통로를 잃었을 뿐 아니라 세계관의 변화에 이르는 사상적 변동이 촉발될 수 있는 통로를 잃어버렸다는 아쉬움을 남겨준다. 둘째, 천주교 교리의 보유론적 인식은 급격히 쇠퇴하고 유교문화 전통과 타협이 불가능한 독선적 신앙이 강화되면서 배타적 정통주의 유교체제와 격렬한 충돌을 일으키지 않을 수 없었다. 이에 따라 신앙적 열정은 엄청난 순교자를 낳았고, 황사영의 「백서」에서처럼 신앙의 자유를 위해서 국가존립을 위협하는 방법도 주저하지 않는 탈국가적 지하신앙조직으로 자리를 잡아갔던 것이다. 셋째, 신앙조직의 중심이 사대부 지식인들에서 서민층과 부녀자로 이동하면서 신앙의 성격도 사후세계의 구복(求福)을 중심으로 개인 구원에 치중하면서 사회적 개혁이나 도덕적 수련의 실천을 위한 방법의 제시에는 큰 관심을 드러내지 못하고 말았던 것으로 보인다.

## 5 조선말기 척사론(斥邪論)의 강화와 서학의 전개

### 1) 기해교옥(己亥敎獄)과 유교-서학의 갈등

#### (1) 기해교옥(1839)과 정하상의 호교론(護敎論)

1830년대에 들어가면 조선사회의 천주교 신앙조직은 새로운 단계로 접어들게 되었다. 1831년에는 '조선대목구'(朝鮮代牧區)가 설치되어 조선교구가 독립교구로 격상되고, 프랑스인 엥베르(Imbert, 范世亨) 주교와 모방(Maubant 羅)·샤스탕(Chastan 鄭) 신부가 잇달아 입국하여 활동하면서 정부의 주의를 끌게 되었다. 국외에서도 영국의 아편무역으로 중국이 심각한 사회적 위기를 당한 상황을 지켜보면서, 1839년 기해교옥에서 프랑스인 주교와 두 신부를 처형한 사실은, 1846년(철종12)에 세실(Cecille)의 프랑스 군함 3척이 충청도 앞 바다에 나타나 프랑스 신부를 살해한 것을 항의하는 공한(公翰)을 남기고 가면서, 조선정부가 서양의 무력위협에 직접 노출되는 심각한 외세의 압박을 유발하게 되었다.

기해교옥에서 체포된 정하상(丁夏祥)은 「상재상서」(上宰相書)를 제출하여 조선 정부의 천주교에 대한 금압정책에 대해 천주교 교리를 옹호하는 이론을 전개하였고, 조상 제사의 거부가 정당함을 주장하였다.

정하상은 정약종의 아들로서 인맥은 성호학파 신서파의 후예라 할 수 있지만, 이 시대에는 신서파라는 의식자체가 성립하지 않는 천주교도이다. 그러나 진산사건(1791) 때 윤지충이 심문을 받는 과정에서 진술한 천주교 입장의 변론이 제시된 이후 유교사회의 강경한 서학비판에 대해 천주교도의 변론이 나타나지 않았는데, 정하상의 「상재상서」는 그동안 비난의 폭풍 속에서 숨을 죽이고 있던 천주교도들의 유교사회에 대한 반론으로 제기되었다는 점에서 중요한 의미가 있다. 더구나 유교사회에 대한 천주교쪽의 반론을 제기하면서 이미 버려진 것으로 보였던 '보유론'의 논리가 다시 살아나고 있음을 보여주는 사실이 하나의 중요한 특징이다.

정하상은 「상재상서」의 첫머리에서 조선 정부는 천주교의 의미가 무엇인지 묻지도 않고 '사교'(邪敎)로 몰아붙이는 몰이해에 항의하면서, 천주교 교리가 지닌 진실성을 해명하고 나섰다. 여기서 그는 주재자로서 천주의 존재를 논증하면서, 유교 경전은 물론이요 제자백가의 글에도 하늘을 공경하고(敬天), 하늘을 두려워하고(畏天) 하늘에 순응하고(順天), 하늘을 받든다(奉天)는 말이 나오고, 천주교의 성경에도 기록되어 있음을 제시하였다. 천주교의 '십계'(十誡)에 대해 '사물'(四勿: 『논어』, '顔淵')이나 '구사'(九思: 『논어』, '季氏')로도 견주기에 부족하며, 충서(忠恕)·효제(孝悌)·인의예지(仁義禮智)의 유교적 기본 덕목들을 그 속에 포괄하고 있는 것이라고 주장하였다.[42] 이처럼 그는

---

42 『闢衛編』, 권7, 9, '上宰相書', "十誡…顔氏之四勿, 戴記之九思, 不足比方, 忠恕孝悌仁義禮智, 包括這裏."

천주교의 가르침이 유교적 도덕규범과 상반되는 것이 아니라 일치하는 것임을 강조함으로써 '보유론'의 논리를 계승한 천주교의 호교론을 제시하였다.

또한 그는 천주교가 '지극히 거룩하고(至聖), 지극히 공변되고(至公), 지극히 정의롭고(至正), 지극히 진실하며(至眞), 지극히 완전하고(至全), 지극히 독자적이며(至獨), 하나 뿐이요 둘도 없는(惟一無二) 가르침'이라 하여, 천주교의 진실성과 우월성을 역설하였다. 나아가 "금(金)은 생산지를 가리지 않고 순수한 것이 보배이며, '도'는 방법에 구애되지 않고 성스러운 것이 진리이다"[43]라 하여, 천주교가 서양에서 온 것이라 해서 지역에 따라 오랑캐의 '도'라고 차별하는 것이 부당함을 강조함으로써, 천주교를 차별화하여 배척할 것이 아님을 역설하였다.

무엇보다 천주교에서 유교전통의 제사의례를 거부하는 사실로 배척당하고 있는 사실에 대해서는 제사의례가 잘못된 것이라는 천주교의 입장을 적극적으로 변론하고 있다. 곧 죽은 뒤의 영혼은 음식을 바쳐 섬길 수 있는 존재가 아님을 강조하여, "비록 지극한 효자라도 맛있는 음식이라고 하여 부모가 잠들어 있는 앞에 바칠 수 없으니, 잠든 것은 먹고 마시는 때가 아닌 것이다. …사람의 자식 된 자로서 헛되고 거짓된 예법으로써 어찌 죽은 부모를 섬길 수 있겠는가"[44]라고 하여, 잠들어 있는 부모에게 음식을 드릴 수 없는 것처럼 죽은 부모에게 음식을 드리는 것은 헛되고 거짓된 의례라 주장하였다. 또한 유교제사에서 조상신이 깃드는(依憑) 곳으로 삼는 '신주'(神主: 木主)에 대해서

---

**43** 『闢衛編』, 권7, 11, '上宰相書', "金不擇地, 惟精是寶, 道不拘方, 惟聖是眞."
**44** 『闢衛編』, 권7, 12–13, '上宰相書', "雖至孝之子, 以甘旨之味, 不能供父母寢寐之前者, 寢寐非飮食之時也,…爲人子者, 以虛假之禮, 豈事幽亡之親乎."

도, "부모와는 기맥(氣脉)이나 골수와 혈육이 서로 연결됨이 없고, 또 낳고 길러주는 노고와도 관련이 없다.…장인(匠人)이 만들어 분을 칠하고 먹으로 써넣은 것으로 참된 아비라 참된 어미라 이르는가. 이치도 없고 양심이 허락지 않는다"[45]고 하여, 나무로 깎아만든 '신주'는 참된 부모나 조상의 신이 될 수 없는 것이라 거부하는 입장을 밝혔다. 그는 천주교에서 나무로 만든 '성상'(聖像)에 예배하는 것과 조상의 '신주'에 예배하는 것의 차이를 설명하지 않고, 다만 '신주'는 거짓된 것이라 숭배의 대상이 될 수 없다는 일방적 주장을 하고 있는 점에서는 유교가 천주교의 '성상'을 거부하는 논리와 동일한 양상을 드러내주고 있다. 그만큼 당시의 유교와 천주교가 모두 독선적 신념체제에 사로잡혀 상대방을 이해할 수 없는 점에서는 차이가 없는 것이라 하겠다.

(2) 조선정부와 도학자들의 서학비판

조선정부는 1839년 10월에 「척사윤음」(斥邪綸音)을 반포하여 천주교를 '사교'(邪敎)로 배척하는 입장에서 조목별로 비판을 하여 백성들을 일깨우려는 의도를 보여주었다. 이에 따라 천주교의 모든 의례를 허황하고 세상을 미혹시키는 것이라 규정하고, "궁극의 계책은 황건적(黃巾賊)·백련교(白蓮敎)의 내용을 벗어나지 않을 뿐이다"[46]라고 하여, 천주교가 백성을 미혹하고 사회를 혼란시켜 반란을 일으키는 반사회적 집단이라고 규정하였다.

조선정부가 엄격한 형벌로 천주교에 대한 금압정책을 시행하였음

---

**45** 『闢衛編』, 권7, 13, '上宰相書', "旣無氣脈骨血之相連, 又無生養劬勞之相關矣,…以工匠之所製造, 粉墨之所粧點, 因謂之眞父眞母乎, 正理無據, 良心不允."

**46** 『闢衛編』, 권7, 17, '10월18일 斥邪綸音', "究竟爲計, 不出於黃巾白蓮之包蓄耳."

에도 불구하고 천주교의 교세가 날로 확장되어가고, 서양선교사들이 국내에 들어와서 활동하는 상황에 이르자, 조선정부의 금압정책이 사실상 한계를 드러내고 있었다. 이처럼 조선정부의 금압정책이 실효를 거둘 수 없었던 이유는 천주교 신앙공동체가 지하화하여 천주교도들을 지속적으로 수색하기가 어려웠던 실정도 있고, 천주교도들이 순교(殉敎)를 영광으로 여기는 열정적 신앙심에는 혹독한 형벌도 무력하였던 것이 현실이며, 형벌로 다스리는 금압정책에 의존하다가 천주교도들을 회유할 수 있는 설득력을 상실하였다는 문제점을 찾아볼 수 있다.

이러한 정부의 금압정책이 한계를 드러내자 사림의 도학자들이 위기의식을 각성하면서 서학비판론을 강화하는 움직임이 일어나기 시작하였다. 1836년 이항로(華西 李恒老)는 「논양교지화」(論洋敎之禍)와 1839년 이정관(李正觀)의 「벽사변증」(闢邪辨證)은 이 시기 도학자들의 서학비판론이 한층 더 강경한 공격적 배척론의 양상을 보여주기 시작한 경우이다. 이항로는 「논양교지화」를 저술한 이후 여러 문헌들을 참고하여 서학비판론을 체계화하여 1863년 「벽사록변」(闢邪錄辨)으로 정리하는 지속적 관심을 보여주고 있다. 이항로의 제자 김평묵(金平黙)은 1847년 이정관의 「벽사변증」의 비판이론에 의문점을 제기하고 또 성호학파 공서파의 비판이론에 대해서도 한층 더 비판론을 강화하여 「벽사변증기의」(闢邪辨證記疑)를 저술하였던 것도 이 시기 도학자의 비판론의 특성을 잘 드러내주고 있다.

김평묵은 천주교에서 '천주'를 유교의 '상제'와 동일시하는 관점을 거부하여, "유교에서 '천'이라 하고 '상제'라 하는 것은 이치로 말한 것이요, 저들(천주교)이 '천주'라 하는 것은 기질로 말한 것이니, 그 분별은 털끝같이 미세한 정도가 아니다. '상'(上: 形而上)과 '하'(下: 形而下), '공변됨'과 '사사로움', '정대함'과 '사소함', '고귀함'과 '천박함', '중화'와 '오랑캐', '인간'과 '짐승', '선'과 '악', '길'(吉)과 '흉'(凶)이 귀결되니, 천만리나 멀리 떨어진 것만도 아니다"[47]라고 하여, 극단적으로 상반된 가치질서 속에 있는 것이라 대립시키고 있다.

이항로는 서학의 과학기술에 대해서도 '도'의 근원성을 결여한 하급적 단계로서 마치 벌이 꿀을 만들고 상어가 진주를 생산하듯이 '짐승이나 벌레들의 치우친 지능과 자잘한 기술'에 불과할 뿐이라고 격하시키고 있다.[48] 물론 이항로도 서양과학에 대한 비판에서 그 기예가 교묘함을 부정할 수는 없었지만, 서양과학기술의 교묘함은 도리의 근본이 배제되고 형기의 정욕에 좌우됨으로써 '도'에 유해한 것이라 하여 거부태도를 밝히고 있는 것이다.

유교와 천주교의 교리를 비교하면서도 양극적 대립구도로 제시하여 타협불가능한 적대적 입장을 확인하고, 서양과학기술의 효율성조차도 짐승들의 뛰어난 기예 수준으로 비하시켜 거부태도를 확고하게 밝히고 있다. 이러한 도학의 강경한 서학비판은 이미 위기의식 속에 사로잡혀 방어적 폐쇄성에 빠진 것으로, 그 신념은 견고하지만 그 설득력을 잃고 있음은 숨길 수 없는 사실이다.

---

**47** 『重菴別集』, 권5, 18, '闢邪辨證記疑', "吾儒之曰天, 曰上帝, 以理言也, 彼之曰天主, 以氣言也, 其分不能以髮, 而其上下公私大小貴賤華夷人獸善惡吉凶之歸, 不啻如百千萬里之相遠也."

**48** 『華西集』, 권5, 14, '與柳公始洛文', "蓋其所長, 亦不過禽蟲之偏智曲技耳, 如蜜子造甘, 非易牙所及, 鮫魚産珠, 非魯般所能, 豈其智不足耶."

## 2) 병인교옥과 한말도학의 서학비판론

(1) **병인교옥(丙寅敎獄, 1866)과 한말도학의 위정척사론(衛正斥邪論)**

기해교옥 이후도 천주교의 교세는 지속적으로 확장되어갔고, 1856
년에는 충청도 배론(舟論) 마을에 신학교(神學校)가 세워지기까지 하
였다. 이와 더불어 서양세력이 한반도에 압박을 가중해왔다. 1840년
중국으로부터 아편전쟁의 소식이 전해졌고, 1846-47년 세실의 프랑
스 함대가 서해안에 나타나 프랑스 신부의 처형에 항의하는 서한을
보내왔으며, 1866년에는 평양 대동강에 미국 상선 제너럴 서먼호가
올라왔다가 불타기까지 하였다. 그만큼 조선 정부로서는 서양의 위협
에 위기의식이 점차 고조되어 갔다. 조선사회의 내부에서도 권력의
부패와 민생의 고통이 극도에 이르자, 1861년 진주민란(晉州民亂)을
시작으로 전국에서 농민봉기가 일어났으며, 1860년 최제우(崔濟愚)가
동학(東學)을 포교하자 서민대중들이 폭발적으로 모여들어, 조선정부
는 1864년 최제우를 처형시키기까지 하였다.

이런 혼란 속에 1866년(高宗3) 당시 섭정을 맡았던 대원군(大院君)
은 통상과 신앙의 자유를 요구하는 서양 열강의 압박에 맞서서 내부
적 결속을 다지고 외국세력과의 교류를 차단하기 위해 '쇄국'(鎖國)정
책을 채택하면서 병인교옥을 일으켰다. 병인교옥에 따라 1866년 8월
에 내려진 고종의 「척사윤음」(斥邪綸音)은 유교적 입장에서 천주교
교리를 비판하는 이론을 제시하고 있지만, 기해교옥 때의 「척사윤음」
보다 심화된 내용도 없는 간략한 것이었다. 다만 투옥된 천주교도들
이 스스로 형벌을 속히 받고자 하는 사실을 언급하여, 이미 천주교도
를 형벌로 다스리는 것이 기능을 상실하고 있음을 말해주고 있다. 또

한 "저들(천주교도들)은 패악한 서적을 전해가며 익히고 몰래 서로 깨우치며, 외국인을 끌어들여서 신명(神明)처럼 받든다. 결속한 지 오래고 유혹하기를 날로 넓혀가서, 깊이 물들어 그 도리로 한 나라를 바꾸려고 생각하니, 들을 태우고 물이 하늘까지 넘치는 재앙이 당장에 닥칠 듯 기세가 늠름하다"[49]라 하여, 천주교 신앙집단이 외국세력을 끌어들여 나라를 위협하고 있으며, 그 세력이 강성함을 심각하게 인식하고 있는 사실이 주목된다. 이러한 사실은 천주교도들이 서양세력을 끌어들이는 통로가 되어 국가의 안전에 심대한 위협이 됨을 확인하고 있는 것이다.

잇달아 1866년 9월 프랑스 함대가 침입하여 한강을 거슬러와서 서울을 위협하고 강화도를 침공하여 약탈하였던 병인양요(丙寅洋擾)가 일어났다. 그후 미국 함대가 강화도를 침입한 신미양요(辛未洋擾, 1871)까지 일어나 두 차례나 직접 서양의 무력 침략을 당하게 되자, 한말도학자들은 서학의 교리에 대한 비판이라는 '척사론'(斥邪論)에서 나아가 서양의 무력위협에 저항하는 '척양론'(斥洋論) 내지 '어양론'(禦洋論)을 당면의 과제로 제기하는 상황의 변화가 일어났다. 조선 정부는 서양의 무력위협에 맞서다가 마침내 일본의 무력위협까지 당하자 결국 병자수호조약(丙子修好條約, 1876)을 맺어 문호를 열게 되었다. 그후 1886년 한불수호조약(韓佛修好條約)이 체결되면서 신앙과 전교의 자유를 승인하면서 정부의 천주교금압정책은 포기되고 근대서양문물을 받아들이는 개화정책이 시행되는 급격한 전환이 일어났다.

---

**49** 李能和, 『朝鮮基督敎及外交史』(下), 1928, 58쪽, "蓋其傳習悖書하야 潛相告諭하야 招引異類하야 奉若神明하여 糾結年久하고 誑誘日廣하여 浸潤薰染하야 思以其道로 易一國하야 燎原滔天之禍ㅣ 凜凜乎若在朝夕이라."

　그러나 조선시대 정통이념을 뒷받침해왔던 도학의 유교 지식인들은 천주교에 대한 비판에서 서양세력에 대한 비판으로 전개되고, 이제는 조선정부의 개화정책에 대해 저항하면서 안팎으로 포위되어 유교예법의 옛전통을 수호하는 '수구파'(守舊派)로 전락하고 말았다.

　한말 도학의 위정척사론(衛正斥邪論)을 가장 강경하게 제기하였던 인물인 이항로는 서양적 가치질서의 기본 성격을 재물의 소통(通貨)과 남녀의 소통(通色)으로 인간의 욕망을 추구하는 것이라 규정하고, 인륜을 어지럽히고 나라를 어지럽히는 반인륜적이요 반국가적인 큰 파괴자라 배척하였다.[50] 또한 그는 국내의 천주교도를 서양침략자에 내응하는 앞잡이로 지목하여, "서양오랑캐가 우리나라에 몰래 들어와 사학(邪學)을 널리 전파하는 것은 어찌 다른 것이겠는가. 그 무리를 심어서 안과 밖이 서로 호응하게 하며, 우리의 허실을 정탐하여 군사를 이끌고 침략해 들어와서, 우리의 의복전통을 더럽히고 우리의 재물과 여자를 약탈하며 땅을 차지하려는 욕심을 채우려는 것이다"[51]라고 하여, 서양인이 천주교를 전교하는 것이 우리나라를 침략하기 위해 내응세력을 심는 것이라 주장하였다.

　이항로의 제자 유중교(柳重敎)는 조선정부가 개화정책을 시행하면서 전통의 의복제도를 좁은 소매로 고치도록 명령하자 이에 항의하면서, "임금이 명령하면 신하가 따르는 것은 도리의 항상함(常)일 뿐이다. 의리에 옳지 않은 것은 임금이 명령하여도 받아들이지 않는 바가

---

50 『華西集』, 권26, 1-2, '書付墰·土素·壤', "近世洋學, 有許多機悟, 然其存主, 只是通物我毁分義而已, 貨色, 人慾之切近者也, 故其勢必先自通貨色始, 是豈非亂倫亂國之大賊乎."

51 『華西集』, 권3, 22, '辭同義禁疏', "蓋洋夷之潛入我國, 廣傳邪學者, 豈有他哉, 欲以植其黨與, 表裏相應, 偵我虛實, 率師入寇, 糞穢我衣裳, 奪掠我貨色, 以充谿壑之欲也."

있으니, 역시 변화에 대처하는 하나의 큰 권도(權)이다"[52]라 하였다. 선비가 지키는 의리의 정당성은 '천도'(天道)에 근원하는 것이므로 사사로운 감정에 빠질 수 있는 군왕의 권위보다 '천도'가 더욱 중대하다는 것을 강조하여, 의리에 옳지 않으면 임금의 명령도 따를 수 없다고 주장한 것이다. 그것은 역설적이지만, 천주교도들이 "천지의 큰 임금(천주)은 임금보다 높으니 임금에 죄를 얻을지언정 천주에 죄를 얻을 수는 없다"고 하여 왕명에 따르지 않고 제사를 거부하였던 논리와 일치하는 것이다. 유학자가 왕명을 따르지 않는다고 천주교도들에 대해 임금을 임금으로 여기지 않는다고 비난하였지만, 그 왕명이 의리에 맞지 않는다는 확신만 서면 유학자들 자신도 왕명을 거부하여 항의하고 순도(殉道)하는 자세를 보이고 있다. 이제 신앙의 자유를 인정하는 개화정부의 왕명은 천주교도의 입장과 일치하고 도학이념의 유교지식인의 입장과 어긋나는 상황의 일대 변화가 일어난 것이다.

### (2) 이기(李沂)와 로베르신부의 유교·서학논변

신앙의 자유가 인정된 개화기에서도 유학자들과 천주교인들의 대화나 논쟁은 없었지만, 바로 이 시기에 전라도 김제(金堤)출신의 유학자 이기(海鶴 李沂)는 1891년 대구 지방을 유랑할 때 그곳 성당을 방문하여 프랑스인 로베르(Achillee Paul Robert, 金保祿) 신부를 찾아가 예수회 신부 샤반느(Emericus de Chavagnac: 沙守信)가 저술한 천주교 교리서인 『성교리증』(聖敎理證: 이하 『리증』으로 약칭)을 빌려 읽고 비판적 견해로 「천주육변」(天主六辨)을 지어 로베르신부에게 제시하

---

52 『省齋集』, 권34, 10, '甲申變服令後示書社諸子', "君令而臣從, 道其常耳, 義之所不可, 君命有所不受, 亦處變之一大權也."

면서 이기와 로베르 사이에 교리논변이 벌어졌다. 이 논변은 비록 당시에 잘 알려지거나 영향을 미친 바는 없지만, 신앙의 자유가 확보된 새로운 시대에 일어난 논변이라는 점과 더불어, 조선후기 서학의 역사에서 유학자와 천주교 신부 사이에 벌어졌던 최초의 교리논변이라는 사실에서도 의미 깊은 사건이라 할 수 있다. 또한 이 논변은 19세기 말에 예수회의 교리서인 『리중』의 내용을 토론함으로써, 보유론적 입장에 대한 이 시대의 인식 태도를 엿볼 수 있는 기회를 제공해 주고 있다.

이기의 「천주육변」은 찾을 수 없지만, 로베르신부의 답변은 「이석사여헌하」(李碩士旅軒下-法人謹謝: 이하 「서한A」로 약칭)와 「답영남유자이기서」(答嶺南儒者李沂書: 이하 「서한B」로 약칭)의 단편적인 문서 두 건이 남아 있다. 이 두 건의 서한은 이기가 『성교리중』을 비판한 데 대한 로베르신부의 반박이다. 「서한A」는 이기에게 보내는 로베르의 답장이라면, 「서한B」는 「서한A」를 보낸 이후에 이기의 비판에서 제시된 '천주의 명목', '부모를 공경하지 않음', '천당지옥', '신혼(神魂)이 흩어지지 않음'의 4항목에 대해 조목별로 반박 이론을 전개한 공개적 서한형식의 저술이다. 이기의 견해는 로베르의 두 서한에서 인용되고 있는 구절을 통해 엿볼 수 있다.

'천주의 명목'에 대해, 이기와 로베르의 논변은 먼저 '천주'라는 명칭이 성립하는지의 문제에서 출발하여 천주의 실재 여부와 그 속성에 대한 논쟁으로 이어지면서, 유교의 전통적 '천'과 천주교의 '천주' 개념이 날카롭게 대립하는 양상을 띠고 있다.

여기서 이기는 '천주'라는 칭호가 유교 경전에 없는데 갑자기 나온 것은 정당한 근거가 없는 것이라 주장한데 대해, 로베르는 '천주'를 유교의 '상제'와 글자는 다르지만 뜻은 같음을 지적하였다.[53] 곧 로베르는 예수회의 보유론적 입장을 따라 천주교와 유교의 공통 기반을 확인하여 천주교에 대한 이해를 이끌어 내려는 포용적 입장을 보여주고 있다.

이기는 시작과 끝이 없는 존재인 '천주'와 일정한 시기와 장소에 태어난 존재인 '예수'는 동일시 할 수 없는 존재임을 지적한데 대해, 로베르는 예수와 천주의 관계를 태양과 빛의 관계처럼 하나이면서 둘이요 둘이면서 하나인 불가분의 관계임을 강조하고 천주교 교리의 '삼위일체'를 설명하고 있다.[54] 이처럼 로베르는 예수가 천주이면서 사람이요 사람이면서 천주라는 천주교 교리를 되풀이하는 이상으로 이기를 설득하지는 못하고 있는 것은 사실이다.

조상숭배와 제사문제에 대해, 이기는 조상제사에서 돌아가신 부모가 비록 음식을 드시지는 못하더라도 부모가 드시기를 바라는 자식된 마음의 발현이요 돌아가신 이를 섬기기를 산 이와 꼭같이 하는 의리에서 나온 것이라는 유교적 입장을 해명하였다. 이에 대해 로베르는 천주교에서 부모를 섬기는 도리는 부모가 살아계실 때는 유교와 같으나 돌아가신 뒤에는 다르다는 차이를 명확히 지적하고, 유교의 제사에 대해 이 세상에 돌아올 수 없는 조상에 대한 허위요, 천주에게 드려야 하는 제사를 조상에게 드리는 것은 참람하며, 조상제사에서 흠향하는 것은 조상이 아니라 마귀이므로 혼잡한 것이라 하여 조상제사에 대한 거부입장을 분명하게 밝혔다.[55] 여기서 로베르는 유교의 '효'관

---

**53** 「서한B」, "天主之稱, 與儒家所稱主宰上帝, 字異而義同."
**54** 「서한B」, "救世主耶蘇, …正是人而主, 主而人也. 主性之合乎人性, 譬如太陽光射于人, 非太陽自下射人, 所射者太陽之光也. 太陽之元體, 自在其處, 則太陽與光, 一而二, 二而一也."

념은 부정하지 않으면서도 제사에 대해서는 우상숭배라는 관점에서 격렬히 비판하는 태도를 보여주고 있는 것이다.

천당지옥의 문제에 대해서 이기는 천당과 지옥이 존재하지 않는 것은 명백한 사실로서 논할 가치조차 없다고 지적하며, 천당지옥이 있다고 해도 세상의 교화에 효용이 없음을 강조하였다. 또한 천주교의 천당지옥설이 불교와 본질적으로 같다고 배척하며, 군자가 선을 행하는 것은 천당이나 지옥의 보상과 징벌을 두려워해서가 아님을 밝히고, 하늘은 필연적 법칙으로 세상을 다스리지 직접 손발을 놀려 견책하는 것은 아니라 강조하기도 하였다. 이에 대해 로베르는 천주교의 입장에서 조목조목 반박하면서 천당과 지옥이 존재하지 않는다는 주장은 천지의 주재자인 천주를 모르는 까닭에서 나온 망발이라고 반박하였다. 곧 천주는 반드시 화복을 주관하고 상벌을 관장하는 존재요 인간 세상에서 완전히 실현되는 것은 불가능하므로, 천당과 지옥을 두어 내세(來世)에서 심판할 것임은 이치로 미루어 쉽게 알 수 있는 일이라고 반박하고 있다.[56] 천당지옥설을 둘러싼 논쟁은 유학자의 입장에서는 받아들일 수 없는 사후세계에 대한 문제이니, 처음부터 상호 이해를 위한 접점이 없이 각자가 자신의 주장만 내세운 논쟁으로 끝날 수밖에 없었다.

사후에 '영혼'의 존재문제도 영혼이 형기(氣)에 속하는 것으로 소멸한다는 이기의 견해에 대해 로베르는 영혼이 유교에서 말하는 하늘이

---

**55** 「서한-B」, "人之去世也, …永不還世. 子孫之設虛位, 而行虛拜, 父母之所不知, 故曰虛僞也, …非獨尊之主, 不能當獨尊之禮, 故曰僭濫, …名雖爲先, 實是事魔,…故曰混雜."

**56** 「서한-B」, "旣有天主, 則福善禍淫, 宜乎否乎? …筆耕禍福在所不已, 而旣不在於今世, 則必在於身後者, 明矣."

부여한 '성'(性)과 같은 것이라고 주장하였다.57 그것은 '영혼'을 유교의 '성'과 일치시켜, 유교와 소통의 길을 찾는 보유론적 해석태도를 보여주는 것으로 주목된다.

유학자 이기와 로베르 신부의 짧은 교리 논변은 개화기 조선사회에서 아직도 예수회의 보유론적 교리서를 통해 논변을 벌일 수 있는 통로를 유지하고 있다는 사실을 보여주는 것이다. 그러나 교리 문제에 대한 서양 선교사로서 로베르 신부의 토론 태도는 보유론적 관점을 활용하고 있지만, 더 이상 유교에 대한 접근을 통해 설득하는데 구애되지 않고 천주교 교리의 보편성을 주장하는 사실을 확인할 수 있다. 이에 비해 유학자로서 이기의 비판태도에서도 보유론적 교리서를 토대로 삼고 있지만, 서로의 이해를 넓히려는 포용성은 전혀 없이 차별성만 찾아내어 비판의 자료로 삼는 조선시대 도학의 배타적 태도를 그대로 노출하고 있는 것이 사실이다. 이기와 로베르의 논쟁을 통해 새롭게 진전된 이해와 소통의 길을 찾을 수 있었던 것은 아니지만, 유교와 천주교 사이에서 서로에 대한 무관심 속에 빠져들고 있는 시기에 토론이 벌어졌다는 사실만으로도 소중한 교류의 한 장면을 남겨주고 있는 의미있는 사건이라 할 수 있다.

---

57 「서한B」, "性卽是魂, 魂卽是性, …或曰天命之性, 或曰天賦之性, 或曰天地所以賦與我者, 仁義之性也, 此豈非以性謂魂者乎."

6 **조선서학의 의미와 과제**

　조선후기의 '서학' 곧 '조선서학'은 이 시대 사상사에서 몇 가지 중요한 의미를 지니고 있다. 그 하나는 '서학'의 과학지식이 '도학'이념으로 합리화하여 견고하게 구축해 놓았던 세계관을 허물고, 동양과 서양이 소통하는 둑이 활짝 터지고 새로운 세계관을 열어주었다는 사실이다. '서학'에서 제공한 세계지도는 둥근 지구 위에 오대양·육대주가 펼쳐진 세계를 제시하여 지리적 세계관의 변화를 일으켰으며, 이에 따라 중국 중심의 국제질서에 대한 이념적 세계관의 변화도 불러왔다. 그 영향은 18세기 후반 북학파(北學派) 실학자 홍대용(洪大容)이 '역외춘추론'(域外春秋論)을 제기하여 조선사회를 지배하던 중국 중심의 화이론(華夷論)을 깨뜨렸던 사실을 확인할 수 있다. 또한 '서학'은 천문학의 '지구설'(地球說)과 더불어 천체의 운행질서를 수학적 합리성으로 설명하여 우주적 세계관의 변화를 가져왔으며, 이에 따라 천문의 술수적 해석에서 풀려날 수 있었다. 나아가 '서학'의 서양과학기술은 '실학'지식인들에게 자연관의 합리적 재인식을 가능하게 하고, 실용적 생산방법의 개선과 기술의 진보에 대한 확신을 통해 사회개혁의 길을 제시해주었다.

또 하나는 '서학'의 천주교 신앙이 궁극존재를 '천주'(天主)라는 인격신적한 신앙대상으로 제시함으로써, '도학'이념이 '상제'(上帝) 내지 '천'(天)존재를 이치의 규범원리로 정립하였던 인식을 근원적으로 새롭게 각성할 수 있는 계기를 열어주었다. 이와 더불어 인간의 '영혼'과 도덕의 근거를 새롭게 이해하면서 '심성'개념의 재해석을 통한 인간존재의 새로운 인식이나 도덕의식에 대한 인식의 폭을 넓힐 수 있는 길을 열어주었다. 더구나 예수회의 보유론적 교리서에서 유교경전을 천주교 교리와 소통시켜 해석하면서, '도학'의 경전해석에서 벗어나 경전을 새롭게 볼 수 있는 눈을 뜨게 하였다. 유교경전을 '서학'이라는 새로운 빛의 조명 아래 해석하여 방대한 업적을 이루었던 것이 정약용의 사천학(事天學)으로서의 경전해석이다.

중국에 왔던 예수회 선교사들은 서양의 과학기술과 천주교 신앙을 '서학'의 양날개로 삼음으로써 '서학'의 확산에 상승효과를 거두었다. 그러나 조선사회에서 '서학'의 수용은 받아들이는 유교 지식인들 사이에도 매우 큰 폭의 차이를 드러내었다. '서학'의 과학기술만 수용하고 신앙은 거부한 경우, 과학기술을 수용하다가 신앙의 수용으로 전환한 경우, 과학기술은 외면하고 천주교 신앙만 수용한 경우, '서학'의 신앙을 거부할 뿐만 아니라 과학기술까지 전면적으로 거부한 경우로 상이한 태도를 보였다. 여기에 18세기 후반 조선사회에 성호학파의 신서파 유교 지식인들을 중심으로 천주교 신앙이 수용되어 신앙공동체가 형성되는 시기에 천주교 신앙의 성격도 이질적 성격으로 대두되었다. 초기에 신서파가 받아들였던 '한역서학서'는 유교와 조화를 이룬 보유론적 천주교 교리이었지만, 이와 달리 새롭게 제시된 천주교 신앙의 유일성을 강조하는 독단적 신앙은 또 하나의 상이한 것이었다. 이러

한 천주교 교리의 두 가지 이질적 입장에 따라 천주교 신앙의 수용주
체도 유교 지식인에서 서민대중으로 이동하였던 것으로 보이며, 유교
체제의 조선정부와 격렬한 대립을 일으켜, '사옥'(邪獄)-'박해'(迫害)라
는 상반된 시각으로 비쳐지는 비극적 사건으로서 '교옥'(敎獄)이 잇달
아 일어났다.

조선후기 유교사회에서 '유교'와 '서학'이 만났던 사건은 그 시초에
서 보면 벌써 400년의 세월이 흘렀으며, 두 사상이 조선사회 안에서도
100년동안 격렬하게 부딪쳤다. 이제는 한국사상사 속에 '조선서학'으
로 자리를 잡고 그 역사적 의미와 사회적 역할이 새롭게 평가받아야
할 시점이 되었다고 할 수 있다. '서학'은 조선후기 사회의 역사 속에
기록과 문헌으로 남아 있는 사건에 그치는 것이 아니라, 조선후기 사
회에서 '근대적 전환'을 이끌어갔던 중요한 동력으로서 그 의미를 되
새겨볼 필요가 있다. 전통적 사유가 지탱해왔던 세계관과 자연관과
인간관과 신관의 변혁을 일으키고, 사회질서와 문화의식에 중대한 변
환을 초래하였던 계기는 '서학'에서 찾지 않을 수 없다. 그러나 과연
'조선서학'이 조선후기 사회에 그 역할을 제대로 하였는지 되짚어볼
필요가 있고, 현재 우리가 '조선서학'의 문제를 균형있게 성찰하고 있
는지 되색여볼 필요가 있을 것이다.

유교와 서학의 만남에서 상호 이해와 교류의 조화로운 모습은 초기
에 잠시 비쳤을 뿐이고, 대부분의 기간 동안 탄압과 잠복, 배척과 저항
의 격렬한 대결구도로 이어져 왔다. 그만큼 서로에 대한 이해는 얕은
수준에 머물렀으며 독선과 힘에 의한 적대적 공방에 빠져 있었던 것
이다. 결과적으로 토착기반을 지닌 유교전통이 여지없이 붕괴하고 외
래의 종교문화로서 서학이 확고하게 승세를 잡는 양상으로 근대화의

대세가 방향을 잡아갔다. 그러나 우리에게는 사상사에서 누가 승자인지 패자인지를 확인하는 것이 의미있는 일이 아니다. 두 가지 이질적 사상이 만남의 과정에서 세계와 인간을 어떻게 인식하고 이상을 어떤 방향으로 제시하였는지를 확인하는 것이 중요하다. 이를 위해 두 사상이 논쟁을 벌였던 쟁점과 논리가 무엇인지, 그 논쟁을 통해 어떻게 자기 확인을 하고 상대편을 규정하고 있는지를 점검해볼 필요가 있다. 이러한 논쟁의 전개과정에서 유교와 서학의 두 사상이 만남을 통해 어떤 가능성을 드러내고 있는지 들여다보고, 어떤 한계에 빠져있었는지를 되돌아본다면, 바로 오늘에 우리가 열어가야 할 전통과 근대의 창조적이고 조화로운 만남의 길을 찾아가는데 시사를 받을 수 있을 것이다.

우선 18세기 말부터 조선 말기의 마지막 100년 동안 '유교'와 '서학'의 교류양상을 보면, 대립과 갈등이 심화되면서 조화와 상호보완의 기회를 사실상 잃고 말았던 점이 가장 큰 문제로 보인다. 예수회의 보유론적 적응정책이 포기되고 제사를 금지하며 천주교 교리의 독선적 고유성이 강화되면서 '조선서학'의 선교정책은 유교사회와 대화의 통로를 잃고 정면의 충돌을 초래하였다. 이렇게 충돌하면서 유교사회는 '서학'에서 받아들이고 배워야할 근대적 사유나 세계관의 확장을 제대로 얻어내지 못하고 폐쇄적 쇄국정책으로 자멸의 길을 갔던 것이고, '서학'은 조선사회와 문화전통 속에 뿌리를 내리는 토착화의 기회를 상실하고 외래종교로서 외세의 후광에 의존해왔던 문제점을 안고 있는 것으로 보인다.

또한 예수회 선교사들이 천주교 신앙과 서양과학기술을 두 날개로 중국의 하늘 위에 날아올랐다면, 조선의 '서학'은 천주교 신앙을 받아들이면서 서양과학에 대한 관심도 내버렸고 조선사회와 충돌하면서 역할의 기회를 잃고 땅속으로 파고들어 백년을 버텨갔던 것이라 할 수 있을 것이다.

나아가 '조선서학'의 천주교 신앙은 초기의 중심세력이었던 유교지식인들이 이탈하고 서민대중 속으로 내려가면서 사회적 모순을 해결하기 위한 논리나 대책에 관심이 없이 개인적 구원이나 내세신앙에 기울어지면서, 사회의식이나 역사의식을 잃어버렸던 것으로 보인다. 그러나 '서학'이 던져준 문제에 자극을 받은 19세기 말에 '동학'·'증산교' 등 자생적 민중종교에서 사회변혁의 길을 찾으려는 시도가 일어났던 사실을 확인할 수 있다. 이에 비해 '조선서학'은 사회적 모순의 해결에 관심을 두지 않고 신앙의 자유를 위해 무리한 방법을 추구하다가 반국가적 성격을 드러내고 외세의 내응세력으로 의심을 받았던 사실을 재음미해 볼 필요가 있다.

# II. 순암 안정복(順菴 安鼎福)의

# 서학(西學)비판

실학과 서학
—한국근대사상의 원류

# 1 순암의 서학비판 입장

　서양과학기술의 지식과 천주교 교리를 포함하는 서학(西學)은 17세기 초부터 중국을 통해 조선사회에 전래하기 시작하였다. 그러나 서학은 처음 전래된 후 백여 년의 세월이 지나 18세기 초반에 이르러 성호(星湖 李瀷, 1681-1763)의 실학정신을 만나면서 비로소 본격적 인식의 대상으로 떠오를 수 있었다. 성호는 서양과학기술에 대해서는 중국의 옛 성인도 따라야할 진실로 받아들였으며, 서양종교로서 천주교 교리에 대해서는 신비적 신앙을 비판하면서도 윤리적 실천방법은 매우 소중하고 의미가 있는 것으로 받아들이는 포용적 열린 자세를 보여주었다.

　성호의 학맥인 성호학파(星湖學派) 안에서는 스승 성호의 영향으로 일찍부터 서학에 관심이 각성되었다. 그러나 성호의 초기 제자들인 신후담(河濱 愼後聃, 1702-1761)·안정복(順菴 安鼎福, 1712-1791)은 서양과학기술에 대해서는 거의 관심을 보이지 않았지만 천주교 교리에 대해서는 일찍부터 엄격한 비판적 입장을 밝혔던 사실을 확인할수 있다. 신후담과 안정복은 스승보다 더욱 강경하게 천주교 교리를 비판하는데 열중하였다. 신후담은 1724년『서학변』(西學辨)을 저술

함으로써, 18세기 초반에 천주교 교리서들을 도학—주자학의 입장에
서 이론적으로 비판하는데 선구적 역할을 하였다면, 안정복은 1785
년「천학고」(天學考)와「천학문답」(天學問答)을 저술하여, 18세기 후
반에 천주교 신앙이 발생하고 전파되는 단계에서 천주교 신앙에 대한
비판이론을 전개하는데 선구적 역할을 하였던 사실을 보여준다. 이들
은 성호학파 안에서 천주교에 대한 비판입장을 명확히 선언함으로써,
성호학파의 공서파(攻西派)를 대표한다.

순암은 조선사회에 천주교 신앙이 전파되기 시작하던 18세기 후반
의 시기에 천주교 신앙을 구체적으로 비판함으로써 천주교 신앙의 확
산을 막고 유교전통을 수호하는데 앞장섰던 인물이다. 그는 35세 때
(1746) 처음 성호의 문하에 나가 성호를 스승으로 섬겼지만, 이미 도
학—주자학의 학문적 기반이 확고하게 정립된 이후라 할 수 있다. 성
호의 경우도 퇴계의 학풍을 계승하는 도학자로서의 성격과 반계(磻溪
柳馨遠)의 경세론적 학풍을 잇는 실학자로서의 성격을 동시에 지니고
있는 것이 사실이다.

바로 이 점에서 순암은 자신의 제자 황덕길(黃德吉)에게 주자를 배우
고자 하면 먼저 퇴계를 배우도록 지도하였으며, 스승 성호가 퇴계의 말
씀 가운데 중요한 내용을 간추려 편찬한『이자수어』(李子粹語)로 황덕
길을 가르쳤다. 황덕길의 기록에 따르면, "공자·맹자의 말씀은 나라의
법령과 같다면, 정자·주자의 말씀은 엄격한 스승의 훈계하고 격려함
과 같고, 퇴계의 말씀은 인자한 아버지의 훈계와 같다. …오직 우리 퇴
계선생만이 저 멀리 주자의 계통을 이어받았고, 성호선생이 직접 퇴계
의 학맥에 접속하였으니, 도학(道學)의 전승에 유래함이 있다. 선생(順
菴)은 절차탁마하여 이미 성호를 계승하였으며, 모범으로 삼아 따름은
오직 퇴계에게 있었고, 그 연원을 거슬러 올라가면 주자를 배우기 원하

였던 것이다"[1]고 하였다. 그것은 가장 가깝고 친밀한 가르침을 퇴계에 서 찾아서, 정자·주자로 나아가고, 다시 더 근원으로 공자·맹자에로 나아가는 도학의 학문방법과 체계를 제시하고 있는 것이다. 여기서 황 덕길은 순암→ 성호→ 퇴계→ 주자→ 공자로 거슬러 올라가는 학문 연원을 제시하고 있으며, 그것은 공자→ 주자→ 퇴계→ 성호→ 순암 으로 계승되어 내려온 도학의 학통이 전승되어오는 과정을 밝히고 있 는 것이기도 하다.

물론 순암은 성호의 문하에서 실학의 학풍을 계승하고 우리 역사를 고증하여 서술한『동사강목』(東史綱目)의 저술을 통해 실학정신을 발 휘하였지만, 특히 그가 천주교 신앙에 대해 적극적 비판에 앞장서고 있었던 사실은 도학의 정통의식과 벽이단(闢異端)의 이단비판론에 기 반하고 있음을 유의할 필요가 있다. 바로 이 점에서는 스승 성호는 서 학을 통해 서양과학기술을 적극수용하고 천주교 신앙에 대해서도 비 교적 온건한 비판입장을 보였던 사실과 달리, 순암이 천주교 신앙에 대해 철저한 비판의식을 확립하였던 것은 도학─주자학적 기반을 일 찍부터 확립하고 있었던 사실을 의미하는 것이다. 또한 그가 천주교 신앙에 적극적이고 구체적으로 비판할 수 있었던 것은 성호학파 안에 서 서학에 대한 토론이 일찍부터 활발하게 일어나고 천주교 신앙의 발생도 그의 가까운 후배들인 성호학파 신서파(信西派)의 젊은 유학자 들 사이에서 일어났기 때문에 깊은 관심과 세밀한 정보를 확보할 수 있었던 여건에 따른 것임을 전제로 할 필요가 있다.

---

1 『順菴集』, 9-10, '順菴先生行狀'[黃德吉], "孔孟之言, 如王朝之法令, 程朱之言, 如嚴師 之勅厲, 退溪之言, 如慈父之訓戒,…惟吾退溪夫子遠紹考亭之統, 星湖先生直接退溪之 緖, 道學之傳, 有自來矣, 先生切磋琢磨, 旣承於星湖, 楷模準繩, 惟在於退溪, 若溯其源 頭, 則所願學朱子也."

## 2 서학서 비판과 천주교 신앙활동 비판

### 1) 스승 성호(星湖)와 서학에 관한 토론

성호학파를 열었던 도학자이면서 실학자인 성호는 서학 서적과 서양 문물을 폭넓게 섭렵하고 본격적으로 소개하였다. 성호는 천문(天文)·역법(曆法)·수학·측량·수리(水利) 등 서양과학서 13종과, 지리(地理) 및 지도에 관한 4종과, 서양윤리서 2종, 및 천주교 교리서 2종을 포함한 서학서적 21종과 서양문물 9건을 언급하고 있을 만큼 관심의 폭이 넓었다. 특히 성호는 서양의 과학기술에 대해 극진하게 높이 평가하였으며, 서양과학의 지구설(地球說)을 수용하여 전통적 우주관인 천원지방설(天圓地方說)을 탈피하고, 세계지리에 대한 새로운 이해로서 중국 중심의 천하관을 벗어날 수 있는 새로운 시야를 열어주었다. 또한 『교우론』(交友論)·『칠극』(七克) 등 서양윤리서에 대해서는 유교에서 계발되지 못한 것도 있으며 유교윤리를 실천하는 데 유익한 것이라 언급하여, 긍정적 이해와 수용적 입장을 보여주고 있다. 다만 『천주실의』(天主實義)·『주제군징』(主制群徵) 등 천주교 교리서

에서 제시된 '천주'·'예수'의 존재, '신'(神: 鬼神)·'영이'(靈異: 기적)의
문제, '영혼'개념, '천당·지옥' 문제 등에 대해서도 전면적 비판이 아
니라, 유교와 일치되는 부분을 인정하지만 차별화되는 부분에 대해서
는 단호하게 비판하였다. 그것은 성호의 서학에 대한 인식이 개방적
실학정신으로 객관적 평가태도와 포용적 입장을 지키는 것이라 할 수
있다.

성호가 서학에 관해 폭넓은 이해와 긍정적 입장을 밝히면서 뒤에
서학을 수용하는 성호학파 신서파들은 성호를 서학수용의 원조로 삼
았고, 또 서학을 배척하는 인물들은 성호를 서학수용의 근원으로 삼
았던 것이 사실이다. 스승 성호가 서학을 수용한 인물로 비판의 대상
이 된다는 사실은 성호학파의 공서파 제자들에게는 매우 우려되는 문
제였다. 황덕일(黃德壹)은 1788년 스승 순암에게 보낸 편지에서 당시
서조수(徐祖修)가 『성호사설』(星湖僿說)을 비판하는 글을 지어 "이성
호(李星湖)와 유반계(柳磻溪)는 마테오 리치의 무리가 됨을 달갑게 여
겼다"고 언급한 사실을 지적하면서, 성호의 평생 저술이 서양선교사
의 학문을 물리쳐 씻어내는 것인데 도리어 사설(邪說)이라 모함을 당
하고 있으며, 이러한 거짓된 비방이 전파되어 일어날 폐단에 대해 깊
이 우려하는 견해를 밝혔던 일이 있다.[2]

순암은 황덕일에 보낸 답장에서 『성호사설』로서 성호의 학문입장
을 판단할 수 없음을 지적하면서, "(성호가) 존중한 바는 공자·맹자·
정자·주자요, 배척한 바는 이단(異端)과 잡학(雜學)이었다. 경전의 의

---

2 『拱白堂集』, 권2, 2, '上順菴先生書'(戊申), "日前尹老兄慎於李丈趾漢家, 見一冊子, 卽
徐祖修所著文字也, 其言曰李星湖·柳磻溪, 甘爲利氏之徒云云, …若吾星湖先生, …平
生著述, 闢廓西士之學, 昭載遺集中, 然而彼輩中反有此邪說之見誣, …從今以往, 此說
傳播, 訛以傳譌, 肆然無憚, 則末流之弊, 有不可勝言者矣."

리로 아직 발명되지 못한 뜻을 많이 발명하였으며, 이단의 학설은 반드시 그 진상을 적발하여 도피할 수 없게 하였다. 그런데 어떤 사람이 (성호를) '서학'으로 배척하였다 하니 나도 모르게 웃음이 나왔다"[3]라 하였다. 이처럼 순암은 서학문제에 관해 스승 성호를 서학에 대한 비판론자로서 확고하게 변호하고 서학비판이 성호의 기본전제임을 확인함으로써, 스승 성호에 대해 서학과 연관시켜 비난하는 견해를 단호하게 차단하고 있다.

성호의 서양과학에 대한 적극적 수용입장은 그의 문인들 사이에도 깊이 영향을 미쳤다. 순암도 서양과학을 적극적으로 표방하지는 않았지만 비판적으로 거부하지는 않았다는 점에서 서양과학에 대해서는 스승 성호의 견해를 대체로 받아들인 것으로 보인다. 그는 스승 성호가 "서양 사람들 중에는 대체로 기이한 사람이 많아서 예로부터 천문(天文)의 관측, 기기(器機)의 제조, 산수(算數) 등의 기술은 중국이 따라갈 수 없었다. 그래서 중국인들이 이런 일들을 모두 호승(胡僧)에게 비중을 두었으니, 주자(朱子)의 설을 보더라도 이를 알 수 있다. 지금의 시헌역법(時憲曆法)은 백 대가 지나더라도 폐단이 없을 것이라 말할 수 있는데, 세월이 오래 지나면서 역가(曆家)의 역수(曆數)에 차이가 생기는 것은 전적으로 세차법(歲差法)에 대한 요지를 터득하지 못해서 그런 것이다. 나는 항상 서국(西國)의 역법은 요(堯)임금 때의 역법에 비할 바가 아니라고 생각해 왔다. 이 때문에 더러 헐뜯는 자들이 나를 보고 서양학을 한다고 말하니, 어찌 가소롭지 않은가"[4]라고 말한 것을 소개하였다. 여기서 순암은 스승 성호가 천문·역법·수학지식과

---

3 『順菴集』, 卷8, 30, '答黃莘叟書'(戊申), "所尊者孔孟程朱, 所斥者異端雜學, 經義多發未發之義, 異學必摘其眞臟而使無所逃, 某人斥之以西學云, 不覺一笑."

기기제조에서 서양인이 탁월한 능력을 발휘했음을 인정하는 사실을 확인하고 있다. 그러나 그는 스승 성호가 스스로 서양과학기술의 수용하는 것과 서양을 학문의 기준으로 삼아 서양학(西洋之學)을 하는 것이 다름을 지적한 사실을 들어서 도구로서 서양과학기술의 수용이 유교를 학문의 근본이요 기준으로 삼는 학풍에 방해가 되지 않는다는 인식의 입장을 제시하고 있다. 그 자신도 서학서인 『직방외기』(職方外記)를 인용하여 역질이 유행할 때 사방에 불을 놓아 해결하였던 사례를 들어 자신의 평소견해와 일치함을 확인하여[5], 단순한 지식에서는 긍정적으로 받아들이기도 하는 사실을 보여준다.

순암은 자신이 스승 성호의 문하에서 서학문제에 관해 벌였던 토론의 내용을 소개하면서, 스승 성호가 기본적으로 서학에 대해 비판적 입장을 지녔음을 밝히고자 하였다. 곧 그가 성호에게 '양학'(洋學)도 학술로써 말할 만한 것이 있는지 물었을 때, 성호는 서학의 학술로서 "삼혼(三魂)의 설, 및 영신(靈神)이 죽지 않는다는 설, 천당과 지옥의 설에 대해 말하고서, '이것은 반드시 이단이요, 단지 불교의 별파(別派)이다'라 말했다"[6]고 한다. 이에 따르면 성호는 서학의 교리적 핵심문제로서 영혼개념과 사후세계의 인식을 들고서 서학을 불교와 같은 계열로 규정하는 입장을 밝혔다는 것이다.

---

**4** 『順菴集』, 권17, 26, '天學問答(附錄)', "先生曰, 西洋之人, 大抵多異人, 自古天文推步, 製造器皿, 筭數等術, 非中夏之所及也, 是以中夏之人, 以此等事, 皆歸重於胡僧, 觀於朱夫子說, 亦可知矣, 今時憲曆法, 可謂百代無弊, 曆家之歲久差忒, 專由歲差法之不得其要而然也, 吾常謂西國曆法, 非堯時曆之可比也, 以是人或毁之者, 以余爲西洋之學, 豈不可笑乎."

**5** 『順菴集』, 권13, 34, '橡軒隨筆(下)', "後見西士職方外記, 有云哥阿島國人盡患疫, 有名醫令內外遍擧大火, 燒一晝夜, 火息而病亦愈,…此與余平日所思相符矣."

**6** 『順菴集』, 권17, 26, '天學問答(附錄)', "先生曰,…因言三魂之說及靈神不死天堂地獄之語, 曰此決是異端, 專是佛氏之別派也."

  그는 스승 성호가 "천주의 설을 나는 믿지 않는다. 귀신도 (소멸하는 과정에) 더디고 빠른 구별이 있으므로 낱낱이 같은 것은 아니다"라고 하여, 서학의 '천주'개념과 '귀신'개념에 대해서도 부정하고 있는 사실을 지적하였다. 다만 서학의 윤리서인『칠극』(七克)에 대해 스승 성호가, "『칠극』은 바로 사물(四勿)을 주석한 것이다. 그 언급에 폐부를 찌르는 말이 많지만, 이것은 문장가의 재치있는 말이나 아이들을 경계하는 말에 불과하다. 그러나 그 허황한 말을 깎아내고 경계하는 말을 간추리면 우리 유교의 극기(克己)공부에 얼마간의 도움이 없지 않을 것이다. 이단의 글이라 하더라도 그 말이 옳으면 취할 따름이다"[7]라 언급하였음을 소개하고 있다. 곧 스승 성호는 서학의 기본입장을 거부하지만, 제한적으로 그 말이 정당할 경우에는 받아들이는 열린 자세를 지키고 있음을 제시하였던 것이다.

  순암은 스승 성호가『천주실의』에 붙인 발문에서 천주교 교리에 대한 비판적 입장을 명확히 밝히고 있는 사실을 주목하면서, "지금 선생이 나와 더불어 문답한 말씀과 이 발문(「跋天主實義」)으로 본다면 과연 선생이 (天學을) 존중하고 신봉하였겠는가? 이것은 식견없는 젊은이들이 자신들이 빠져들었기 때문에 스승까지 끌어다가 증명하려는 것이니, 소인들의 거리낌 없는 짓이라 할 수 있겠다. 다행히 내가 지금 살아 있어서 그 시비를 가릴 수 있었기에 망정이지, 나마저 죽었더라면 후생들이 틀림없이 그 말(星湖가 天學을 존중하고 신봉했다는 말)을 믿었을 것이니, 어찌 우리 유교에 큰 수치가 아니었겠는가"[8]라고 하였

---

7『順菴集』, 권17, 26~27, '天學問答(附錄)', "答曰, 天主之說, 非吾所信, 鬼神之有淹速之別, 非箇箇同然也, 又曰, 七克之書, 是四勿之註脚, 其言盖多刺骨之語, 是不過如文人之才談, 小兒之警語, 然而削其荒誕之語而節略警語, 於吾儒克己之功, 未必無少補, 異端之書, 其言是則取之而已."

다. 여기서 그는 특히 당시 성호학과 신서파의 젊은 후배들이 스승 성
호를 서학수용의 선구로 삼는 견해에 대해 강경한 거부의 입장을 제
시함으로써, 신서파의 후배들과 달리 공서파의 입장을 스승 성호의
기본입장으로 확인하고 있는 것이다.

또한 성호가 일찍이 마테오 리치(利瑪竇)를 성인이라 언급했다고 지
적하는 사실에 대해, "성인에도 여러 가지가 있다. 공자와 같은 성인
도 있고 삼성(三聖)과 같은 성인도 있으니 하나로 뭉뚱그려 말할 수 없
다. 옛사람이 '성'(聖)자를 해석하면서 '환하게 통달한 것'(通明)을 '성'
이라 하기도 하고, '덕성이 충실하고 빛나며 모든 백성을 감화시키는
것'(大而化之)을 '성'이라 하기도 하여 서로 같지 않다. 선생(星湖)이 그
런 말씀을 하셨는지 나는 모르겠다. 혹시 하셨는데 내가 잊어버린 것
인가? 가령 이런 말씀을 했다고 하더라도 그 말씀은 서양선교사의 재
능과 식견이 '환하게 통달한 것'을 말한 데 불과하다. 어찌 우리의 요·
순·주공·공자와 같은 성인으로 허여하였겠는가"[9]라 하였다. 순암은
스승 성호가 마테오 리치를 성인이라 말한 일이 있는지 자신이 모르
고 있음을 밝히면서도, 만약 성호가 마테오 리치를 성인이라 하였다
면 그 '성인'이라는 뜻은 단지 지식이 통달하였다는 뜻이지 인격이 높
아 모든 백성을 감화시키는 성인을 가리키는 것이 아님을 강조하여,
그 의미를 제한시키고 있다.

---

**8** 『順菴集』, 권17, 27, '天學問答(附錄)', "今以先生與余問答之語及此跋文觀之, 其果尊
信之乎, 此不過無識少輩以其自己之陷溺, 并與師門而實之, 可謂小人之無忌憚也, 幸以
我今生存, 能卞其是非而已, 我若已死, 則後生輩亦必信其言矣, 豈不爲斯文之大可羞吝
者乎."

**9** 같은 곳, "聖有多般, 有夫子之聖, 有三聖之聖, 不可以一槩言也, 古人釋聖字曰通明之謂
聖, 與大而化之之聖, 不同矣, 先生此言, 余未有知, 或有之而後或忘之耶, 假有是言, 其
言不過西士才識, 可謂通明矣, 豈以吾堯舜周孔之聖, 許之者乎."

실제로 성호는 제자 신후담과의 문답(1724)에서, "이 사람(마테오 리치)의 학문은 소홀히 할 수 없는 것이다. …그 '도'에 나아가 그 도달한 바를 논한다면, 또한 '성인'이라 할 수 있다"[10]고 언급했던 일이 있다. 성호는 마테오 리치가 그들의 '도'에 나아가 도달한 경지를 말하면서 성인이라 하였으니, 순암이 해명하였던 것보다는 매우 높였던 것이 사실이다. 그러나 순암의 입장에서는 스승 성호가 마테오 리치와 서학을 받아들인 것은 과학지식의 합리성에 한정된 것이요, 그 이상으로 '도'의 근원에 대한 인식에서 받아들인 것이 아님을 분명히 하였다.

순암이 제시한 서학비판론의 전개양상은 두 단계로 구분해 볼 수 있다. 첫 단계는 46-47세 때(1757-1758) 성호 문하에서 서학 문제를 토론하면서 천주교 교리서에 대한 비판적 입장을 밝혔던 시기이고, 둘째 단계는 73-74세 때(1784-1785) 당시 성호학파 신서파의 후배학자들이 천주교 신앙활동에 빠져들기 시작하자 강한 책임감과 위기의식으로 천주교 신앙활동에 대한 적극적 비판론을 전개하였던 시기이다.

먼저 순암이 천주교 교리서에 대한 비판론을 보면, 1757년 스승 성호에게 올린 편지에서 서학서적으로 『천주실의』·『기인십편』(畸人十篇)·『변학유독』(辨學遺牘)의 세 가지를 열거하면서 자신의 비판적 입장을 제시하고 있다. 그는 이 편지에서 "근래에 서양의 서적을 보니, 그 학설이 비록 정밀하지만 끝내는 이단의 학설이었습니다. 우리 유교에서 자신을 닦고 성품을 배양하며, 선을 행하고 악을 제거하는 것은 마땅히 해야 할 것을 하는데 불과하며, 털끝만큼도 죽은 다음에 복을 구하는 뜻이 없는데, 천주교에서는 자신을 닦는다는 것이 오로지

---

10 『河濱全集』(7), 3, '紀聞編', "星湖曰, 此人之學不可歇者,…就其道而論其所至, 則亦可謂聖人矣."

하느님(天臺)의 심판 때문이니, 이것이 우리 유교와 크게 다른 것입니다"[11]라 하여, 서학서의 학설이 정밀함을 인정하였지만 서학이 사후에 심판을 전제로 하는 것이라는 점에서 오직 도덕의 당위성을 따르는 유교와 근원적으로 다른 '이단'임을 밝히고 있다. 여기서 그는 『천주실의』와 『기인십편』에 대해 천당·지옥설과 관련하여 비판하면서, 특히 마테오 리치와 명나라 말기의 고승인 연지(蓮池 袾宏) 사이의 교리논쟁인 『변학유독』에 대해서는 "『변학유독』은 곧 연지(蓮池)화상과 마테오 리치가 학설을 토론한 글인데, 그 변론이 정밀하고 확실하여 때때로 상대방의 핵심을 여지없이 간파하여 굴복시키기도 하였습니다. (마테오 리치가) 마명(馬鳴)·달마(達摩) 같은 인물들과 서로 맞서서 각기 기치를 세우고 서로 쟁변해 보게 하지 못한 것이 유감스럽습니다"[12]라 하였다. 이처럼 그는 천주교와 불교 사이의 교리논쟁 사실에서 마테오 리치의 논쟁이 불교의 핵심적 문제를 비판하는 사실을 주목하면서, 불교교리의 가장 저명한 이론가와 마테오 리치가 논쟁하여 서로의 교리가 지닌 허점을 여지없이 드러낼 수 있게 하지 못함을 아쉬워하기도 하였다.

이에 대해 성호가 순암에게 보낸 답장에서는 "구라파 '천주'의 학설은 나의 믿는 바가 아니지만, 그 천체를 말하고 지구를 설명한 것은 궁구함이 깊고 역량이 포괄되어 일찍이 없었던 것이다. …시헌력(時憲曆)이 나옴에 이르러 합치하지 않음이 없으니 역법(曆法)의 도리가 비

---

11 『順菴集』, 권2, 16, '上星湖先生別紙(丁丑)', "近觀西洋書, 其說雖精覈, 而終是異端之學也, 吾儒之修己養性, 行善去惡者, 是不過爲所當爲, 而無一毫徼福於身後之意, 西學則其所以修身者, 專爲天臺之審判, 此與吾儒大相不同矣."

12 『順菴集』, 권2, 16~17, '上星湖先生別紙(丁丑)', "辨學遺牘者, 卽蓮池和尙與利瑪竇論學書也, 其辨論精覈, 往往操戈入室, 恨不與馬鳴達摩諸人對壘樹幟, 以相辨爭也."

로소 밝혀졌으니, 어찌 외국이라 하여 경시할 수 있겠는가"[13]라 언급
하였다. 그만큼 순암은 서학에서 천주교 교리가 유교의 가르침에 어
긋나는 이단임을 주목하고 있다면, 성호는 서학에서 천주교 교리의
이단적 성격을 인정하면서도 자연과학지식이 탁월함을 가볍게 보아
서는 안됨을 강조하는 것으로서, 서로 서학을 바라보는 시각의 차이
를 드러내고 있음을 보여준다.

## 2) 천주교 신앙활동에 대한 비판입장

순암은 73세 때인 1784년 성호문하의 동문으로 후배인 권철신(鹿
庵 權哲身, 1736-1801)을 중심으로 그 친우나 제자들이 주축을 이룬
성호학파 신서파의 청년층 학자들 사이에 천주교 신앙이 활발하게 일
어나는 사실을 파악하게 되자, 가장 먼저 적극적으로 비판함으로써
신서파의 천주교 신앙활동을 견제하고자 하였다. 1784년은 이승훈(李
承薰)이 북경에서 영세를 받고 귀국하면서 그해 봄부터 이벽(李檗)·
이승훈·권일신(權日身: 權哲身의 아우)·정약용의 형제들(丁若銓·丁若
鍾·丁若鏞) 등 신서파 청년학자들을 중심으로 천주교 신앙공동체가
형성되어 신앙집회를 열기 시작하였다. 이들의 신앙활동은 아직 사회
의 표면에 드러나지 않았지만, 순암은 성호학파의 선배로서 일찍부터
깊이 우려하고 경계하였던 것이다. 그는 1784년 권철신에게 보낸 3통
의 편지에서 천주교 신앙활동의 문제에 대해 본격적으로 논의하기 시

---

**13** 『星湖全集』, 권26, 19, '答安百順', "歐羅巴天主之說, 非吾所信, 其談天說地, 究極到
底, 力量包括, 蓋未始有也,…至通憲出而無所不合, 曆道始明, 豈可以外國而少之哉."

작했다. 순암이 천주교 신앙활동을 본격적으로 비판한 이 편지를 보내면서 사실상 성호학파는 공서파와 신서파로 분렬되어 결별하는 계기가 열렸던 것이다.

순암은 1784년 권철신에게 보낸 첫 번째 답장에서, "보내온 편지에 또 이르기를, '죽기 전까지 입 다물고 자신의 수양이나 하면서 큰 죄악에 빠지지 않는 것이 지극한 방법이다'라 했는데, 이것은 소림사에서 벽을 향해 앉아 아침저녁으로 아미타불을 외우면서 지난 허물을 뉘우치고, 부처 앞에서 천당에 태어나고 지옥으로 떨어지지 말게 해 달라고 간곡히 비는 것과 무엇이 다르겠는가"[14]라 하였다. 그는 권철신이 바로 이 때(1784)부터 그동안 지켜왔던 유교적 입장의 학문자세에서 벗어나 선불교의 경우처럼 다음 세상을 기다리는 태도를 보이는 문제점을 지적하였다. 여기서 순암의 말은 선불교와 같다고 언급하였지만 실지는 권철신이 천주교 신앙에 기울어지고 있는 사실을 이 시기부터 분명하게 감지하기 시작하였음을 보여준다.

같은 해에 순암이 권철신에게 보낸 두 번째 답장에서는 이기양(伏菴 李基讓, 1744-1802)이 권철신에게서 천주교 교리서인 『칠극』(七克)을 빌려갔다는 소문을 듣고서 "『칠극』은 사물(四勿: 非禮勿視·非禮勿聽·非禮勿言·非禮勿動.〈『논어』, 顏淵〉)에 대한 주석으로, 비록 뼈를 찌르는 절실한 말이 있지만 이 책에서 무슨 취할 것이 있겠는가"[15]라 하여, 거부입장을 밝혔으며, 성호학파의 후배들이 천주교 교리서를 읽고 있

---

**14** 『順菴集』, 권6, 28, '答權旣明書'(甲辰), "來書又云, 未死之前, 嘿以自脩, 毋陷太惡, 爲究竟法, 此何異於少林面壁, 朝夕念阿彌陁佛, 懺悔前過, 懇乞佛前, 得生天堂, 求免墮落地獄之意耶."

**15** 같은 곳, "頃者聞嶺儒之言, 復見士興來借七克, 心竊疑之而謂之曰, 七克是四勿註脚, 雖或有刺骨之談, 何取於斯耶."

는 사실 자체에 대해서도 깊이 우려하는 뜻을 밝히고 있다. 나아가 그
는 권철신의 주변에서 천주교 신앙활동이 퍼지고 있는 사실에 대해,
"양학(洋學)이 크게 번져 아무개 아무개가 주동자이고, 아무개 아무개
는 그 다음이고 그 밖에도 따라가 동화된 자가 몇이나 되는지 알 수 없
다"[16]고 말하는 소문을 듣고 매우 놀랐음을 밝히면서, 권철신에게 천주
교를 불교와 같은 종류임을 제시하여 천주교의 그릇됨을 역설하였다.

　당시 성호학파 신서파의 청년학자들을 중심으로 천주교 신앙활동
이 조직화되고 활발하게 확산되어갔던 사실은 비록 사회적으로 공개
되지는 않았지만 성호학파 안에서는 소문이 무성하여 당면의 가장 큰
문제점으로 대두되기 시작하였음을 잘 보여준다. 순암은 동문후배로
서 친밀하게 교류해왔던 권철신이 사실상 신서파 젊은 학자들의 스승
이나 어른 역할을 하는 위치에 있음을 주목하여, 권철신에게 천주교
신앙의 실상을 감추지 말고 알려줄 것을 요구하기도 하였다.

　순암은 노자·불교·양주(楊朱)·묵적(墨翟)이 모두 유교와 달리 허
무(虛無)와 적멸(寂滅)에 빠지고 부모를 부모로 여기지 않고(無父) 임
금을 임금으로 여기지 않는(無君) '이단'이라 규정하고, 천주교가 바로
불교와 유사한 이단임을 역설하였다.

　　"지금 이른바 '천학'(天學)이란 불교가 이름만 바꾼 것이다. 나도 그 대
　　의를 대략 보았는데, '천당·지옥'이라는 것이 같고, '마귀'라는 것이 같고,
　　'재소'(齋素)도 같고, 군신·부자·부부의 인륜이 없는 점도 같고, '십계'(十
　　誡)와 '칠계'(七戒)도 다를 것이 없고, '사행'(四行)과 '사대'(四大)도 같다.

---

16 같은 곳, "其後轉聞洋學大熾, 某某爲首, 某某次之, 其餘從而化者, 不知幾何云, 不勝驚
怪, 旣已浪藉於人, 則不必掩遮於相好之間矣."

그 밖에도 다 열거할 수 없지만 대체로 '구세'(救世)를 말하는데, 구마라습(鳩摩羅什)과 달마존자(達摩尊者)가 모두 '구세'를 내세워 큰 바다를 건너 중국까지 와서 자기들 교화를 폈듯이 마테오 리치(利瑪竇) 등도 이와 같은 무리에 불과할 뿐이다. 옛 사람들이 불교는 사사롭게 생사(生死)를 초탈하고자 한다고 말했는데, 이제 천주학을 하는 자들은 밤낮으로 간절히 기도하면서 지옥으로 떨어지지 않게 해달라고 비니 모두가 불교이다."[17]

그것은 천주교(天學)와 불교의 일치점을 구체적으로 열거함으로써 천주교를 불교의 아류로 규정하여 배척하는 것이다. 여기서 순암은 '천주'의 존재나 '천당·지옥'의 문제를 천주교 교리의 기본과제로 파악하면서, 유교에서도 천주교 교리의 내용이 내포되어 있다는 개방적 이해의 입장을 보여주고 있다. 따라서 천주교의 가르침이 유교 속에 내포된 것인 만큼 유교를 버리고 천주교로 들어가는 것이 잘못된 것임을 지적하였다. 동시에 그는 천주교의 가르침이 불교와 일치하는 허황한 것이라 지적하여 비판하였다. 송대(宋代)이후 유교전통에서는 일찍이 불교를 이단으로 비판하는 이론을 엄격하게 정립하여 체계적으로 정비해놓고 있었다. 그렇다면 천주교가 불교와 유사함을 확인하는 것은 매우 손쉽게 천주교를 이단으로 규정하여 비판할 수 있는 방법인 것이 사실이다. 따라서 순암은 권철신과 그 친우나 제자들에게, 불교를 배척하다가 불교와 유사한 천주교에 빠져드는 이유를 묻고,

---

**17** 『順菴集』, 卷6, 28-29, '答權旣明書'(甲辰), "今所謂天學, 是佛氏之變其名者爾. 愚亦 畧觀大意, 天堂地獄一也, 魔鬼一也, 齋素一也, 無君臣父子夫婦之倫一也, 十誡與七戒 不異, 四行與四大亦同, 其餘不能枚擧, 而大抵以救世爲言, 鳩摩羅什·達摩尊者, 皆以 救世, 涉重溟到中國, 以宣其化, 利瑪竇等, 亦不過如是而已, 古人謂釋氏自私欲超脫生 死而然也, 今爲天主之學者, 晝夜祈懇, 祈免墮於地獄, 是皆佛學也."

유교에서 덕을 밝혀 세상을 구제하는 도리를 버리고 천주교을 받아들
이는 이유를 묻고 있다.

　"여러분들이 평소에 항상 불교를 배척해오다가 이제 천주교에 꼼짝 못
하니, 반드시 사람을 감동시킬 수 있는 특별한 글이 (천주교에) 있어서
그렇겠지. …지금 들으니 덕조(德操: 李蘗의 字)가 얼마간의 서적을 가지
고 찾아갔다는데, 이번에 이곳을 지나면서도 나를 찾아보지 않는 까닭을
알 수 없구려. 어찌 그 길(道)이 달라 서로 의논하지 않는 것이 아니겠는
가? 천주교에서 남을 선으로 인도한다는 뜻은 반드시 이렇게 하지는 않
았을 것일세. 그러나 성인이 천하에 밝은 덕(明德)을 밝힌다는 것은 그
'구세'의 뜻이 무슨 문제가 있는가? 하필이면 명분이 바른 가르침의 안락
한 땅을 버리고 천당에서 살기를 구하려는가?"18

　그동안 불교를 배척해오던 선비들이 갑자기 천주교 신앙에 빠져들
게 되는 사실에 대해, 천주교의 감동적 문장이 무엇인지 묻고 있다.
그런데 당시에 후배인 이벽이 천주교서적을 싸들고 권철신을 찾아가
는 길에 자기 집 문앞을 지나가면서도 들리지 않는 것은 이미 지향하
는 '도'(道)가 유교와 달리 천주교를 선택하였기 때문에 같이 만나 함
께 토론할 필요도 없는 단절된 처지가 되고만 것인지 따졌다. 심지어
이렇게 서로 외면하는 것은 남을 선으로 인도한다는 천주교 교리에도
어긋나는 것이 아니냐고 힐책하기까지 하였다. 그만큼 순암은 천주교

---

18 『順菴集』, 권6, 29, '答權旣明書'(甲辰), "諸君平日常斥佛而今束手於此, 則必有別般
文字可以動人者而然也,…今聞德操抱多少書而進去, 今者過此不見, 未知其故也, 豈
以其道不同而不相謀耶, 天主導人爲善之意, 必不如此也, 然聖人明明德於天下者, 其
救世之意, 爲如何哉, 何必捨名敎之樂地而求生天堂乎."

에 빠져든 후배들과 토론을 계속하여 유교의 정당한 도리로 돌아나오
도록 설득하려는 강한 의지를 보여주고 있는 것이다. 따라서 순암의
결론은 "천하에 밝은 덕을 밝힌다"(明明德於天下〈『대학』〉)고 선언한
유교의 가르침이 이 세상을 구제하는 정대한 명분의 가르침임을 확인
하면서 천당에서 살기를 구하는 천주교의 그릇됨을 강조하는 것이다.

권철신에게 1784년에 보낸 세 번째 편지요 마지막으로 보낸 장문의
편지에서는 권철신이 천주교에 빠져 후배들을 그릇되게 이끌고 있는
사실을 불교에도 못미치며 무당과 다름없는 천주교에 빠진 것이라 하
여 정면으로 비판하고 있다.

> "지금 또 듣자하니, 공이 서학(천주학)에서 경망하고 철없는 젊은이들
> 의 앞잡이가 되고 있다는데, 지금 세상에 유학자들이 기대를 걸고, 친구
> 들이 믿고 소중히 여기며, 세상 사람들이 주목하고, 후배들의 종주(宗主)
> 가 될 사람이 그대 말고 누가 있겠는가. 그런데 갑자기 이단으로 가버리
> 니 과연 어찌해서 그러한 것인가? 내가 보기에는 서양 사람들의 말이 비
> 록 장황하고 해박하게 변론해도, 모두가 불교의 조잡한 발자취요, 선학
> (禪學)의 정밀한 이론에는 절반도 못 미치네. 차라리 달마(達摩)와 혜능
> (慧能)의 식심(識心)이나 견성(見性)의 말을 따를지언정 어찌 서양선교사
> 들이 밤낮으로 간절히 기도하여 무당이나 다름없는 짓을 할 수 있겠는가?
> 이렇게 해서 과연 지옥을 면한다 하더라도 지조 있는 선비라면 반드시 하
> 지 않을 것인데, 하물며 우리 유학을 하는 사람이 그렇게 하겠는가? 이것
> 은 공자문하의 도깨비요 유림(儒林)의 해충이 되니, 시급히 쫓아내야 할
> 것이네."[19]

또한 이 편지에서 순암은 “지금 들리는 말에 아무 아무가 서로 약속을 하고 신학(新學)을 공부하고 있다고 하는 소문이 파다한데, 그들 모두가 공의 절친한 벗 아니면 공의 문도들 아닌가. 공이 만약 금하고 억제했으면 이렇게 날뛸 리가 있겠는가. 공은 그들을 금지하지 않았을 뿐만 아니라, 오히려 물결을 조장하여 더 일으키고 있으니 이게 무슨 일인가”[20]라 하여, 권철신이 제자들의 천주교 신앙활동을 금지하지 않고 그들의 신앙을 조장하는 사실에 대해 엄격하게 문책하기도 하였다.

나아가 순암은 서양이 기술에서 중국보다 뛰어난 점이 있음을 인정하면서도 서양의 학술은 노장(老莊)이나 불교와 같은 이단일 뿐임을 지적하면서, “지금의 유학자들이 노장과 불교는 이단으로 배척하면서 도리어 천주교를 참된 학문이라 여기고 있다. 인심이 미혹되고 빠져듦이 한결같이 이에 이르니, 이것은 바로 세상풍조의 가라앉고 일어남이나 선비의 학풍이 사특하고 정대함이 나뉘는 하나의 큰 전환계기이다”[21]라 하였다. 역사가 한 번 다스려지고 한 번 어지러워지는(一治一亂) 순환의 변동을 겪듯이, 학문에서도 정도(正道)가 쇠퇴하고 사설(邪說)이 성행하는 변동의 계기를 만난 것이라는 시대변화의 상황으로 인식하고 있음을 보여준다. 그렇지만 광명정대한 유교를 버리고 천주교

19 『順菴集』, 권6, 30－31, ‘與權旣明書’(甲辰), “今又聞西士之學, 公未免爲浮躁諸少輩之所倡導, 今世斯文之期許, 知舊之倚重, 世人之屬目, 少輩之宗主, 捨公而誰, 而忽焉爲異學之歸, 是果何爲而然乎, 以愚觀之, 西士之言, 雖張皇辯博, 而都是釋氏之粗迹, 半不及於禪家精微之論, 寧從達摩慧能識心見性之言, 豈可爲西士晝夜祈懇, 無異巫祝之擧乎, 爲此而果免地獄, 志士必不爲也, 況爲吾儒之學者乎, 是爲聖門之怪魅, 儒林之蟊賊, 亟黜之可也.”

20 『順菴集』, 卷6, 31, ‘與權旣明書’(甲辰), “今聞某某輩, 相與結約, 攻習新學之說, 狼藉去來之口, 此皆公之切友與門徒也, 公如有禁抑之道, 豈至此橫騖, 而不惟不能禁抑, 又從而推波助瀾何哉.”

21 같은 곳, “今之儒者斥二氏爲異端, 而反以此爲眞學, 人心之惑溺, 一至於此, 此正世道汙隆, 士學邪正之一大機也.”

에 참된 도리가 있다고 보는 신서파의 입장이 옳지 않음을 거듭 강조하고 있다.

당시 성호학파 신서파의 재능있는 청년학자들이 천주교 신앙에 빠져들어 천주교를 높이고 있는 현실에 대해, 순암은 "이른바 천주학이란 실상은 불교의 하승(下乘)에서도 가장 열등한 것인데도 오늘날 재주와 학식을 자부하는 자들이 많이 그 속에 빠져들어 서양을 중국보다 높이고 마테오 리치(利瑪竇)를 공자보다 현명하게 여기면서, '참된 학문이 여기(천주학)에 있다'고 하니, 선비들의 지향함이 바른 길을 잃고 인심이 추락하여 이 경지에 이르게 되었는데도, 구제하고 바로잡을 수 없게 되었다"[22]고 하여, 신서파 청년학자들이 유교를 버리고 천주교로 빠져들고 있는 현실에 심각한 위기의식을 각성하고 있었던 것을 엿볼 수 있다. 바로 이 점에서 순암은 새로운 사상조류인 천주교를 막아내어 유교전통을 지키는 호교(護敎)를 자신의 시대적 책임으로 각성하고 있음을 보여준다.

이러한 순암의 공서파(攻西派)로서 기치를 선명히 하자, 그의 주위에 뜻을 같이하는 후학들이 모여들었다. 후학인 권진(權員)이 찾아와서 서양에서도 천주교를 금하려고 수만 명을 죽였으나 금하지 못했고, 일본에서도 천주교를 금하려고 수만 명을 죽였던 사실을 들어, 우리나라에도 천주교를 금하기 위해 많은 천주교도를 죽이게 될 수 있음을 언급한 사실을 소개하면서, 무엇보다 당파적 대립이 격심한 당시의 정치현실에서 이단인 천주교 신앙에 빠져들었다는 사실이 반대파

---

**22** 『順菴集』, 권26, 15, '邵南先生尹公(東奎)行狀', "所謂天學者, 實佛氏之下乘最劣者, 而今世之以才學自許者, 多入其中, 使西土尊於華夏, 瑪竇賢於仲尼, 謂眞學在是, 士趨之失正, 人心之陷溺, 一至於此, 而不能救而正之."

에게 공격의 빌미를 주어 성호학파가 속한 남인 시파(南人時派)의 존
립을 위협하게 될 수 있음을 심각하게 경고하기도 하였다.

> "더구나 지금 당론이 분열되어 피차 틈만 노리면서 상대편의 좋은 점
> 은 덮어두고 나쁜 점만 들추어내는 시국에, 가령 누가 일망타진하려는 계
> 책으로 삼는다면 몸을 망치고 명성을 더럽히는 굴욕을 당하게 될 것이네.
> 이러한 때에 이르면 천주가 구제해줄 수 있겠는가? 아마 천당의 즐거움
> 을 미처 누리기도 전에 세상의 재앙이 닥칠 것이니, 삼가지 않을 수 있겠
> 는가. 두려워하지 않을 수 있겠는가. 그런데 그대들은 이미 천주교에 빠
> 져서 마음을 씻고 발길을 돌려 이 습속을 털어 버리지 않고, 도리어 '지옥
> 의 설치는 바로 아무 어른(순암)을 위한 것이다'라 하니, 나는 이 말이야
> 달게 받아들이겠지만 이런 작태를 참지는 못하겠네."[23]

당시 순암은 성호학파 안에서 공서파의 입장을 확고히 함으로써, 신
서파의 후배들을 비판하고 경고하는데 앞장 섰으며, 이에 대해 신서
파의 후배들은 순암의 비판에 저항하면서 "지옥이 설치된 것은 바로
순암을 위해서다"라고까지 극단적 반발태도를 보이기도 하였던 것이
다. 이와 더불어 순암의 주위에는 천주교비판의 입장을 지닌 인물들
이 모여들어 공서파를 형성하게 되고, 이들은 천주교를 비판하는 논
거가 될 수 있는 자료를 수집하여 순암에게 제시하고 있었다. 곧 권진
은 서양과 일본에서 천주교도를 탄압하여 많은 천주교도들이 살육되

---

23 『順菴集』, 卷6, 34, '與權旣明書'(甲辰), "況此黨議分裂, 彼此伺釁, 掩善揚惡之時, 設
有人爲一網打盡之計, 而受敗身汚名之辱, 則到此之時, 天主其能救之乎, 竊恐天堂之
樂未及享, 而世禍來逼矣, 可不愼哉, 可不懼哉, 公輩旣溺于此, 則不能洗心旋踵, 以祛
此習, 反謂之日, 地獄之設, 正爲某丈, 愚於此甘受而不忍爲此態也."

었던 사실을 소개해주기도 하고, 순암도 권진의 묘지명(「權君(眞)墓誌銘並序」)을 지어 권진이 천주교 비판에 확고한 신념을 지녔음을 칭찬하기도 하였다. 또한 유옥경(柳玉卿)은 청나라 전겸익(牧齋 錢謙益)의 「경교고」(景敎考)에서 서학을 비판한 구절을 베껴서 제공하기도 하였다.

이때에 순암은 천주교을 조목별로 비판하는 질문서인 「천학설문」(天學設問: 1785년 저술한 「天學問答」의 初稿에 해당하는 저술로 보임)을 저술하였다. 그는 권철신에게 자신의 「천학문답」을 읽어주고 반박하는 견해라도 밝혀주기 바라면서도, "「천학설문」을 베껴 보내고 싶었으나 베껴 쓰기가 너무 힘들어 보내지 못하네. 권진이 베껴 갔으니, 볼 수 있는 길이 있을 것 같네. 그러나 모두가 망녕된 이론이라 어떻게 그대들의 이미 굳어져 이루어진 학설을 움직일 수 있으리오"[24]라 하여, 권철신을 비롯한 신서파의 천주교 신앙이 돌이킬 수 없이 굳어진 사실을 인식하고 있음을 보여준다.

1785년 봄 성호학파 신서파의 천주교 신앙집회가 형조(刑曹)에 적발되어 사회에 알려지고 천주교도들이 압박을 받게 되자, 순암은 남필복(南必復)에게 보낸 편지에서, "근래에 천주교를 나라에서 금지하고 있으나, 형조에서 선처해주어 여러 사람이 연루되지 않았으니 다행이네. 그런데 이 학설(천주학)이 절친한 사람들 사이에서 많이 나왔기 때문에 전날에 많은 말을 하여 배척하였던 것이지. 대개 서로 아끼는 정성에서 나온 것인데 도리어 의혹과 거리감이 일어나 점점 멀어짐이 뚜렷해지니 그것이 불행이네"[25]라 하여, 천주교도의 신앙집회가

---

**24** 『順菴集』, 卷6, 35, '與權旣明書(甲辰), "天學設問, 欲爲錄送, 而書出甚難, 不得送呈, 于四膭去, 則似有可見之路, 然皆妄說, 何能動公輩已定之成學耶."

**25** 『順菴集』, 卷7, 23-24, '答南希顔(必復)書(乙巳), "近來天學有邦禁, 而秋官善處, 不至連累, 可幸, 此學多出於切緊間, 故前日頗費辭斥之, 盖出於相愛之血忱, 而反生疑

형조에 적발된 뒤에도 연루되어 처벌받지 않은 것을 다행으로 여기면서도 성호학파 안에서 신서파를 염려하여 비판하고 경계해왔는데 신서파로부터 의심을 받고 신서파와 공서파가 갈라져 서로 단절되고 말게 된 현실을 불행으로 깊이 우려하고 있음을 보여준다.

또한 순암은 1785년 성호학파의 후배로 신서파의 중요 인물인 이기양(伏菴 李基讓)에게 보낸 답장에서도 절실하고 긴밀한 성호학파의 동문들 사이에 천학(天學: 天主學)이 발생하여 그 학설이 유교의 형상과 달리함으로 은밀한 것을 추구하고 괴이한 행동에 빠져들까 염려하여 권철신과 이기양에게 편지를 보내 질문하였는데 끝내 대답을 듣지 못하여 버림을 받고 있는 사실에 대해 섭섭함과 책망을 하고 있다. 여기서 그는 "근래 서울과 지방의 친지들로 왕래하거나 편지에서 보고 들은 바는 이 늙은이를 사건의 실마리를 끌어내어 문제 삼게 하여 재앙을 일으키는 괴수로 여긴다는 말이 파다하네"[26]라 하여, 신서파에서는 순암의 천주교 신앙에 대한 비판이 바로 신서파를 환난으로 몰아넣게 될 것이라 하여 심한 경계심으로 적대시하면서 교류가 단절되고 있었던 것이다. 이처럼 당시 순암의 천주교비판에 대해 토론의 상대로 받아들이는 것이 아니라 신서파를 재앙으로 몰아넣을 위험요인으로 거부하면서 사실상 대화가 단절된 상태에 이르렀음을 보여준다.

이에 대해 순암은 1785년 이기양과 만났을 때에도 이기양이 모두들 순암을 가리켜 '재앙을 일으키는 마음'(禍心)이라 한다고 언급하자, 순암은 "이번에 서학은 어찌 사군자가 배울만한 것이겠는가? 나는 깊이

阻, 顯有踈外之漸, 其不幸大矣."
26 『順菴集』, 권8, 20, '答李士興書'(乙巳), "近來從京外親知之去來者及或書尺間有所聞見, 則以此老漢爲惹起事端之一禍首, 其言狼藉."

염려하여 이렇게 규제하고 경계하는 말을 하였던 것이지, 이것이 어찌 재앙을 일으키는 마음이 되겠는가?"[27]라 하여, 자신의 천주교 신앙비판이 후배를 염려하는 충심에서 경계하는 비판이지, '재앙을 일으키려는 마음'이 아님을 역설하고 있다.

따라서 신서파의 권철신이나 이기양 등이 순암과 천주교 신앙의 문제에 관해 토론하기를 거부하는 태도에 대해, "예수란 세상을 구제한다는 명칭인데, 이미 세상을 구제한다고 하였으면, 어리석은 사람(순암 자신)을 지도하여 깨닫도록 하는 것이 옳을 것이다. 무엇 때문에 질문을 해도 대답하지 않고 그 책을 덮어 감추고서, 어리석은 사람으로 하여금 깨닫게 하지 않으니, 그것이 과연 천주가 세상을 구제한다 뜻인가?"[28]라 하여, 천주교 신앙에 관해 신서파에게 토론하는 것이 예수의 정신에도 맞지 않느냐고 따지며 토론할 것을 요구하였다. 그러나 신서파로서도 정통의 유교이념을 배경으로 하는 공서파와 공개적 토론을 할 수 없는 형편이었으니, 토론이 일어날 수 없는 실정이었다.

순암은 1785년 3월에 「천학고」(天學考)와 「천학문답」(天學問答)을 저술하여, 이 두 저술을 통해 천주교 교리에 대한 비판이론을 체계화시켜 제시하였다. 먼저 「천학고」는 역사서와 옛 문헌(『漢書』·『列子』·『通典』·『明史』 등), 명·청시대 학자들의 저술(鄭曉의 『吾學篇』, 錢謙益의 『景敎考』, 顧炎武의 『日知錄』 등), 및 조선후기 학자들의 저술(李睟光의 『芝峯類說』, 李灘의 「天主實義跋」) 등 14종의 문헌을 인용하여

---

**27** 『闢衛編』, 권2, 4, '安順菴乙巳日記', "今番西學, 豈爲士君子所可學者乎, 余有深慮, 有此規警之語, 此豈禍心而然乎."

**28** 『順菴集』, 권8, 21, '答李士興書'(乙巳), "耶蘇救世之名也, 旣云救世, 則指導其昏愚, 使之開悟可也, 何必有所問而不答, 掩其書而自秘, 不使昏愚者有所開悟, 其果爲天主救世之意耶."

서학이 중국과 우리나라에 전파된 역사적 유래를 밝히고 있으며, 여기서 그는 서학이 한대(漢代)부터 현혹시키고 허망한 오랑캐의 풍속으로서 중국에 들어왔었던 것이요 새로운 것이 아니라고 보았다. 그는 서역 지방의 환술(幻術)이나 천신(天神)숭배와 마니교(摩尼教: 明教 · 拜火教) · 회교(回教: 이슬람교) · 경교(景教: 네스토리우스파 기독교) 등을 천주교와 같은 계통인 서방의 천학(天學)으로 파악하여 간략한 서양종교사를 서술하면서 오랑캐의 현혹시키고 허망한 미신(迷信)의 범주 속에 천주교를 포함시켜 비판하였다.

또한 그는 우리나라에 서학의 전래과정을 서술하면서, 서양의 서적인 선조 말년부터 우리나라에 들어와 유학자들이 많이 읽어왔고 제자백가나 불교의 수준으로 취급하여 서실(書室)의 구색으로 갖추어 놓고 천문학과 수학에 관한 지식만 취해왔었음을 지적하고서, 천주교 신앙이 전파되기 시작하는 상황에 대해, "근년에 어떤 선비가 사신 행렬을 따라 연경(燕京)에 갔다가 서양서적을 얻어 가지고 왔는데, 계묘년(1783)과 갑진년(1784) 사이에 재기(才氣)있는 젊은이들이 천학(天學)의 학설을 주창하면서, 마치 상제가 친히 내려보낸 사신인 듯이 한다. 아아, 평생토록 중국 성인의 글을 읽고 나서 하루아침에 서로 이끌고 이교(異教)로 돌아가니, 이것이 어찌 '3년을 배우고 돌아와서 자기 어머니 이름을 부른다'(『戰國策』)는 말과 다르겠는가. 참으로 안타까운 일이다"[29]라 하였다. 곧 당시 조선에서 천주교 신앙을 수용한 것은 1783-1784년 무렵으로 확인하고, 재주있는 젊은 유학자들이 갑자

---

29 『順菴集』, 卷17, 1, '天學考', "年來有士人隨使行赴燕京, 得其書而來, 自癸卯甲辰年間, 少輩之有才氣者, 倡爲天學之說, 有若上帝親降而詔使者然, 噫, 一生讀中國聖人之書, 一朝相率而歸於異教, 是何異於三年學而歸, 而名其母者乎, 誠可惜也."

기 이단인 천주교 신앙에 빠져드는 현상을 안타까워하고 있다.

특히 그는 성호(星湖 李瀷)가 『천주실의』에 붙인 발문(「跋天主實義」)을 자세히 소개하면서 천주실의에서 성호가 천주교의 기본교리로서 '천주'개념의 인식내용이나 '천당·지옥설'에 대해 엄격히 비판하고 있는 사실을 드러내면서, "지금 천주학을 공부하는 자들이 간혹 '선생(星湖)도 일찍이 (천주학을) 공부했다'고 말하여, 자기의 이론을 펼치면서 이에 근거해 높이려고 하지만, 모르는 사이에 스승을 무함(誣陷)하는 죄를 짓고 있으니, 어찌 한심하지 않겠는가"[30]고 하였다. 여기서 그는 스승 성호가 서양과학기술을 높였던 것은 인정하지만 천주교 신앙에 대해서는 엄격하게 비판하였음을 확인함으로써, 성호학파의 신서파 청년학자들이 천주교 신앙에 빠져들면서 스승 성호도 천주학을 공부하였다고 하여 자신의 정당성을 뒷받침하려 하는 태도는 스승을 모함하는 것이라 엄격하게 비판하였다. 이처럼 그는 성호의 천주교 신앙에 대한 비판입장을 강조하여 신서파의 천주교 신앙을 성호와 연관시키는 관점을 단호하게 차단하고 있음을 보여준다.

다음으로 「천학문답」은 당시 천주교 신앙에 긍정적인 인물들이 제기한 질문 34조목에 대한 비판적 입장에서 대답한 저술이다. 여기서 그는 『천주실의』에 나타난 천주교 교리의 다양한 문제에 대해 비판함으로써, 서학에 대한 이단비판론을 이론적으로 정립시키고 있다. 그 질문항목 가운데 "『천주실의』나 『기인십편』(畸人十篇) 등의 책을 보면, 서양선교사가 말한데 대해 중국선비가 옷깃을 여미고서 믿으며 따르지 않음이 없으니 어째서 그러한가?"라는 질문에 대해, 순암은

---

30 『順菴集』, 卷17, 8, '天學考', "今爲此學者間或曰, 先生亦嘗爲之, 欲伸己說, 因而爲重, 而不覺自歸於誣師之科, 豈不寒心哉."

"이런 책들은 모두 서양선교사가 질문을 설정해놓고 스스로 대답하였기 때문에 그러할 뿐이다. 만약 도리를 아는 유교 선비와 더불어 말하였다면 어찌 옷깃을 여미면서 믿고 따를 이치가 있겠는가"[31]라 대답하고 있다. 그것은 마테오 리치의 교리서인 『천주실의』나 『기인십편』을 비롯하여 중국 선비가 묻고 서양선교사가 대답하는 문답형식으로 저술된 천주교 교리서들에서 중국 선비들이 서양선교사를 공경하고 신봉하는 자세를 보여준 것은 실지가 아니라 서양선교사들이 조작한 것임을 강조하여, 천주교 교리서에 미혹될 것을 경계하는데 까지 세심한 관심을 보여주고 있는 것이다.

순암은 75세 때(1786) 지은 시에서도 "이단의 학문이 사람들을 그르치니/ 굳게 무리지어 깨뜨릴 수도 없네/…군자라면 평소 먹은 마음 지켜서/ 꺾이지 않고 용감히 나가야지"[32]라고 읊어, 천주교 신앙집단이 이미 견고하게 뿌리를 내려 깨뜨릴 수 없다는 현실적 한계를 인식하면서도, 선비로서 지조를 지켜 이단을 배척하는데 흔들림이 없을 것임을 다짐하고 있다. 그는 1786년 남인시파의 영수요 정조(正祖)임금의 두터운 신임을 받고 있던 재상 채제공(樊巖 蔡濟恭)에게 편지를 보내 서학을 물리치는 일을 논의하기도 하였다.

"근래에 와서 우리 당의 평소 재기를 자부하던 젊은이들이 많이 새로운 학문(천주학)으로 들어가면서 참된 도리가 여기에 있다고 휩쓸려 따라

---

**31** 『順菴集』, 卷17, 22, '天學問答', "或日,'觀實義畸人等書, 西士所言, 中士莫不斂袵信從者何哉', 日,'此等書, 皆西士設問而自作, 故如是耳, 若與識道之儒士言之, 豈有斂袵信從之理乎'."

**32** 『順菴集』, 卷1, 39, '次丁思仲(志永)來贈韻(丙午)', "異學方誤人, 羣聚牢不破,…君子秉素志, 勇往終不挫."

가니, 어찌 한심한 일이 아니겠소. 이렇게 거꾸러지며 빠져드는 꼴을 차마 눈뜨고 볼 수 없어 서로 가까운 사이에만 대략 경계를 해 보았는데, 이는 진실한 마음에서 나온 것이지만 도리어 재앙을 일으키는 마음이라 말합니다. 심지어 감히 절교할 수 없는 사이인데 절교하는 자가 있습니다. …이렇게 당파 사이의 논쟁이 범람하는 때에 기회를 노려 돌을 던지는 자가 없을 줄을 어찌 알 수 있겠습니까? 그 형세는 반드시 망한 다음에야 그칠 것입니다. …우리 두 사람이 (천주교를) 물리치지 않는다면 누가 하겠습니까? 어른으로서 통렬하게 물리치고 꾸짖어 금하는 것이 마땅하지, 하필 뒤돌아보고 쳐다보며 꺼려하고 굽히는 태도를 취할 것이겠습니까?"[33]

채제공은 순암의 천주교 신앙에 대한 강경한 비판태도에 대해 '노익장'(老益壯)이라 칭송하기도 하였고, 순암을 위해 「불쇠헌기」(不衰軒記)를 지어주기도 하였다. 채제공은 조정에서 남인시파를 이끌어가는 중심이요, 순암은 재야에서 성호학파를 계승하는 종장의 역할을 하고 있으니, 남인시파요 성호학파 안에서 천주교 신앙이 일어나는 사실에 대해 함께 후배들을 꾸짖고 이끌어가는 역할을 하자는 제안을 하고 있는 것이다. 그러나 순암이 천주교 신앙비판에 철저한 반면에 채제공은 다소 온건한 화합정책을 취하고 있는 점에 대해 순암은 불만을 털어놓기도 하였던 것이 사실이다.

---

**33** 『順菴集』, 권5, 19-20, '與樊巖書'(丙午), "近來吾黨小子之平日以才氣自許者, 多歸新學, 謂以眞道在是, 靡然而從之, 寧不寒心, 不忍目睹其顚倒陷溺之狀, 略施規箴於切緊之間, 是出於赤心, 反禍心以言之, 至有不敢絶而敢絶者,…當此黨議橫流之時, 安知無傍伺而下石者乎, 其勢必亡而後已,…非吾二人斥之, 而誰爲之耶, 爲長者, 當痛斥而禁呵之, 何必爲顧瞻畏屈之態耶."

## 3 천주의 존재와 예수에 대한 비판론

### 1) '천주' 개념의 쟁점

순암은 천주교 신앙에 대한 비판이론에서 중요한 쟁점을 크게 세 가지로 집약해본다면, 하나는 '천주'의 존재와 예수의 성격을 인식하는 문제이고, 다른 하나는 인간의 영혼과 사후세계에 관한 문제요, 또 하나는 도덕의식의 문제라 할 수 있다.

### ⑴ 상제와 천주의 존재

순암은 먼저 천주교의 '천주'와 유교의 '상제'를 동일한 존재로 받아들이는 측면을 보여 준다. 곧 "저들이 '천주가 있다'고 말하면 우리도 '천주가 있다'고 말한다. 천주는 곧 상제이다. 『시경』과 『서경』에서 '상제'를 말하고, 성인이 '하늘'을 말하였으니, 분명하게 그 글이 있는데, 어찌 실상이 없이 거짓으로 의탁하여 말한 것이겠는가."[34]라고 언

---

34 『順菴集』, 권6, 32, '與權旣明書'(甲辰), "彼曰有天主, 吾亦曰有天主, 天主卽上帝也, 詩書之言上帝, 聖人之言天, 明有其文, 則豈無其實而假託以言耶."

급하여, 궁극존재를 '천주'라 일컫는다면 이에 해당하는 유교의 명칭은 '상제'나 '천'이라 일컫는다는 것이다.

그는 "사람이 하늘을 일컫는데는 두 가지가 있으니, 하나는 '주재의 하늘'(主宰之天)이다. '천명의 성품'을 말하고 '천명을 두려워함'을 말하는 것 등으로, 이것은 하늘이 곧 이치다. 또 하나는 '형기의 하늘'(形氣之天)이니, 이것은 하늘이 곧 사물이다"[35]라 하여, 눈으로 볼 수 있는 푸른 하늘은 '형기의 하늘'로서 물질의 하나일 뿐이라 인식하고, 이와 달리 인간에게 천명으로 부여되는 하늘은 '주재의 하늘'이요 이치라 분별하여 제시하였다. 곧 감각적 경험의 대상으로서 하늘과 신앙적 숭배의 대상으로서 하늘을 구별하는 입장을 밝혀 천주교의 '천주'개념에 상응할 수 있는 유교적 '천'개념을 확인하고 있다.

나아가 순암은 '천학'(天學)이란 상제를 받드는 가르침이라 해석하여, 서양인이 말하기 이전에 유교경전에서 분명하게 제시하고 있음을 확인하여, 『서경』(惟皇上帝, 降衷下民.〈湯誥〉), 『시경』(小心翼翼, 昭事上帝.〈大雅·大明〉), 『논어』(畏天命.〈季氏〉), 『중용』(天命之謂性.), 『맹자』(存心養性, 所以事天也.〈盡心上〉) 등 유교경전에서 상제를 섬김이나 천명을 두려워함 등에 관한 언급을 열거하고서, "우리 유학자의 학문도 하늘을 섬김에서 벗어나지 않는다. 동중서(董仲舒)가 '도(道)의 큰 근원은 하늘에서 나온다'고 말한 것이 이것이다"[36]라 하였다. 곧 하늘(상제)을 섬기는(事天) 학문으로서 '천학'은 원래 유교의 학문적 기반임을 강조함으로써, 하늘을 섬김에서는 천주교와 유교가 공통적인

---

**35** 『順菴集』, 권17, 21-22, '天學問答', "人之稱天有二, 一是主宰之天, 曰天命之性, 曰畏天命之類, 是天卽理也, 一是形氣之天, 是天卽物也."

**36** 『順菴集』, 권17, 8, '天學問答', "吾儒之學, 亦不外於事天, 董子所謂道之大原, 出乎天是也."

것임을 전제로 인정하고 있다.

또한 순암은 '천주'라는 호칭이 사용된 경우를 중국의 문헌에서 점 검하여, 유교경전에는 나오지 않는 말이지만 『사기』(史記) 「봉선서」 (封禪書)에서 "팔신(八神)에서 첫 번째가 '천주'로 천제(天齊)에서 제사 한다"(八神, 一曰天主祠天齊)는 기록이나, 『전한서』(前漢書)의 「김일 제전」(金日磾傳)에서 "휴도왕(休屠王)이 금으로 사람형상을 만들어 천 주에게 제사했다"(休屠作金人祭天主)는 기록을 찾아서 중국문헌에서 도 근거가 있음을 확인하였다. 나아가 그는 금으로 천주의 신상을 만 들어 천주에 제사를 드렸다는 역사서의 기록에 대해 당시 천주교에서 천주의 화상을 그려 놓고 예배드리는 것과 유사함을 지적하면서, "흉 노의 우현왕(右賢王)이 서쪽으로 서역과 교통하면서 그 교(천주교)를 받아들여 제사한 듯하다"고 언급하기도 하였다.[37] 이처럼 그는 역사 서의 기록에서 '천주'라는 용어를 고증하여, 한(漢)나라 무제(武帝) 때 흉노족의 신앙에 천주를 숭배하였던 사실을 천주교와 일치시켜 이해 하고 있음을 보여준다.

마테오 리치는 유교의 '상제'를 '천주'와 일치시켜 제시하면서, "다만 옛 군자들이 천지의 상제를 공경한다고 들었지만, 태극을 높이 받드 는 자가 있다고 듣지 못하였다"고 하여, '태극'을 숭배의 대상이 아니 라 하고, "이치는 역시 의지해서 있는 종류요 스스로 성립할 수 없는 것이니, 어찌 다른 사물을 성립시킬 수 있겠는가?"라 하여, '이치'(理) 는 사물에 의지하여 존립하는 법칙의 의미로 한정시켰다.[38] 그것은

---

**37** 『順菴集』, 卷17, 23, '天學問答', "經傳不見, 但史記封禪書祀八神, 一曰天主祠天, 漢 書 ⋯金日磾傳, 休屠作金人祭天主, 天主之名, 見於此, ⋯疑以金作天主而祭之, 如今 爲此學者, 爲天主畵像而禮拜之, 此古今之變也, 凶奴右賢王西通西域, 疑得其敎而祭 之也."

성리학에서 '상제' 내지 '천'을 '이치'나 '태극'과 동일시하는 견해를 정면으로 거부하는 것이다. 이에 대해 순암은 '태극'이나 '이치'가 '상제'와 동일한 궁극적 존재로 인식하는 성리학적 입장을 확인하여, '상제' 개념에 대한 인식에서 천주교의 입장과 차이를 분명히 밝히고 있다. 그는 "주재가 있다는 것으로 말하면 '상제'라 하고, 소리도 없고 냄새도 없다는 것으로 말하면 '태극'이라 하고 '이치'라 한다"[39]고 하여, '상제'와 '태극'이나 '이치'가 동일한 존재를 다른 측면에서 일컫는 명칭일 뿐이요 두 가지로 갈라놓을 수 없는 것임을 역설하였다.

마테오 리치는 중국인들이 상제를 주재자로서 인식하지만 천지와 만물을 만든 창조주로서 인식하지 못함을 지적한데 대해, 순암은 "상제는 이치의 근원이 되며 이 천지와 만물을 만들었다. 천지와 만물은 저절로 생겨날 수 없고 반드시 천지와 만물의 이치가 있기 때문에 이 천지 만물이 생겨난다. 어찌 그 이치가 없는데 저절로 생겨날 수 있겠는가? 이것은 곧 후세 유학자로서 '형기가 이치에 앞선다'(氣先於理)는 학설이니 변론할 가치도 없다"[40]고 주장하였다. 여기서 순암은 '상제'를 주재자로서 밝힐 뿐만 아니라 만물을 생성하는 창조주로서도 인식하고 있음을 보여준다. 특히 그는 상제를 이치의 근원으로 확인하고, 이치가 만물을 생성하는 근거임을 지적하여 이치가 있음으로써 만물이 생성되어 나오는 것임을 강조하고 있다. 따라서 이치가 만물을 생

---

**38** 『天主實義』, 제2편, "但聞古先君子敬恭于天地之上帝, 未聞有尊奉太極者. …盖理亦依賴之類, 自不能立, 曷立他物哉."

**39** 『順菴集』, 권17, 22, '天學問答', "以有主宰而言之, 則曰上帝, 以無聲無臭而言之, 則曰太極, 曰理."

**40** 『順菴集』, 권17, 22, '天學問答', "上帝爲理之原, 而造此天地萬物, 天地萬物不能自生, 必有天地萬物之理, 故生此天地萬物, 安有無其理而自生之理乎, 此卽後儒氣先於理之說, 不足卞矣."

성하는 근원임을 부정하고 만물에 의지해서 성립하는 법칙의 의미로만 인식하는 것을 성리학에서 주기론(主氣論)의 입장인 '형기가 이치에 앞선다'는 학설이 천주교의 견해와 상통하는 것으로 규정하여 비판하였다.

순암이 천주교를 성리학의 주기론에 해당하는 것으로 보는 견해는 일찍이 46세 때(1757) 스승 성호에게 제시한 질문에서, "『천주실의』2편에는 또 '임금이 있으면 신하가 있고 임금이 없으면 신하도 없다. 사물이 있으면 사물의 이치가 있는 것이니, 그 사물의 실상이 없으면 이 이치의 실상도 없다'고 했습니다. 이것은 이른바 '형기가 이치에 앞선다'는 학설입니다"[41]라고 자신의 견해를 밝혔던 일이 있다. 이처럼 그는 『천주실의』를 처음 읽었을 때부터 이치를 궁극적 실재로 인정하지 않는 마테오 리치의 견해는 성리학적 관점에서 정통에서 벗어난 주기론으로 파악하여 비판의 입장을 정립하였던 사실을 알 수 있다.

천주교에서 '천주'가 의지로 만물을 창조하는 것과 유교에서 '상제'가 이치로 만물을 생성하는 것은 '창조'의 성격이 동일할 수가 없다. 순암은 천주가 천지를 개벽하고 남자로 아담(亞黨)과 여자로 이브를 창조하였다는 천주교의 창조설에 대해, "천주의 신권(神權)으로 무엇인들 못하겠는가. 그러나 천지를 개벽하는 것은 음·양의 두 기운이 오르고 내리며 서로 결합하여 만물을 조화하고 생상하는데 맑고 조화로운 바른 기질(正氣)을 얻은 것은 사람이 되고 더럽고 혼탁한 치우친 기질(偏氣)을 얻은 것은 짐승과 초목이 된다. …대지 위의 백성들이 모두 아담 한 사람의 자손이 된다면 과연 말이 되겠는가? 만일 그 이

---

41 『順菴集』, 권2, 17, '上星湖先生別紙'(丁丑), "實義第二篇, 又日, 有君則有臣, 無君則無臣, 有物則有物之理, 無此物之實, 卽無此理之實, 此所謂氣先於理之說."

론과 같다면 짐승이나 초목도 처음에는 단지 하나만 있다가 이렇게
번성해졌다는 것이다. 이런 이론들은 깊이 탐구할 필요도 없고 믿을
것도 못 된다"[42]고 비판하였다. 이러한 순암의 창조설에 대한 비판은
유교에서 상제의 창조는 이치에 따라 형기의 생성이라는 자연현상을
의미하며, 천주교에서 인격신의 의지로 창조되는 것과는 '창조-조화'
의 의미가 달라질 수 밖에 없고, 이에 따라 '상제'와 '천주'의 존재도 그
성격이 다름을 드러내고 있는 것이 사실이다.

### (2) 상제를 섬기는 도리

순암은 상제를 섬기는 도리에서 유교의 방법이 정대한 것임을 주목
함으로써, 궁극존재로서 천-천주-상제가 동일한 존재라 하더라도
상제를 섬김에서 유교가 온전하게 완성된 것임을 확고하게 주장한다.
곧 "우리 유학자들이 상제를 섬기는 도리로 말하면, '상제가 내려 주신
성품'이나, '하늘이 명령하신 성품'은 모두가 하늘에서 부여받아 스스
로 간직한 것이다. 『시경』에서 '상제가 네 곁에 내려와 계시니 네 마
음에 의심을 두지 말라' 하고, '상제를 마주대한다' 하며, '천명을 두려
워한다'고 했으니, 이것은 '천지'의 형체가 있는 '천'이 아니라 바로 '천
주'의 '천'이다. 우리 유학자들이 경계하고 두려워하며, 홀로 있는 자
리를 삼가고, 경(敬)을 주장으로 삼아 성품을 함양하는 공부가 아님이
없으니, 상제를 받들어 섬기는 도리가 어찌 이보다 더할 수 있겠는가.
서양선교사들이 다시 밝히기를 기다릴 필요가 없다"[43]고 하였다. 유

---

**42** 『順菴集』, 卷17, 16-17, '天學問答', "天主神權, 何所不爲, 然而其鬪天地也, 陰陽二
氣, 升降交媾, 化生萬物, 而得其淸淑之正氣者爲人, 得其穢濁之偏氣者, 爲禽獸草木,
…大地齊民, 皆爲亞黨一人之子孫, 其果成說乎, 若如其說, 則禽獸草木, 其初只有一箇
物繁生, 若此之說, 不必深究, 亦不足信也."

교에서 섬기는 하늘이 결코 눈으로 보이는 유형한 하늘이 아니라 하늘의 주재자(天主)로서 초월자요 궁극존재인 하늘임을 확인한다.

이와 더불어 순암이 가장 강조하려는 것은 상제 곧 하늘을 섬기는 유교의 방법이 가장 정대하고 지극한 것으로 천주교의 방법보다 우월한 것임을 확인하는 것이다. 따라서 그는 "이른바 하늘을 섬긴다는 점에서는 동일하지만, 이쪽(유교)은 정당하고 저쪽(천주교)은 사특하다. 그래서 내가 배척하는 까닭이다" 하였다. 바로 유교가 하늘을 섬기는 방법이 정대함을 확인함으로써, 유교와 천주교가 하늘을 섬기는 가르침이라는 공통점에도 불구하고 유교에서 천주교를 배척할 수 있는 근거를 찾고 있는 것이다.

곧 유교와 천주교에서 하늘을 섬기는 방법을 대비시켜보면, "오직 이 하나의 마음이 천성에 근본을 두었으니, 만약 이 마음을 붙잡아 간직하고 그 성품을 보존하여 우리 상제께서 부여한 명령을 잊지 않을 수 있다면, 하늘을 섬기는 도리가 이를 넘어가지 않을 것이다. 하필 서양선교사들이 아침이나 낮이나 지난 잘못을 용서받고 지옥을 면하기를 구하여 간절히 기도하거나, 무당이 기도하는 일처럼 하루에 다섯 번 하늘에 예배하고 7일에 한 번씩 재소(齋素)해야 하늘을 섬기는 도리를 다할 수 있겠는가?"44라 하였다. 상제에게 용서를 빌고 지옥을 면하기를 구하는 '기도'나 예배하고 재계를 지키는 '의례'가 아니라, 마

43 『順菴集』, 卷6, 33, '與權旣明書'(甲辰), "以吾儒事上帝之道言之, 上帝降衷之性, 天命之性, 皆稟於天而自有者也, 詩曰, 上帝臨汝, 無貳爾心, 曰對越上帝, 曰畏天命, 此非天地有形之天, 卽天主之天也, 無非吾儒戒懼謹獨, 主敬涵養之工, 尊事上帝之道, 豈過於是, 而不待西士而更明也."

44 『順菴集』, 卷17, 9, '天學問答', "惟此一心, 本乎天性, 若能操存此心, 保有其性, 無忘吾上帝所賦之命, 則事天之道, 無過於是, 何必如西士朝晝祈懇, 赦其舊過, 求免地獄, 如巫祝祈禧之事, 一日五拜天, 七日一齋素然後, 可以盡事天之道乎."

음을 간직하여 천명을 잊지 않는 '수양'의 실천이 상제를 섬기는 올바른 방법임을 제시하고 있다.

이처럼 유교에서 상제를 섬김이 정대하고 천주교에서 천주를 섬김이 잘못된 것인데도, 도리어 천주교에서 유교는 상제를 모른다고 비판하고 있는 사실을 지적하여, "통탄할 바는 서양선교사들이 상제를 사사로운 주재자로 삼아 중국 사람들은 상제를 모른다고 말하면서, 반드시 하루에 다섯 번 하늘에 예배하고, 7일에 한 번 재소(齋素)하고, 밤낮으로 간절히 기도하여 죄와 허물에서 벗어나기를 구한 다음에 하늘을 섬기는 실지의 일이 될 수 있다고 한다. 이것은 불교에서 참회하는 일과 무엇이 다르겠는가?"[45]라 지적하고 있다. 순암이 상제−천주가 동일한 존재요 궁극적 주재자로서 유교와 천주교에 공통된 존재임을 확인하고 있는 것은 천주교가 상제를 마치 자신의 전유물인 것처럼 독점하려는 태도가 잘못된 것임을 밝히려는 것이다. 동시에 천주교에서 상제를 섬기는 의례는 무당의 치성과 유사하고 죄를 용서받고자 비는 것은 불교의 참회법과 유사하다고 규정하여 천주교에서 상제를 섬기는 방법이 잘못된 것임을 강조하는 것이다.

따라서 순암은 서양인이 그 학설의 명칭으로 '천'을 끌어들여 '천학' 또는 '천주학'이라 일컫는 사실이 부당함을 특별히 지적하여, "서양선교사가 '천'으로 학설을 이름 지은 것은 그 뜻이 이미 참람하고 망녕된 것이다. …서양선교사들이 '천'을 말한 것은, 그 의도가 더할 수 없이 높은 것이 '천'이니, '천'을 말하면 다른 종교들이 감히 서로 맞설 수 없

---

**45** 『順菴集』, 卷6, 33, '與權旣明書'(甲辰), "所可痛者, 西士以上帝爲私主, 而謂中國人不知也, 必也一日五拜天, 七日一齋素, 晝夜祈懇, 求免罪過而後, 可爲事天之實事, 此何異於佛家懺悔之擧乎."

다고 여겼던 것이다. 이것은 '천자를 끼고서 제후를 호령한다'는 의도
로서, 그 계략이 역시 교묘한 것이다"[46]라 하여, 그 교설의 명칭에 궁
극존재의 호칭인 '천'을 붙인다는 것은 다른 종교를 억누르고 자신만
을 높이려는 독선적 태도임을 비판적으로 지적하는 것이다. 여기서
그는 유교의 가르침은 '천'을 내세우지 않아도 모든 학설과 정치의 실
현이 하늘에 근원하고 천명을 따르는 것임을 강조하면서, "하필 '천'으
로 그 학설에 이름을 붙인 다음에라야 참된 도리(眞道)요 성스러운 가
르침(聖敎)이 되겠는가?"[47]라 반문하여, '천'이나 '천주'를 명칭으로 내
세우는 일에 아무런 가치를 인정하지 않음을 보여준다.


## 2) 예수의 강생과 구원에 관한 쟁점

서학에서는 '천주'와 예수를 동일한 존재로 제시하고 있다. 이에 따
라 천주가 인간의 몸으로 태어났다는 강생설(降生說)이나 삼위일체(三
位一體)의 교리가 제시되고, 또한 강생한 천주가 십자가에 못 박혀 죽
었다가 다시 살아났다는 부활설(復活說)이 제시되고 있는데, 이러한
천주교의 신앙내용은 유교의 '상제'개념과 심각하게 충돌하지 않을 수
없는 것이다. 여기서 순암은 "(천주가) 친히 강생하였다는 설에 따라

---

**46** 『順菴集』, 권17, 9, '天學問答', "西士之以天名學, 意已僭妄矣,…西士之言天者, 其意
以爲莫尊者天, 言天則諸敎豈敢相抗, 是則挾天子令諸侯之意, 其計亦巧矣."權哲身에
게 보낸 편지에서도 같은 내용의 언급이 있다.(『順菴集』, 권6, 31, '與權旣明書', "夫道
家之尊老君, 釋氏之尊釋迦, 西士之尊耶蘇, 其義一也, 三家之學, 皆當其人爲之耳, 非
吾儒之所學也, 西士之學後出, 而欲高於二氏, 託言於無上之天主, 使諸家莫敢誰何,
挾天子令諸侯之意, 其爲計亦巧矣.")

**47** 『順菴集』, 권17, 10, '天學問答', "何必以天名學, 而後爲眞道聖敎乎."

서 말하면, 이 때(예수가 세상에 살았던 33년 동안)에는 하늘에 상제가 없었다는 것인가? …이미 '상제가 친히 강생하였다' 하였고, 또 '(예수는) 본래의 천주와 다름이 없다'고 말하고 나서도, 감히 '(강생한 천주가 십자가에) 못박혀 죽어서 수명을 다 누리지 못했다'고 말하는가. 그 우매하고 무지하여 존엄함을 업신여김이 심하다"[48]고 비판하였다. 그만큼 순암은 유교의 '상제'를 절대적 주재자요 동시에 합리적 이치라는 인식을 전제로 확인하고 있는 만큼, 천주교 신앙의 핵심을 이루는 인격신적인 '천주'개념에 따라 제시되는 성육신(成肉身)의 강생설이나 인간의 죄를 대신 속죄하기 위한 예수의 수난(受難)이라는 신비적 신앙조목은 처음부터 납득하기 어려운 허황되고 참람한 이야기일 뿐이었다. 따라서 그는 예수의 행적에 나타난 온갖 기이한 일도 불교의 현성(顯聖)이니 현령(顯靈)이니 하는 부류의 신비적 설화에 지나지 않는 것이라고 지적하며, 바로 이러한 신비하고 괴이한 일들을 말하는 것이 '이단'에 속할 수밖에 없는 이유임을 확인하고 있다.

순암은『천주실의』(제8편)에서 아담이 스스로 온갖 재앙을 불러들이고 자손들이 추악한 행실에 젖어 순박하던 풍속이 사라지고 욕망을 따르는 자가 많아지자, 이에 천주가 크게 자비심을 발하여 친히 내려와서 세상을 구원하였다 하고, 한(漢)나라 애제(哀帝) 때 동정녀를 택하여 어머니로 삼아 남녀의 교감이 없이 태반을 빌려 강생하였다 하며, 이름을 예수(耶蘇)라 하였는데 예수란 바로 세상을 구원하는 사람이라 하고, 서양에서 33년간 널리 교화를 펼치다가 다시 올라가 하늘

---

**48**『順菴集』, 권17, 18, '天學問答', "據此親來降生之說而言之, 則當此之時, 天上其無上帝耶, … 旣曰上帝親降, 又曰無異眞天主云, 則敢曰被釘而死, 不得考終耶, 其愚昧無知侮慢尊嚴甚矣."

로 돌아갔다고 언급한 내용을 자세히 소개하였다. 이러한 『천주실의』
의 언급에 대해 순암은 우선 "친히 내려와서 강생하였다는 이 설에 의
거하여 말한다면, 이 때에는 천상에는 상제가 없었던 것인가?"라고 의
문을 제기하였다.[49]

그것은 천주가 천상에서 내려와 인간의 몸으로 태어났다면 천상에
는 천주가 없고 지상에만 있을 수밖에 없다는 상식적 합리성에 근거
한 의문점을 제기한 것이다. 이러한 의문점의 제기는 논리적으로 모
순이 된다는 주장을 하고 있는 것이다. 또한 그는 예수라는 이름이 '세
상을 구제하는 사람'을 뜻한다는 사실에 주의를 기울이고 있으며, 권
철신에게 보낸 편지에서도 "서양의 예수란 이름은 바로 세상을 구제
한다는 뜻이다"[50]라고 확인하기도 하였다.

또한 그는 샤바낙(沙守信)이 저술한 천주교 교리서인 『진도자증』
(眞道自證)에서, "예수가 태어나자 성모(聖母)가 안고 성전(聖殿)으로
가서 천주의 제대(祭臺) 앞에 바쳤다"는 구절을 인용하면서, "천주란
명칭은 한(漢)나라 애제(哀帝: B.C.6~B.C.1) 이전부터 이미 있었던 것
이니, 예수가 천주가 아니라는 것을 알 수 있다"고 하여, 예수의 출생
이전에 천주가 있었으니, 예수가 천주일 수 없음이 자명하다고 주장
하였다.[51] 예수는 일정한 시기에 출생한 존재요 출생 후 천주의 제대
에 바쳐졌다는 사실은 예수가 태고 때부터 일컬어져 왔던 천주와 동

---

**49** 같은 곳, "實義言亞黨自致萬禍, 子孫相率以習醜行, 淳樸漸漓, 聖賢化去, 從欲者衆,
循理者稀, 天主大發慈悲, 親來救世, 漢哀帝元壽二年, 擇貞女爲母, 無所交感, 托胎降
生, 名耶蘇, 耶蘇卽救世也, 弘化西土三十三年, 復昇歸天云, 據此親來降生之說而言
之, 則當此之時, 天上其無上帝耶."
**50** 『順菴集』, 卷6, 32, '與權旣明書(甲辰), "西士耶蘇之名, 卽救世之義."
**51** 『順菴集』, 卷17, 23, '天學問答, "其書眞道自證曰, 耶蘇之生, 聖母抱之往聖殿, 獻於
天主臺前云, 則天主之名, 已在於漢哀之前, 而非耶蘇爲天主也可知."

일한 존재일 수 없다는 논리이다.

이와 더불어 그는 『진도자증』에서 인용하고 있는 성경구절로서, "천주께서 원조(原祖)의 자손 중에서 한 사람을 다시 세워서 인류의 재조(再祖)로 삼았다"는 구절과 "천주의 성자(聖子)로서 원래의 천주 와 다르지 않다"는 구절을 주목하면서, 이 구절들은 천주가 친히 강생 하였다는 말과 같지 않다는 사실을 지적함으로써, 천주학의 말을 믿을 수 없는 사례로 삼고 있다. 또한 그는 "예수가 만백성의 죄를 자신의 책임으로 여겨 자신의 생명을 버리고 십자가에 못 박혀서 죽었다"는 언급에 대해서도, "이미 '상제가 친히 강생하였다' 하고, 또 '본래 천 주와 다름이 없다'고 했으면서, 감히 '(강생한 상제가) 십자가에 못 박혀 죽어 수명을 다 누릴 수 없었다'고 말한단 말인가. 그 우매하고 무지하며 존엄함(천주)을 모욕하고 업신여김이 심하다"고 강조하였다.[52] 이처럼 천주교의 성경구절도 앞뒤가 맞지 않은 모순을 저지르고 있는 것이라 지적하고, 이와 더불어 예수를 천주와 일치시켜 극진하게 신성화해놓고 나서 십자가에 못 박혀 죽게 하는 사실은 극심한 신성모독이라 비판하고 있다. 그만큼 상식적 합리성을 기준으로 비판의 논리를 제시하고 있는 순암의 입장에서는 논리적 모순과 역설로 가득한 천주교 신앙 속의 예수를 받아들이기는 처음부터 어려웠던 것이 사실이다.

순암은 예수의 존재에 대해 기본적으로 세상을 구원하는 자라는 천주교쪽의 설명을 받아들이고 있지만, 예수가 '세상을 구원한다'는 의

---

**52** 『順菴集』, 卷17, 18, '天學問答', "眞道自證曰, 聖經言天主於原祖子孫中, 再立一人, 爲人類之再祖, 又稱天主聖子, 無異眞天主, 與親來降生之言不同, 其學之不可信, 有 如此者, 又曰, 耶蘇以萬民之罪爲己任, 損己之寶命, 被釘於十字架而死云, 旣曰上帝 親降, 又曰無異眞天主云, 則敢曰被釘而死, 不得考終耶, 其愚昧無知, 侮慢尊嚴甚矣.

미에 대해서는 유교에서 성인이 도리를 행하여 세상을 구원하는 것과
는 전혀 상반된 것으로 차별화시키고 있다. 곧 그는 "예수가 세상을
구원하는 것은 전적으로 후세에 있는 것이니, 천당과 지옥으로 권면
하고 징계하는 방법을 삼지만, 성인이 도리를 행하는 것은 전적으로
현세에 있으니, 덕을 밝히고 백성을 새롭게 하는 것으로 가르치고 감
화시키는 방법으로 삼는다. 그 공변됨과 사사로움의 구별이 저절로
달라진다"[53]라 하였다. 그것은 예수의 구원이 후세를 도모하는 것이
고 유교에서 성인의 구원은 현세에서 인간의 심성과 사회적 인간관계
를 통해 실현되는 것이라 선명하게 차별화하고 있는 것이다. 이처럼
천주교의 예수와 유교의 성인이 세상을 구원한다는 사실에서 동일함
을 인정하지만, 어떤 방법과 어떤 지향으로 구원을 실현하는가에서는
전혀 상반된다는 사실을 드러내어 비판하고 있는 것이다.

---

53 『順菴集』, 권17, 10-11, '天學問答', "耶蘇救世, 專在後世, 以天堂地獄爲勸懲, 聖人
行道, 專在現世, 以明德新民爲敎化, 其公私之別, 自不同矣."

## 4 영혼론과 천당지옥설에 대한 비판론

### 1) 영혼 개념의 인식과 쟁점

성리학의 전통에서는 살아있을 때 인간의 마음(心) 곧 신명(神明)에 대한 사후의 상태로서 '귀신'에 관한 논의가 활발하게 제기되어 왔다. 따라서 천주교의 '영혼'개념은 유교의 '귀신'개념과 연관하여 토론이 이루어졌으며, 천주교의 영혼론에 따라 영혼이 사후에 소멸되는지 여부에 관한 영혼불멸의 문제가 토론의 쟁점이 되고 있다. 성호의 제자들로서 신후담(河濱 愼後聃)은 천주교 교리서로서 영혼론을 집중적으로 다루고 있는 『영언려작』(靈言蠡勺)을 검토하여 서학의 영혼론을 정밀하게 비판하였던 사실이 있으며, 이어서 순암도 영혼과 귀신 문제에 관해 스승 성호와 세밀하게 검토하는 토론을 편지로 주고받았던 사실이 있다. 이처럼 천주교의 영혼론에 대한 관심이 높았으며, 조선시대 유학자들에게 천주교 교리에서 영혼론의 문제가 가장 예민한 충돌지점이요 근본적 난점으로 부각되고 있음을 보여주는 것이다. 순암의 경우에도 서학비판론에서 가장 큰 관심을 기울였던 것은 우선 천주교의 '영혼'개념의 문제요, 이와 연관하여 영혼불멸에 따라 제시되는 사후세계로서 천당·지옥설이라고 할 수 있다.

순암은 47세 때(1758) 스승 성호에게 '영혼'과 '귀신'의 문제에 관해 정밀하게 검토하여 자신의 견해를 제시하면서 질문을 하였다. 이 시기에 순암은 이미 천주교의 영혼론에 대한 비판입장을 확립하고 있었던 것은 사실이지만, 아직도 천주교 교리가 문헌을 통한 지식으로만 제시되고 신앙활동으로는 등장하지 않았기 때문에 후기의 견해보다 훨씬 학문적 이해와 토론을 추구하는 기본자세를 보여주고 있다. 그는 '영혼'에 상응하는 '귀신'에 관해 유교경전이나 성리학의 설명에도 명쾌하지 않아 의문점이 남아 있음을 토로하면서, 귀신의 종류로서 '천지의 귀신'(天地之鬼神), '죽은 사람의 귀신'(人死之鬼神), '사물의 귀신'(百物之鬼神)을 들면서도, 그 가운데 '죽은 사람의 귀신'이 그 이치를 밝히기가 가장 어려움을 지적하였다. 여기서 그는 '죽은 사람의 귀신'에 대해 이론으로 세 가지 유형을 들면서, "유학자는 '형기가 모이면 살고, 흩어지면 죽어서 텅 비고 아무것도 없는 상태로 돌아간다'고 하며, 서양선교사는 '형기가 모여 사람이 되고, 이미 사람이 되고 난 다음에 별도로 일종의 영혼이 있어서 죽어도 소멸되지 않고 그 자신의 귀신이 되어 영원히 존재한다'하고, 불교에서는, '사람이 죽으면 귀신이 되고, 귀신은 다시 사람이 되며, 윤회하기를 그치지 않는다'라 한다"[54] 고 제시하였다. 곧 귀신론은 유교의 소멸설과 천주교의 불멸설과 불교의 윤회설로 대별될 수 있음을 지적하고 있다.

---

54 『順菴集』, 권2, 26, '上星湖先生書(戊寅)', "儒者, 謂氣聚則生, 散則死而歸於空無, 西士, 謂氣聚爲人, 旣而爲人之後, 別有一種靈魂, 死而不滅, 爲本身之鬼神, 終古長存, 佛氏, 謂人死爲鬼, 鬼復爲人, 輪廻不已."

여기서 그는 유교의 '귀신'이론에 대해 "성인이 제사를 설립한 의리에는 분명히 조상의 귀신이 내려오는 이치가 있습니다. 만약 다만 효성스러운 자손의 사모하는 마음을 위해 설정한 것이라면 그것은 헛되고 거짓된 놀이를 즐기는 것에 가까우니 매우 불경한 일이 아니겠습니까. 비록 '조상과 자손은 같은 기혈(一氣)이 서로 연결되어 있기 때문에 내려 오는 이치가 있다'고 하지만, 조상의 기혈이 이미 흩어져서 음양 본래로 돌아갔다면, 허공에 흩어져 원초의 상태와 다를 바 없을 것이니, 다시 무슨 기운(氣)이 있어 또 오겠습니까. 진실로 내려오는 것이 있다면 그것은 별도로 흩어지지 않는 것이 있음이 분명합니다"[55]라 하였다. 이처럼 순암은 유교에서 인간의 사후존재인 귀신이 제사 때 분명히 내려온다는 사실과, 사후존재로서 귀신이 결코 바로 흩어져 소멸되는 것이 아니라 상당기간 지속적으로 존재하는 것이라는 견해를 제시하고 있다. 그것은 천주교의 영혼불멸론에 충격을 받고 유교에서 귀신이 감응하여 내려온다는 사실과 사후에도 지속적으로 존재한다는 사실을 각성하고 있는 것이다.

그러나 그는 천주교의 영혼론에 대해서도 의문점을 제시한다. 곧 "서양선교사의 설명과 같다면 사람은 선하거나 악하거나 모두 영혼이 있고 천당이나 지옥의 보답이 있는 것인데, 옛날부터 항상 존재한다면 그 귀신은 지극히 많을 것입니다. 이른바 천당은 텅 비고 넓어서 혹 수용이 될는지 몰라도, 이른바 지옥은 대지의 둘레가 9만 리이고 그 지름이 3만 리라니, 그 3만 리 속에 어찌 허구많은 귀신을 수용할

---

55 같은 곳, "聖人立祭祀之義, 明有祖先鬼神來格之理, 若徒爲孝子順孫思慕之心而設, 則是不幾於虛假戲玩而不敬之甚者乎, 雖云祖先子孫一氣相連, 故有來格之理, 祖先之氣, 已散而歸於二氣之本然, 則惟漂散虛空, 與原初不異, 復有何氣更來乎, 誠有來格者, 則其別有不散者存明矣."

수 있을 것이며, 가령 수용한다 해도 대지는 형질이 있어서 꼭 막혀 빈틈이 없으니, 귀신이 비록 형체가 없다 하더라도 어떻게 용납되겠습니까? (형기가) 흩어지는 것이 드디고 빠름이 있다 하는 것은 옳지만 영원히 흩어지지 않는다고 한다면 옳지 않을 것입니다"[56]라고 하여, 영혼이 불멸한다면 한정된 크기요 꽉 막힌 공간인 땅 속의 지옥에 수용할 수 없다는 모순에 빠질 것임을 지적하였다. 따라서 그는 유교의 견해에 따라 귀신이나 죽은 뒤의 영혼은 일정한 시간이 지나면 소멸하는 것이지 영원히 소멸하지 않을 수는 없는 것이라 하여 천주교의 영혼불멸설을 거부하고 있다. 이와 더불어 그는 "서경덕의 귀신론이 마테오 리치의 이론과 합치하지만, 마테오 리치는 인류가 있은 이후 그 귀신들이 장구하게 존재한다 하고, 서경덕은 (귀신에) 오래 가는 것과 빨리 없어지는 것의 차이가 있다 하여, 서경덕의 이론이 더 우월한 것 같다"[57]고 하여, 유교의 귀신론이 불교의 윤회설보다 천주교의 불멸설에 더 가까운 것으로 인식하면서도, 천주교의 불멸설보다 유교의 지속설(遲速說)이 더 우월하다고 확인하고 있다.

또한 그는 불교의 윤회설은 전혀 믿을 수 없는 것이라 거부하였다. 여기서 그는 정상(常)을 기준으로 삼는 유교를 '정도'로 확인하고, 천주교나 불교는 이변(變)을 말하는 '이단'으로 대비시키면서도, "유자는 평상함(常)을 말하지 이변(變)은 말하지 않습니다. 이변은 예측할 수

---

56 같은 곳, "若如西士之說, 則人無論善惡, 皆有靈魂, 有天堂地獄之報, 亘古恒存, 其鬼至多, 所謂天堂閒曠, 或有可容之理, 所謂地獄, 地周九萬里, 其經三萬里, 三萬里之中, 豈能容許多鬼神, 假或容之, 地有形質, 窒塞無空, 鬼神雖云無形, 亦何以容之耶, 謂之散有遲速則可, 謂之永世不散則不可矣."
57 『順菴集』, 권2, 29, '上星湖先生書(戊寅)', "花潭鬼神論與利氏說合, 而利氏則謂自有生人以來, 其鬼長存, 徐氏謂有久速之別, 徐說似優矣."

없는 것인데, 그 이변을 말하여 그치지 않으면 허황되고 정상에서 벗어나 거리낌 없는 '이단'으로 돌아갈 것입니다. 이 때문에 성인은 괴이함을 말씀하지 않았을 뿐이지, 괴이함이 꼭 없다는 것은 아닐 것입니다"[58]라 하여, '이변'을 말하는데 빠져드는 것을 경계하면서도 '이변'을 전면적으로 부정하지는 않았다. 따라서 이변으로는 귀신이 불멸하는 경우도 있을 수 있고, 윤회하는 경우도 있을 수 있다는 이해의 여지를 남겨주고 있음을 보여준다.

나아가 순암은 마테오 리치가 '혼'(魂)에는 생혼(生魂－草木之魂)·각혼(覺魂－禽獸之魂)·영혼(靈魂－人類之魂)의 세 가지가 있다하고, 초목은 생혼만 있고 각혼과 영혼은 없으며, 짐승은 생혼과 각혼은 있으나 영혼은 없는데, 사람에게는 생혼·각혼·영혼이 있다하여 중층적인 혼의 3층설을 제시하며, 또 생혼과 각혼은 형질에서 나온 것이므로 의존하던 형질이 없어지면 함께 없어지지만, 영혼만은 형질에서 나오는 것이 아니기 때문에 사람이 죽더라도 소멸하지 않고 스스로 존재한다고 제시한 천주교의 영혼론을 소개하였다.[59] 이에 대해 순암은 순자(荀子)가 "물이나 불은 형기가 있지만 생명은 없고, 초목은 생명은 있지만 지각은 없으며, 금수는 지각은 있지만 의리는 없다. 그런데 사람

---

**58** 『順菴集』, 권2, 26, '上星湖先生書(戊寅)', "儒者之道, 語常不語變, 變固不可測, 語變不已, 則將荒誕不經而歸於異端之無忌憚也, 是以聖人不語怪而已, 怪未嘗無也."

**59** 『천주실의』 제3편과 제5편에서 마테오 리치는 아리스토텔레스의 영혼론에 근거하여 천주교의 영혼론으로서 生魂·覺魂·靈魂의 魂三品說을 제시하면서, 인간의 '영혼'만이 불멸함을 강조하였다. 여기서 마테오 리치는 유교의 魂魄개념에 대해 魄은 사후에 소멸하지만 魂은 불멸하는 것이라 주장하고, 유교에서 인간의 魂이 소멸할 수 있는 것으로 보는 견해는 인간과 금수의 魂이 다른 차이를 못 본 것이라 비판하는 입장을 밝혔다.(『天主實義』, 제3편, "人有魂魄, 兩者全而生焉, 死則其魄化散歸土, 而魂常在不滅, 吾入中國, 嘗聞有以魂爲可滅而等之禽獸者, 其餘天下, 名教名邦, 皆省人魂不滅而大殊於禽獸者也.")

은 형기가 있고 생명도 있고 지각도 있고 의리도 있다. 그러므로 세상에서 가장 귀중한 존재가 된다"[60]고 언급한 구절을 인용하면서, 그는 순자의 이 견해를 송대 유학자 진덕수(眞德秀)가 인정하여 『성리대전』(性理大全)에 수록한 사실을 중시하고, 순자의 견해와 마테오 리치의 '혼삼품설'(魂三品說)이 대체로 같다고 긍정적으로 받아들였다. 다만 그는 영혼이 죽지 않는다는 '영혼불멸설'은 불교와 천주교의 입장에 차이가 없음을 지적함으로써, 유교에서는 인정하지 않는 것임을 밝혀 비판하였다.[61] 그렇다면 천주교의 영혼론에 대한 비판의 가장 중요한 쟁점은 영혼불멸설임을 확인할 수 있다.

그는 '영혼'이라는 천주교 용어와 같은 의미로 '영신'(靈神)이란 용어를 제시하여, '영신'의 불멸에 대해 논의하면서, 공자의 대답을 모범으로 삼고 있음을 보여준다. 곧 그는 공자의 제자 자로(子路)가 귀신을 섬기는 일에 대해 묻자, 공자는 "아직 사람 섬기는 일을 모르면서 어찌 귀신 섬기는 일을 알겠는가"(未知事人, 焉知事鬼)라 대답하였으며, 죽음에 대해 묻자, "아직 삶을 모르면서 어찌 죽음을 알겠는가"(未知生, 焉知死.〈『논어』, 先進〉)고 대답한 사실에 대해, "성인의 대답이 모호하고 분명하지 않으니, 대추를 통째로 삼키는 것에 가까운 것 같으나, 자로는 공자문하의 뛰어난 제자니 새로 공부하는 후배들과는 다르다"[62]라 하였다. 그것은 명확하게 규정할 수 없는 것을 명확하게 설

---

**60** 『荀子』, '王制', "水火有氣而無生, 草木有生而無知, 禽獸有知而無義, 人有氣有生有知亦且有義, 故最爲天下貴也."
**61** 『順菴集』, 권17, 24, '天學問答', "西士之言. 與此[荀子說]大同, 而但靈魂不死之言, 與釋氏無異, 吾儒之所不道也."
**62** 『順菴集』, 卷17, 14, '天學問答', "聖人所答, 糢糊不分明, 其不幾於囫圇吞棗乎, 子路是聖門高弟, 異於新學後進."

명하는 것은 통쾌하게 보이지만 오히려 거짓된 단정에 빠지는 것이요, 그 반대로 대추를 씹지 않고 통째로 삼켜 맛을 모르는 것 같이 애매한 대답이 도리어 진실한 대답이라는 것이다. 공자의 문하에서는 바로 "아는 것을 안다하고 모르는 것을 모른다 하는 것이 바로 '아는 것'이다"(知之爲知之, 不知爲不知, 是知也. (『논어』, 爲政))라는 언급처럼, 불확실하고 알 수 없는 것을 단정적으로 설명하는 것은 진실로 아는 것이 아니라 거짓을 펼쳐놓고 있는 것일 뿐임을 강조하고 있다.

따라서 그는 천주교에서 인간이 죽은 뒤에 영혼이 소멸하지 않고 천당이나 지옥의 응보를 받는다고 대답하는 것은 설명이 통쾌한 것 같지만 알 수 없는 사실에 대해 괴이하고 신비적인 것을 말하는 것으로 유교의 성인이 알 수 없는 것을 말하지 않는 것과 상반됨을 지적하였다. 곧 "설령 이런 일이 있다 하더라도 성인의 뜻은 괴이하고 신비한 것에 대해 말하지 않고자 함에 지나지 않는다. 하물며 반드시 알 수 없는 일임에랴. 만약 그렇다면 성인의 학문은 천주교의 세상을 구원한다는 학문과는 다르다. 성인은 하늘을 본받으니 어찌 하늘을 어겨서 가르침을 행하겠는가? 이것이 내가 (천주교를) 배척하여 이학(異學: 異端)이라 여기는 것이다"[63]라 하였다. 이처럼 그는 분명하게 알 수 없는 것을 단정적으로 설명하는 천주교는 괴이하고 신비적인 것을 추구하는 태도로 규정하고, 유교의 성인이 알 수 있는 것을 말하고 알 수 없는 것을 남겨두는 정상적 판단에 어긋나기 때문에 이단이라 비판하고 있는 것이다.

나아가 유교전통에서 인간은 살아서 정신적인 '혼'(魂)과 육신적인

---

**63** 같은 곳, "設有是事, 聖人之意, 不過不語怪神而然矣, 況未必可知乎, 若然則聖人之學, 異於天主救世之學, 聖人法天則豈有違天而行敎乎, 此吾所以斥之爲異學也."

'백'(魄)이 결합되어 있지만, 죽으면 '혼'과 '백'이 분리되는 것으로 설명하여 왔다.[64] 이에 대해 순암은 "'혼'에는 물론 '신'(神)이 있겠지만 전기(傳記)들에 실려 있는 것을 보면 무덤에도 '귀'(鬼)가 있다하니, 이것은 '백'도 '신'이 있는 것이 아닙니까? 사람은 하나인데 '혼'과 '백'이 따로 있으면 그 '신'은 둘이 있게 됩니다"[65]라 하여, '혼'과 '백'의 분리에 대한 의문점을 제기하였다.

　여기서 순암은 도교에서 나온 '삼혼칠백'(三魂七魄)의 개념에 대해 주자도 오행설(五行說)로 설명하여 받아들였던 사실을 지적하고서,[66] "그렇다면 한 사람이 죽었는데 '혼'과 '백'이 나누어져 열 개의 '신'이 되니, 너무 많지 않습니까? 의서(醫書)에서 간(肝)은 '혼'을 간직하고, 폐(肺)는 '백'을 간직한다고 했는데 간은 목(木)에 속하고, 폐는 금(金)에 속하며, 「낙서」(洛書)의 방위에도 3은 동쪽이요, 7은 서쪽이니, 그래서 주자의 말은 여기서 나왔습니다. 그러나 '금'의 상수를 7이라는 것은 모를 일입니다. 제 생각에는 '혼'과 '백'을 둘로 나눌 수 없습니다. 좌씨(左氏)는, '마음의 정상(精爽: 精神)을 혼백이라고 한다'(『左傳』, 昭公25년)고 했는데, 서양선교사가 말하는 '영혼'이 이것입니다. 사람의

---

64 주자도 사후에 魂과 魄의 분리에 대해, "죽으면 '혼'의 기운은 위로 올라가고 '백'의 형체는 아래로 내려간다"(蓋死, 則魂氣上升, 而魄形下降.〈『朱子語類』74:87〉)고 하였으며, 또 "혼은 올라가 신(神)이 되고 백은 내려가 귀(鬼)가 된다"(魂升爲神, 魄降爲鬼.〈『朱子語類』87:169〉)고도 말하였다.

65 『順菴集』, 卷2, 29, '上星湖先生書'(戊寅), "魂固有神, 以傳記所存言, 則墓亦有鬼, 是魄亦有神矣, 是一人而有魂魄之別, 其神有二也."

66 葛洪의 『抱朴子』(地眞)에서는 "신(神)에 통달하고자 하면 마땅히 금(金)과 수(水)의 형상을 나누어야 하며, 형상이 나누어지면 저절로 그 신체 속의 '삼혼칠백'(三魂七魄)이 드러난다"(欲得通神, 當金水分形, 形分, 則自見其身中之三魂七魄)이라 하였고, 朱子는 "'혼'은 목(木)에 속하고, '백'은 금(金)에 속하니, '삼혼칠백'을 말하는 까닭은 금과 목의 상수(數)이다"(魂屬木, 魄屬金. 所以說三魂七魄, 是金木之數也.〈『朱子語類』3:33〉)라 하였다.

'신'은 하나일 뿐인데, '음'에 있고 '양'에 있는 것으로 구별하기 때문에 '혼'과 '백'의 명목이 있는 것이요, 두 물건으로 삼아 구별할 수는 없습니다"[67]라 하였다.

이처럼 그는 '혼'과 '백'을 나누고 더구나 도교에서처럼 '삼혼'·'칠백'으로 나누는 것을 분명하게 거부하였으며, 『좌전』에서 '혼백'을 마음의 정상(精爽)으로 통합하여 제시한 것을 천주교의 '영혼'에 해당하는 것이라 지적함으로써, 사후의 '혼백'을 둘로 나눌 수 없는 것으로 확인하고 있다. 그것은 '혼백'개념에 주자의 해석까지 거부하며 '혼백'을 하나의 존재로 해석하는데 오히려 천주교의 '영혼'개념에 대한 이해에서 영향을 받고 있음을 보여주는 것이다. 바로 이 점은 순암의 천주교비판론이 유교정통주의에 근거한 독단적 비판에 빠진 것이 아니라, 합리성을 유교정신의 기준으로 이해와 비판의 양면을 보여주는 대목이라 보인다.

## 2) 천당·지옥설과 제사문제의 쟁점

천주교의 영혼론에 따라 또 하나의 중요한 쟁점은 사후의 영혼이 심판을 받고 가야 하는 자리로서 천당·지옥이 문제로 제기되고, 유교전통에서 사후의 귀신을 공경하는 제사의례에 대해 천주교에서 어떻게 받아들이느냐의 문제가 제기된다.

---

**67** 『順菴集』, 권2, 29-30, '上星湖先生書'(戊寅), "然則一人之死, 而魂魄分爲十箇神, 不其多乎, 醫書, 肝藏魂肺藏魄, 肝木而肺金, 洛書之位, 三東而七西, 故朱子之言, 盖出於此, 而以金數爲七則不可知也, 竊謂魂魄不可以二之, 左氏謂心之精爽, 是謂魂魄, 西士所謂靈魂是也, 人之神一而已, 而有在陰在陽之別, 故有魂魄之名, 不可別爲二物也."

(1) 현세와 후세의 대비와 천당지옥설에 대한 비판

순암은 먼저 천주교에서 "지금의 세상은 괴로운 세상이다" 하고, 또 "현재의 세상은 잠시 머물러 가는 세상이다" 하거나 "현재의 세상은 사람의 세상이 아니라 금수(禽獸)의 근거지이다"라 하여, 현세를 부정적으로 서술하고 내세를 중시하는 태도에 주목하였다. 이에 대해 그는 "대우(大禹)가 '삶은 나그네 살이이며 죽음은 본래의 곳으로 돌아가는 것이다'라 말하였고, 후세 사람들이 누구나 다 이 세상을 여인숙(旅人宿)으로 여기니, 어찌 오래도록 연연해 할 만한 것이겠는가? 그들의 말이 옳다. 그러나 다만 이른바 '금수의 세상'이라 말하는 것은 절대로 그렇지 않다. …상제는 그 중에서 가장 맑은 기질을 받은 자를 사람으로 명해서 삼재(三才: 天·地·人)에 참여시켰다. …이제 '금수의 근거지'라 하고, '금수의 세상'이라 하니, 그것이 과연 말이 되는가? 그 말이 허망함은 굳이 여러 가지로 변론할 필요조차 없다. 그런데도 어리석은 자들이 미혹한 것은 무엇 때문인가? 만약 서양선교사의 말과 같다면 그 유폐가 필시 태어나지 않는 것을 선하다 할 것이다. 만약 모든 인류가 다 없어지도록 한다면 천지의 사이는 텅 비어 금수의 세상이 되지 않겠는가?"[68] 하였다. 이처럼 그는 천주교가 현세를 허망하게 보고 후세를 중시하는 태도와 유교의 현세를 중시하고 후세를 상대적으로 가볍게 보는 관점을 선명하게 대비시키면서 비판의 논거를 확립하고 있다.

---

[68] 『順菴集』, 卷17, 14-15, '天學問答', "大禹曰, 生寄死歸, 後人莫不以此世爲逆旅, 則豈長久可戀之物乎, 其言是也, 而但所謂禽獸世者, 大不然,…上帝以其得氣質之最淸淑者, 命之爲人, 參爲三才,…今日禽獸之所本處, 曰禽獸世者, 其果成說乎, 其說之妄, 不必多卞, 而愚者惑焉何哉, 若如西士之說, 則其流也必以不生爲善, 若使人類盡滅, 則天地之間, 空蕩爲禽獸之場乎."

여기서 그는 유교에서 삶의 기준이 되는 '현세'와 천주교에서 삶의 기준이 되는 '후세'를 대비시켜, "현세란 바로 지금 우리가 살고 있는 현재의 세상이요, 후세란 죽은 뒤 영신(靈神)이 불멸하여 착한 자는 천당에서 영원한 쾌락을 누리고 악한 자는 지옥에서 영원히 혹독한 형벌을 받는다는 것이 그것이다"[69]라 하였다. 그렇다면 천주교에서 현세는 단지 후세에 천당의 복락을 누리기 위한 준비과정이요 후세를 위한 수단으로 볼 수 있게 된다. 따라서 그는 자신의 기본 입장을 밝혀, "우리가 이미 이 현세에 태어났으면 당연히 현세의 일을 하고 경전에서 가르친 대로 따라 행하면 그뿐이지, 천당과 지옥이 나에게 무슨 관계가 있을 것인가?"[70]라 말하고 있다. 이처럼 그는 천주교가 후세의 천당·지옥을 강조하는데 대한 비판은 철저히 유교의 현세중심적 세계관에 기반하고 있음을 분명하게 보여주고 있다.

또한 그는 "예수가 세상을 구원한다는 것은 오로지 후세에 있으니, 천당과 지옥으로 권유하고 징계하는 것이다. 그러나 성인이 도를 행함은 오로지 현세에 있으니, 덕을 밝히고 백성을 새롭게 하는 것으로 교화하는 것이다. 그 공변된지 사사로운지의 구별이 저절로 달라진다"[71]고 하여, 천주교에서 제시한 후세는 곧 천당·지옥설을 바탕으로 삼는 것이며, 개인적으로 복락을 추구하고 고통을 회피하기를 추구하는 사사로운 것이라 규정한다. 이에 비해 유교에서 자신의 덕을 닦고

---

**69**『順菴集』, 卷17, 13, '天學問答', "現世者, 卽今吾生現在之世, 後世者, 死後靈神不滅, 善者受天堂萬世之快樂, 惡者受地獄萬世之虐刑是也."

**70**『順菴集』, 卷6, 34, '與權旣明書(甲辰), "吾人旣生此現世, 則當從現世之事, 求經訓之所敎而行之而已, 天堂地獄, 何關於我哉."

**71**『順菴集』, 권17, 10-11, '天學問答', "耶蘇救世, 專在後世, 以天堂地獄爲勸懲, 聖人行道, 專在現世, 以明德新民爲敎化, 其公私之別, 自不同矣."

백성을 새롭게 하여 구제하는 현세의 도덕적 구현은 공변된 것임을
강조하여, 후세를 지향하는 천주교의 사사로움과 현세를 중시하는 유
교의 공변됨을 대조시킴으로써, 천주교의 그릇됨과 유교의 정당함을
확인하고 있다.

순암은 천주교와 불교의 일치을 들어, 천당·지옥, 마귀, 재소(齋素),
군신·부자·부부의 인륜을 무시함(無君臣父子夫婦之倫), 십계(十誡)와
칠계(七戒), 사행(四行)과 사대(四大) 등의 조목을 열거하면서, "천주학
(天學)이란 불교가 그 명칭을 바꾼 것이다"[72]라 규정하였다. 그것은
불교에 대한 도학전통의 비판을 근거로 천주교에 대한 전면적 비판입
장을 밝히려는 의도를 보여주는 것이다. 이때 그는 불교와 천주교의
일치점으로 가장 먼저 '천당·지옥'을 주목하였다. 불교의 천당·지옥
설에 대한 도학의 전통적 비판이 확립되어 있으므로 천주교의 천당·
지옥설을 드러내면 이미 유교의 비판적 논리가 견고하게 수립되어 있
음을 말해준다.

따라서 그는 스승 성호와 천주교의 천당·지옥설을 논의하면서도
한마디로 이단이라 규정하면서, "천당·지옥설은 그 말의 꼴이 끝내
이단입니다. 그러나 과연 흩어지지 않은 영혼이 있다면 반드시 주재
하는 자가 있을 것이요, 주재하는 자가 있다면 선한 자를 상주고 악한
자를 벌주는 일도 혹 괴이하지 않을 것입니다. 그러나 끝에 가서는 포
상은 번다하고 형벌은 무거우니 주재하는 자가 어떻게 처리하겠습니
까? 이것이 그 학설이 결국은 막힌 데가 있는 것입니다"[73]라 하였다.

---

72 『順菴集』, 권6, 28–29, '答權旣明書(甲辰)', "今所謂天學, 是佛氏之變其名者爾, 愚亦
略觀大意, 天堂地獄一也, 魔鬼一也, 齋素一也, 無君臣父子夫婦之倫一也, 十誡與七戒
不異, 四行與四大亦同, 其餘不能枚擧."

불멸하는 영혼이 있어서 주재하는 천주가 상주고 벌준다는 천주교의 입장을 인정한다하더라도, 천주가 일일이 그 많은 사람을 상주고 벌주는 일을 처리할 수는 없는 것이라는 현실적 난관에 부딪칠 수밖에 없다는 것이다. 이러한 비판태도는 사후세계와 심판을 처음부터 거부하는 것이 아니라, 그 가능성을 인정하더라도 유교에서처럼 이치에 의한 보편적 심판이 아니라 천주교에서 인격신적 존재인 천주에 의해 무수한 인간을 개별적으로 심판한다는 것이 현실적으로 불가능한 일임을 지적하여 거부입장을 밝혀주고 있다.

또한 그는 스승 성호에게 천주교 교리가 이단임을 강조하면서, "우리 유교에서 자신을 닦고 성품을 배양하여 선을 행하고 악을 버리는 까닭은 마땅히 해야 할 바를 하는 것에 불과하며, 털끝만큼도 죽은 뒤에 복을 비는 뜻이 없습니다. 그러나 서학은 자신을 닦는 까닭이 오로지 하늘나라의 심판을 위한 것이니, 이 점이 우리 유교와 크게 서로 다릅니다"[74]라 하여, 유교의 도덕적 수신(修身)과 천주교의 기복(祈福)적 수신을 대비시켜 천주교의 사후에 심판을 받아 천당에 오르고 지옥을 면하려는 것을 이단의 기복적 행위로 규정하고 있다.

여기서 그는 『천주실의』(제4편)에서, 천주가 노제불아(輅齊拂兒: Lucifer)에게 분노하여 그를 마귀로 변화시켜 지옥에 내려 보낸 후로 천지 사이에 비로소 마귀가 있게 되고 비로소 지옥이 있게 되었다'는

---

**73** 『順菴集』, 卷2, 29, '上星湖先生書'(戊寅), "天堂地獄之說, 言語貌像, 終是異端, 然而果有未散之靈魂, 則必有主張者存, 有主張者存, 則賞善罰惡, 或不怪矣, 然而未梢賞繁刑重, 主張者將何以區處耶, 是其說之終有窒礙處也."

**74** 『順菴集』, 卷2, 16, '上星湖先生別紙'(丁丑), "吾儒之所以修己養性, 行善去惡者, 是不過爲所當爲, 而無一毫徼福於身後之意, 西學則其所以修身者, 專爲天臺之審判, 此與吾儒大相不同矣."

언급을 들어서, "이런 말들은 결단코 이단입니다. 천주가 만약 노제불
아 때문에 지옥을 설치했다면 지옥은 결국 천주의 사사로운 감옥이며,
또한 그 이전에 악한 짓을 한 자들은 지옥의 고통을 받지 않았다는 것
이니, 그 때는 천주는 상과 벌을 어떻게 썼다는 것입니까?"[75]라 하였
다. 지옥이 특정한 인물을 처벌하기 위해 생겨났다면, 사사로운 의도
에서 만들어진 것이고, 그 지옥이 생기기전에는 죄를 처벌하지 못하
는 문제가 있음을 지적하여 비판한 것이다.

　또한 『기인십편』에서 액륵와략(額勒臥略)이 남을 대신해서 지옥의
고통을 받았다는 언급에 대해, "천주의 상과 벌이 그 사람의 선악에
의한 것이 아니라 혹은 사사로운 부탁으로 가볍게 하기도 하고 무겁
게 하기도 한다면 그 심판이 옳다고 하겠습니까. 만약 그렇다면 선을
하려 할 필요가 없이 천주라는 개인을 아첨하여 섬기면 될 것입니
다"[76]라 하여, 천주의 상벌이 객관적 공정성을 지키는 것이 아니라 사
사로운 의사가 작용된다면 선을 하기보다 아첨을 하도록 요구하는 결
과를 초래할 것임을 비판하고 있는 것이다.

　이와 더불어 순암은 『진도자증』에서 천주가 원조(原祖: 아담)를 낳
아 천하 만인의 조상으로 삼았는데, 사악한 마귀가 시기하자, 천주는
이 기회에 원조를 한번 시험해 보고자 하여 사신(邪神)을 시켜 유혹하
게 하였더니 원조는 마귀를 좇아 천주의 명을 거역하였으며, 그래서
천주는 인자한 사랑을 의로운 분노로 바꾸어 죽은 뒤에 지옥의 고통
을 받게 하였으며, 그의 자손들도 영원히 그 벌을 함께 받게 되었다는

---

**75** 같은 곳, "此等言語, 決是異端, 天主若爲輅齊拂兒設地獄, 則地獄還是天主私獄, 且此
　　前人之造惡者, 不受地獄之苦, 天主之賞罰, 更於何處施之耶."
**76** 같은 곳, "天主之賞罰, 不以其人之善惡, 而或以私囑, 有所輕重, 則其於審判, 可謂得
　　乎, 若然, 不必做善, 諂事天主一私人可矣."

설명을 인용하고서, 이에 대한 비판을 하고 있다.

"상제가 아담을 만들어서 인류의 조상으로 삼았다면 그 신성함을 알 수 있다. 어찌 상제가 마귀의 참소를 듣고서 몰래 마귀를 시켜 아담의 마음이 참된지 거짓된지 시험하였겠는가?

설령 아담이 참람하고 거짓된 마음을 가지고 있었다 하더라도 상제는 마땅히 다시 타일러 분발해서 고치게 하기를 훌륭한 아버지가 자식에게 하듯 하고, 좋은 스승이 제자에게 하듯 했어야 할 것이다. 어찌 상제로서 이런 일을 하였겠는가? 이 말을 한 자는 하늘을 업신여긴 죄를 이루 다 말할 수 있겠는가?

가령 아담에게 죄가 있다고 하더라도, 죄가 그 자신에게서 그칠 뿐이지 어찌 만세토록 자손들이 그 벌을 같이 받아야 할 이치가 있겠는가? 선왕(先王)의 정치는 처벌이 자식에게 미치지 않는데, 하물며 만세에 이르도록 그 자손을 괴롭히겠는가?"[77]

천주교의 지옥설에 대한 비판은 상제(천주)의 존재가 마귀를 시켜 인간의 마음을 시험하는 짓을 하지 않을 것이라 하여 상제의 정대함을 강조하고, 인간의 죄악을 타이르지 지옥에 넣어 처벌하지는 않을 것이라 하여 상제가 교화(敎化)로 이끌어감을 환기시키며, 상제의 처벌이 자손에게까지 영구히 지속시킬만큼 참혹하지 않음을 역설하고

**77**『順菴集』, 권17, 17, '天學問答', "上帝造出亞黨, 以爲人類之祖, 則其神聖可知矣, 焉有上帝聽魔鬼之譖, 潛使魔鬼試其心之眞僞乎, 若使亞黨設有僭妄之心, 上帝當更敕勵, 使之改革, 若賢父之於子, 良師之於弟子可也, 豈以上帝而有是事乎, 爲此言者, 其慢天之罪, 可勝言哉, 假使亞黨有罪, 罪止其身而已, 亦安有萬世子孫, 同受其罰之理乎, 先王之政, 罰不及嗣, 況至萬世而苦其子孫乎."

있다. 다시 말하면 상제(천주)의 개념과 지옥이나 원죄(原罪)의 개념은 서로 용납될 수 없다는 것이다. 여기서 순암은 『천주실의』에서 중국 선비가 "선악에 대한 응보가 본인에게 없으면 반드시 자손에게 있으니 굳이 천당과 지옥을 말할 필요가 없을 것이다"라 언급한데 대해, 서양선교사가 "왕자의 법도 뿐만 아니라 패자의 법도에서도 죄가 아들에게 미치지 않는데 천주가 본인을 버려두고 아들에게만 갚겠는가"[78]라 언급한 구절을 인용하여, 『진도자증』에서 언급한 원죄설과 대비시켜, "그 설명이 스스로 서로 모순되니, 또한 매우 가소롭다"[79]고 하였다. 그것은 유교의 입장에서 천주교의 천당지옥설을 비판한 것이 아니라, 천주교 교리서를 서로 대조하여 서술의 모순된 점을 제시함으로써 '천주교 교리서로 천주교 교리서를 비판하는'(以西批西)의 방법을 보여주고 있는 것이다. 이처럼 그는 천주교 교리서에서 천당·지옥을 해명한 내용에 모순과 불합리함을 지적하여 천주교가 이단을 벗어날 수 없음을 지적하고 있다.

순암은 천당·지옥설도 무조건 이단의 거짓된 견해라 비판하기만 하는 것이 아니다. 곧 "그들이 '천당이 있다'고 하는데, 나도 '천당이 있다'고 말하겠네. 『시경』에서 '문왕(文王)이 오르내리며 상제 곁에 계신다'했고, 또 '삼후(三后)가 하늘에 계신다' 했으며, 『서경』에서도 '많은 선대 철왕(哲王)이 하늘에 계신다'고 했으니, 이미 상제가 있는 바에야 어찌 상제가 살고 계시는 곳이 없겠는가"[80]라 하여, '천당'의 존재를 유교

---

**78** 『天主實義』, 제6편, "中士曰, 善惡有報, 但云必在本世, 或不於本身, 必於子孫耳, 不必言天堂地獄. 西士曰, …非但王者, 卽覇者之法, 罪不及冑, 天主捨其本身, 而惟冑是報耶."

**79** 『順菴集』, 권17, 18, '天學問答', "其說自相矛盾, 亦甚可笑."

**80** 『順菴集』, 권6, 32, '與權旣明書'(甲辰), "彼曰有天堂, 吾亦曰有天堂, 詩云文王陟降, 在帝左右, 又曰, 三后在天, 書曰, 多先哲王在天, 旣有上帝, 則豈無上帝所居之位乎."

경전에 근거해서도 인정할 수 있는 것으로 받아들이고 있다.

그러나 그는 지옥에 대해서는 훨씬 더 비판적 입장을 밝히고 있다. 곧 "저들이 '지옥이 있다'고 하는데, 나는 '지옥의 형벌이 성왕이 형법을 만든 뜻과 달라서 매우 의심스럽다'고 말하네. 성왕의 형벌은 미연에 방지하기 위해 제정하였으니, 그 얼마나 인자한가. 지옥의 형벌은 살았을 때 악을 저지르도록 사람에게 맡겨두었다가 죽은 뒤에 영혼에게 죄를 소급하여 묻는 것이니, 백성을 그물질하는 것에 가깝네. 이제 그들의 책을 보면, 이른바 지옥의 형벌은 인간 세상의 형벌과 견줄 수 없는 (혹독한) 것이니, 상제의 지극히 인자한 마음으로 어떻게 이처럼 참혹하고 혹독하게 할 것인가?"[81]라 하였다. 그는 마테오 리치가 천당·지옥의 존재를 유교경전에서 그 근거를 찾아 설명하고 있는 사실에 대해 일단 받아들이는 기반 위에서 문제점을 제기하는 토론의 자세를 보여준다. 그것은 전면적으로 거부로 관철하는 정통주의적 비판에 앞서 논리적 모순에 비판의 초점을 맞추어 토론의 입장을 지키려는 면모를 지니고 있는 것이다. 따라서 천당·지옥의 존재를 일단 인정해놓고 특히 천주교에서 말한 지옥의 형벌이 참혹하여 상제의 지극히 어진 마음과 모순되는 것임을 강조하였다.

그는 천당·지옥설을 비판하면서, 사람 영혼이 영원히 존재하면서 선악의 보복을 받는다는 천주교의 영혼불멸론에 대해, "만약 그들의 주장대로 하면, 인류가 처음 태어난 이래 그 수는 너무나 많은데 지옥과 천당이 제아무리 넓다 해도 그 영혼들을 어디에 다 수용하겠는가?

---

81 같은 곳, "彼曰有地獄, 吾乃曰地獄之刑, 異於聖王制刑之義, 甚可疑也, 聖王之刑, 制之於未然, 何如其仁也, 地獄之刑, 生時任人爲惡, 死後追論靈魂, 不幾於罔民乎, 今見其書, 所謂地獄之刑, 殆非人世可比, 豈以上帝至仁之心, 何如是慘毒乎."

사람의 도리로 미루어 보아도 옛날부터 지금까지 사람들이 모두 죽지 않고 장생한다면 사람의 숫자는 지극히 많아 이 세상에 어떻게 수용할 수 있겠는가? 일찍이 불교서적을 보았더니, '발우(鉢盂) 하나 위에 60만의 보살을 수용한다'고 했는데, 과연 이럴 수 있겠는가? 그 설명이 망녕된 것이네"[82]라 하였다. 여기서 그는 천당·지옥의 실재를 공간적 개념으로 이해하여 문제를 제기하고 있다. 이러한 비판의 입장은 성리학에서 '혼'을 기질적 존재로 인식함으로써, 천당·지옥이 공간적으로 유한하다면 형기를 지닌 존재인 '혼'의 무수한 분량을 수용할 수 없다고 보는 것이다.

또한 그는 선행과 악행의 보답으로서 천당·지옥의 의미를 음미하면서, "이미 선한 자에게 상을 내리는 천당이 있으면 악한 자에게 벌을 내리는 지옥도 있다는 것은 혹 그렇다고 치세. 그러나 그 천당과 지옥을 누가 볼 수 있었는가? 전기(傳記)에 남아 있거나 민속에서 전해오는 정도라면, 결국 황당무계한 데로 귀결되니 젖혀 두어야 옳을 것이네"[83]라 하였다. 천당이나 지옥은 황당무계한 전설로 전하는 것일 뿐 아무도 직접 볼 수도 없으니, 경험불가능한 비현실적인 것임을 강조하고 있는 것이다.

나아가 그는 선행과 악행에 대한 보답은 빌어서 얻는 것이 아니라 자신의 행적에 따라 결정되는 것이 정당하다는 유교의 도덕적 판단을

---

**82** 같은 곳, "若如其說, 則寅生以後, 人類至多, 地獄天堂, 雖云開曠, 何處容其靈魂乎, 以人道推之, 則自古及今, 人皆長生不死, 則人數至繁, 其能容於此世乎, 嘗見佛書, 一鉢上, 容六十萬菩薩, 其果如是耶, 是其說之妄也."

**83** 『順菴集』, 卷6, 32-33, '與權旣明書'(甲辰), "旣有賞善之天堂, 則亦有罰惡之地獄, 其或然矣, 然天堂地獄, 誰能見之乎, 至若傳記之所存, 氓俗之所傳, 終歸荒誕, 闕之可也."

근거로 확인하고 있다. 곧 "사람이 현세에 살면서 선을 행하고 악을 제거하여 행실이 온전하고 덕이 갖추어진다면 틀림없이 천당으로 갈 것이며, 선을 버리고 악을 행하여 행실이 일그러지고 덕이 버려지면 틀림없이 지옥으로 갈 것이다. 사람은 마땅히 현세에 사는 동안에 열심히 선을 행하여 하늘이 나의 속마음에 내려준 천성을 저버리지 말아야 할 뿐이다. 어찌 털끝만큼인들 후세의 복을 바라는 마음이 있겠는가. 정자(程子)가 말하기를, '불교는 생사를 초탈하여 오로지 한 몸의 사사로움만 위한다'고 하였는데, 천주학이 지옥을 면하려고 비는 것은 한 몸의 사사로움을 위한 것이 아니겠는가?"[84]라 하였다. 그는 천당과 지옥이 있다고 인정하더라도 현세에서 선을 행한 자가 천당에 갈 것이고 악을 행한 자가 지옥에 갈 것이라는 '상선벌악'(賞善罰惡) 내지 '복선화음'(福善禍淫)의 도덕성의 당위적 보상원칙에 따라 자신의 행위에 상응하여 복과 재앙이 내려질 것임을 강조한다.

그만큼 유교적 신념에서는 자연법칙적 필연성이 객관적 정당성을 보장해줄 수 있다는 입장인데 반하여, 천주교의 천당·지옥설에서 천주의 의지가 심판의 근본조건이고 인간의 개인적 기도가 천주의 판단에 영향을 준다는 신앙은 사사로운 욕심에 근거한 것이라 비판하였다. 이처럼 순암은 현세중심의 도덕성에 기반을 둔 유교의 가치관에 근거하여 천주교 신앙에서 사후세계의 구원을 추구하는 천당·지옥설이 개인의 사사로운 욕심을 추구하는 것이라는 비판논리를 확인하고 있다.

순암은 당시 조선사회에 천주교가 크게 번지고 있고, 젊은 유학자들

---

84 『順菴集』, 卷17, 11, '天學問答', "人在現世, 爲善去惡, 行全德備, 則必歸天堂, 去善爲惡, 行虧德蔑, 則必歸地獄, 人當於現世之內, 孳孳爲善, 毋負我降衷之天性而已, 有何一毫邀福於後世之念, 程子曰, 釋氏超脫死生, 專爲一己之私, 天學之祈免地獄, 非爲一己之私乎."

가운데 재기를 자부하는 자들도 천주교에 빠져 들고 있다는 소식을 들고 탄식하는 시를 읊으면서도, "천당이니 지옥이니 그 논설 황당하니/ 나야 우리네 불변의 도리 간직한다네/ 가령 그 말이 참되고 허튼 소리 아니라면/ 악한 자 지옥 가고 선한 자 천당 갈 터"[85]라 하였다. 천당과 지옥이 있다 하더라도 악한 행실은 지옥의 벌을 받을 것이고, 선한 행실은 천당의 벌을 받는 것이 마땅한 법칙임을 강조함으로써, 지옥을 면하고 천당에 갈 수 있게 해달라고 비는 기복적 신앙이 허황된 것임을 비판하고 있는 것이다.

### (2) 제사문제에 대한 쟁점

유교와 천주교는 문화 전통이 다른 만큼, 이에 따른 신앙 행위의 의례도 서로 다르다. 순암은, 천주교에서 '영세'(領洗) 때에 대부(代父: 神父)가 3척(尺)의 정포(淨布)를 목에 걸고 성수(聖水)로 이마를 씻어주어 마음의 때를 씻는 것이라 하거나, '고해'(告解) 때에 촛불을 밝히고 신부 앞에 엎드려 종전의 잘못을 모두 말하고 뉘우치는 뜻을 갖는 것이나, 입교하는 사람이 별호(別號: 本名)를 갖는 것 등의 천주교 의례가 불교 전통에 있는 '법사'(法師)나 '율사'(律師)의 성직(聖職)이나 '연비'(燃臂)와 '참회'(懺悔)와 '관정'(灌頂)의 의례절차와 똑같은 것이라고 지적하여, 유교와 구별하였다.[86]

---

**85** 『順菴集』, 卷1, 36, '聞天學大熾, 吾儕中以才氣自許者, 皆入其中, 遂口號一絕, 示元心', "天堂地獄說荒唐, 自有吾家不易方, 若使此言眞不妄, 惡歸地獄善天堂."

**86** 『順菴集』, 권17, 23–24, '天學問答', "或曰,'今聞爲其學者, 以敎師爲代父, 天主爲大父, 故代天而施敎, 謂之代父, 設天主位, 學者以三尺淨布掛項, 以手洗頂, 瑪竇所謂聖水, 所以洗心垢者也, 又明燭, 學者俯伏, 盡說從前過咎, 以致悔悟之志, 又陳入敎以後不復犯過之意, 而又定別號云, 此意如何.'曰,'此專是佛氏樣子也, 佛氏有法師律師, 燃臂懺悔灌頂之節, 此何異焉, 是以吾以爲其俗爲之, 非吾中國智聖人之敎之所可行也.'"

특히 유교와 천주교 사이에는 신앙 행위의 기본적 형식으로서 제사의례가 서로 다르고, 제사의례의 대상에 대한 인식도 차이를 드러내고 있다. 천주교와 유교의 제사의례에서 가장 뚜렷한 차이로 천주교에서는 유일신으로서 천주에 대한 제사의례만을 보편적 제사의례로 인정하고 있는데 비해, 유교에서는 상제에 대한 제사는 천자만이 드릴 수 있는 것이라 하고, 인간의 사후존재인 조상신과 옛 성현(聖賢)에 대한 제사를 대중적 제사의례의 중심으로 삼고 있다는 점이 가장 큰 차이를 드러낸다. 따라서 천주교 교단이 유교의 전통 의례인 공자와 선현에 대한 제사와 조상에 대한 제사를 거부하고 오직 천주에 대한 예배를 요구할 때는 유교사회의 강한 저항과 배척을 유발하지 않을 수 없었다.

순암이 「천학문답」을 지은 것은 1785년으로 조선의 천주교공동체에서 조상 제사문제를 공식적으로 문제를 삼아 북경교회에 질문하고, 북경교회에서 조상제사에 대한 금지령이 전달되었던 것이 1780년이었으니, 그보다 훨씬 앞서는 시기의 저술이다. 더구나 1791년 진산(珍山)의 천주교도인 윤지충(尹持忠)과 권상연(權尙然)이 제사를 폐지하고 신주를 불태운 '폐제분주'(廢祭焚主)사건으로 조선정부의 유교적 예교(禮敎)질서와 충돌하여 큰 물의를 일으켰던 시기보다 6년전의 일이었다. 그러나 순암은 당시 이미 신서파(信西派)의 천주교도들 사이에 유교의 제사를 거부하는 의식이 제기되었던 사실을 가장 먼저 주목하여 문제 삼았던 것이 사실이다. 그는 당시 태학생(太學生)이 문묘(文廟: 孔子廟)에서 거행하는 석전제(釋奠祭)에 참례할 때 천주교도인 그의 친구가 말하기를, "무릇 거짓 형상에 제사를 지내는 것은 모두 마귀가 와서 먹으니, 어찌 공자의 신령이 와서 흠향하겠는가? 가정의 제사도 마찬가지다. 나는 비록 풍속을 따라 제사를 행하지만 마음으로 그 망녕됨을 알기 때문에 반드시 하늘을 우러러 천주에게 부득이하여 하는 뜻을 묵묵히 아뢰고 나서 행한다"[87]는 주장이 나왔던 사실을 소개하였다. 순암은 이러한 천주교도들의 제사를 부정하는 태도에 대해, "그런 말을 하는 자는, '조상 가운데 선한 자라면 천당에 있을 것이니 결코 제사를 먹으러 올 리가 없고, 악하여 지옥에 떨어진 자라면 비록 오고 싶다 하더라도 올 수 있겠는가'라고 말한다. 이것은 성인이 제례(祭禮)를 제정한 뜻과는 같지 않다"[88]라 하여, 천주교에서 유교의 제사의례를 거부할 수 있는 논리를 일찍부터 파악하고 있었던 것이다.

이와 더불어 그는 천주교도들의 천주에 대한 제사의례에 대해, "지금 천주학을 하는 자들이 천주의 형상을 걸어놓고 예배하고 기도하는데, 이 또한 하나의 거짓 형상이니 역시 일종의 마귀이다"[89]라 하였다. 그것은 유교의 제사를 '거짓 형상'(假像)이라고 부정하는 천주교의 비판논리를 그대로 끌어들여 천주에 대한 예배도 거짓 형상이라고 부정하고 있는 것이다. 이 비판을 통하여 순암 자신이 비록 기독교의 신앙의례에 대한 깊은 이해를 보이고 있지는 못하지만, 유교의례에 관한 서학의 몰이해를 날카롭게 반박하고 있다는 점에서 그의 비판논리가 지닌 합리성을 엿볼 수 있다.

---

**87** 『順菴集』, 권17, 24, '天學問答', "凡假像設祭, 皆魔鬼來食, 豈有孔子之神來享乎, 人家祭祀亦然, 余則雖未免從俗行之, 而心知其妄, 故必仰天嘿奏于天主, 不得已爲之之意, 然後行之."

**88** 『順菴集』, 권17, 25, '天學問答', "爲其言者曰, 祖先之善者在天, 必無來享之理, 惡墮地獄者, 雖欲來得乎, 此與聖人制祭禮之義不同."

**89** 『順菴集』, 卷17, 25, '天學問答', "今爲此學者, 揭天主而禮拜禱祈焉, 此亦假像則亦一魔鬼也."

또한 그는 스승 성호도 일찍이 "그 갖가지 신령하고 기이한 일들이 마귀의 버릇에서 나온 것이 아님을 어떻게 알겠는가?"라고 말한 사실을 들어서, 성호도 이미 천주교의 신령하고 기이한 신비적 신앙내용이 마귀의 상투적 현상일 수 있음을 알고 있었던 것이라 확인하고 있다. 여기서 그는 마귀의 존재에 대해 "마귀는 변환을 헤아리기 어려우니, 또한 선을 가장하여 세상을 미혹하는 자가 있어서, (마귀)로써 낮은 백성들을 우롱하는데, 서양선교사가 여기에 현혹되어 높이 받들고 있음은 어찌 가소롭지 않겠는가? 그들의 말을 들으면 '거짓 천주'가 있다고 하는데, 이 또한 마귀의 허망한 희롱일 것이다. '거짓 천주'라고 가칭하였다면 거짓 형상에 의탁하지 못 할 것이 있겠는가?"라 하여, 천주교의 제사의례도 마귀의 현상이라 볼 수 있음을 강조하였다.[90] 천주교에서도 스스로 '거짓 천주'(僞天主)를 인정하고 있는 사실을 끌어내어, 진정한 천주에 대한 인식에서 벗어난 신앙과 의례는 모두 '거짓 천주'가 드러남이요, 이 '거짓 천주'의 드러남은 모두 마귀가 벌이는 희롱이요, 예배가 드려지는 천주의 형상도 마귀가 깃든 것일 수 있음을 예리하게 지적하여 비판하고 있다. 이처럼 순암은 천주교에서 유교의 제사를 거짓된 것이요 마귀가 제사를 받는다는 비판논리는 그대로 천주교의 제사의례에도 적용될 수 있음을 지적하여 반박하고 있음을 보여준다.

---

**90** 같은 곳, "星湖先生所謂其種種靈異, 安知不在於魔鬼套中者, 先生已知其然矣, 然則魔鬼之變幻莫測, 亦有假善而惑世者, 以愚下民, 而西士惑之而尊崇, 豈不可笑哉, 聞其說, 有僞天主, 是亦魔鬼之幻弄也, 假稱僞天主, 則其不能依附於假像乎."

## 5 윤리적 인식과 사회적 동요에 대한 비판

### 1) 윤리적 인식에 대한 비판

천주교의 윤리적 중심개념은 천주의 인간에 대한 사랑을 본받아 인간이 다른 인간을 원수까지도 사랑하라는 '사랑'으로 제시된다. 순암은 천주교의 '사랑'이 묵자(墨子)의 모든 인간을 아울러 사랑하는 겸애(兼愛)의 사랑과 상응하는 것으로 파악하고 있다. 그는 먼저 "하늘의 뜻을 따르는 자는 모두들 서로 사랑하고 서로 이롭게 하니 반드시 상을 받게 되고, 하늘의 뜻을 거스르는 자는 각각 서로 미워하고 서로 해치니 반드시 벌을 받게 된다. …그 일은 위로는 하늘을 높이고 중간에는 귀신을 섬기며 아래로는 사람을 사랑하는 것이다. 그러므로 하늘의 뜻이 '이것은 내가 사랑하는 것이니 다 같이 사랑하고, 내가 이롭게 하는 것이니 다 같이 이롭게 하라'고 말한다"[91]라는 묵자의 말을 인용

---

91 『墨子』, '天志上', "順天意者, 兼相愛, 交相利, 必得賞, 反天意者, 別相惡, 交相賊, 必得罰,…其事上尊天, 中事鬼神, 下愛人, 故天意曰, 此之我所愛, 兼而愛之, 我所利, 兼而利之."

하면서, 묵자의 핵심적 가르침이 다 같이 사랑한다는 '겸애'(兼愛)와 다 같이 이롭게 한다는 '겸리'(兼利)에 있음을 지적하였다. 여기서 그는 천주교의 '사랑'에 대한 인식을 묵자의 한 갈래로 파악하여 비판하고 있다.

"서양선교사가 '원한을 잊고 원수를 사랑하라'는 말은 '다 같이 사랑하라'(兼愛)는 것과 다름이 없다. (천주교에서) 자신을 단속하여 고통을 견디는 것은 묵자의 '검소함을 숭상함'(尙儉)과 서로 같다. 다만 그 차이는 묵자가 현세로써 하늘을 말하였으나, 서양선교사는 후세로써 하늘을 말하였다는 것이니, 묵자에 비교한다면 한층 더 괴이하고 황당하다. 대개 서학에서 후세를 말하는 것은 전적으로 불교에서 남겨준 자잘한 의론이며, '겸애'(兼愛)와 '상검'(尙儉)을 말한 것은 묵자에서 갈라져 나온 흐름이다. 이것이 어찌 주공(周公)과 공자(孔子)를 배운 자가 익힐 바이겠는가. 오늘날의 이른바 유학자는 일찍이 도교나 불교의 천당·지옥에 관한 이론과 묵자의 '다 같이 사랑한다'(兼愛)는 이론을 비판하였는데, 서양선교사의 말에 이르러는 다시 변론하여 분별하지도 않고서 곧장 말하기를, '이것은 천주를 모시는 가르침이다. 중국의 성인이 비록 존귀하지만 어찌 천주를 능가할 수 있겠는가'라 말하여, 미치광이처럼 거리낌없이 함부로 말하는 것이 이런 지경에까지 이른 것이다."[92]

---

**92** 『順菴集』, 卷17, 10, '天學問答', "西士忘讐愛仇之說, 與兼愛無異, 其約身攻苦, 與尙儉相同, 但其異者, 墨子言天以現世, 西士言天以後世, 比之墨氏, 尤爲詭誕矣, 大抵西學之言後世, 專是佛氏餘論, 而兼愛尙儉, 墨氏之流, 是豈學周孔者所習者乎, 今之所謂儒者, 嘗斥道佛堂獄之說, 墨氏兼愛之論, 而至於西士之語, 不復卞別, 直曰此天主之敎也, 中國聖人雖尊, 豈有加於天主乎, 其猖狂妄言, 無所忌憚, 至於如此矣."

묵자의 '겸애'와 천주교의 '박애'를 일치시키고 묵자의 '상검'과 천주교의 자기절제를 일치시킴으로써, 천주교를 묵자와 동류의 이단으로 규정하여 비판하고 있는 것이다.

또한 순암은 천주교 쪽에서 "예수가 세상을 구원하기 위해 십자가에 못 박혔지만 자신을 못 박아 죽인 사람을 혐오하지 않은 것은 지극한 인(仁)이 아니겠는가"라고 언급하는 주장에 대해, "원수를 사랑하라"는 예수의 가르침이나 『기인십편』에서 "천주교의 선비는 덕으로 원수에게 갚고 원한으로 원수에게 갚지 않는다"라고 말한 마테오 리치의 뜻과 같은 것임을 확인하였다.

여기서 순암은 '원수'에 대한 대응태도를 음미하면서, "무릇 원수에는 두 가지가 있는데, 만약 나를 해친 원수라면 옛날의 군자로 이렇게 용서한 자가 많이 있었다. 그러나 임금이나 부모의 원수를 두고 이렇게 용서하기를 가르친다면 의리를 크게 해치는 것이다. 이것이 내가 (천주교를) 묵자의 '겸애'와 같은 부류라고 말한 까닭인데, 이들(천주교도들)이 더 심한 자들이다"[93]라고 단호하게 비판하였다. 공자의 가르침은 '덕으로 원한에 갚는 것'이 아니라 "정당함으로 원한에 갚고 덕으로 덕에 갚아야 한다"(以直報怨, 以德報德.〈『논어』, 憲問〉)고 하였으니, '덕으로 원수에게 갚는다'는 박애(博愛)의 가르침은 유교적 규범에서는 묵자의 겸애설에 해당하는 이단적 규범으로 거부의 대상이 되지 않을 수 없다.

천주교에서도 원수를 사랑하기만 하는 것이 아니라 미워하는 원수도 있다. 곧 천주교에서 구원을 저해하는 세 가지 원수(三仇)를 들며,

---

93 『順菴集』, 卷17, 21, '天學問答', "凡讐有兩般, 若害我之讐, 古君子之若是者多矣, 若以君父之讐, 而以此爲敎, 則其害義大矣, 此吾所以謂墨子兼愛之流而此其甚者也."

첫째가 안으로부터 욕망으로 자신을 빠뜨리는 '자기 몸'(己身)이요, 둘째가 밖으로부터 유혹으로 자신을 침범하는 '세속'(世俗)이요, 셋째가 안팎으로 속이고 어지럽히며 자신을 공격하는 '마귀'(魔鬼)라 한다는 것이다.

이에 대해 순암은 먼저 '자기 몸'(己身)을 원수로 삼는다는 천주교의 견해에 대해, "자기 몸이 원수라는 말은 윤리에 크게 어긋나는 것이다. 사람에게 이 몸이 있는 이상 형기(形氣)의 욕망이 없을 수 없으니, 이것이 우리 유학자들이 극기(克己)의 공부에 관한 이론을 세운 까닭이다. 지금 만일 이 몸의 존재를 원수라고 한다면 이 몸이 어디에서 태어났는가. 이 몸이 태어남은 부모로부터 말미암은 것이니, 이렇게 되면 부모를 원수로 여기는 것이다"[94]라 하였다. 인간은 육신을 지니고 있으며 욕망이 있으니 이 육신의 욕망을 추구하는 사사로운 자기를 이겨내야 한다는 '극기'(克己)의 공부는 유교의 수양방법에서도 중시되고 있으며, '인간의 욕심을 막아야 한다'(遏人欲)는 것은 수양공부의 중요한 과제로 강조되어 왔다. 그러나 유교에서 '자기'(己)나 '인욕'(人欲)을 극복하고자 하는 '극기'의 공부는 자신의 천성인 본래의 마음으로 사사로운 형기의 욕망을 다스려 절도를 넘지 않도록 하는 것이지, 육신의 욕망을 가지고 있는 '자기'를 전면적으로 부정하려는 것은 아니다. 따라서 순암은 육신을 거부한다면 육신이 태어난 근원인 부모를 거부하는 것이 됨을 지적함으로써, 자기 '육신'을 원수라고 하는 천주교 교리는 결과적으로 자기 부모를 원수로 삼는 패륜(悖倫)이 됨

---

**94**『順菴集』, 卷17, 15, '天學問答', "己身爲仇之說, 其悖倫大矣, 人有此身, 則不無形氣之慾, 吾儒克己之說, 所以立也, 今若以此身之生爲仇, 則此身從何生乎, 此身之生, 由於父母, 是以父母爲仇矣."

을 비판하였다.

다음으로 '세속'을 원수로 삼는다는 천주교의 견해에 대해, "이 세상에 태어난 이상 부귀와 빈천이나, 궁색함과 통달함이나, 이익과 손해란 형세에서 당연한 일이다. 성찰하고 극복하는 공부의 방법을 알지 못하고서 이 세속을 원수로 삼는다면, 임금과 신하 사이의 의리도 끊어지게 된다"[95]고 하였다. 자기 몸을 부정하면 부모–자신의 인륜이 무너지는 것처럼 세상을 부정하면 임금–신하의 의리가 무너지는 반윤리적 결과를 초래할 것이라 비판하고 있는 것이다. 부모–자식과 임금–신하의 인륜을 부정하는 것은 바로 '아비를 아비로 여기지 않고, 임금을 임금으로 여기지 않는'(無父·無君) 것으로 인륜에 역행하는 이단임을 밝혀주는 것이다. 이런 의미에서 유교적 윤리의 기반은 자기 자신을 소중히 여길 뿐만 아니라 세상을 긍정적으로 받아들여야 한다는 전제 위에서 성립하고 있음을 보여준다. 이 점에서 천주교가 후세를 지향한다면 유교가 현세를 지향하는 것으로 대비시켜질 수 있는 것이 사실이다.

세 번째로 '마귀'를 원수로 삼는다는 천주교의 견해에 대해, "마귀를 누가 보았겠는가. 설사 마귀가 있다 하더라도 이것은 바깥의 사물이다. 바깥의 사물에 유혹되어 자신의 본성을 잃어버리는 일이 더러 있기는 하지만, 사람이 선하지 못한 것은 형기의 욕망 때문인데 이것이 어찌 모두 마귀의 일이겠는가. 안팎으로 공부하는 방법이 서로 같지 않으니, 유학자의 '극기'공부는 안에서 말미암는 것인데, 서양선교사의 말은 형기를 버려두고 마귀에서 말미암는다고 말하니, 안을 향하고 밖을 향함이나, 긴절함과 풀려있음의 구별에서 저절로 달라진

---

**95** 같은 곳, '天學問答', "旣生此世, 則富貴貧賤窮通利害, 勢當然矣, 不知所以省察克治之工, 而以世俗爲仇, 則君臣之義亦絶矣."

다"96고 하였다. 그는 마귀의 존재자체를 인정하지 않지만, 마귀의 존
재를 인정한다 하더라도 인간의 악은 안으로 형기의 욕심에서 말미암
아 발생하는 것이지 대상적 존재일 뿐인 마귀의 유혹 때문에 생겨나
는 것이라 할 수 없음을 분명히 밝히고 있다. 여기서 순암은 유교를
안으로 마음을 다스리는 공부라 하고, 천주교를 밖에 있는 마귀와 싸
우는 것을 공부로 삼아, 공부방법이 다른 것이라고 대비시켰다. 그것
은 천주교의 공부방법이 마음을 다스려 인간의 도덕성을 확립하고자
하는 절실한 공부가 아님을 비판한 것이라 할 수 있다.

또한 그는 스승 성호에게 '마귀'에 대한 견해를 밝히면서, "무릇 인
간의 선·악은 형기(形氣)와 성명(性命)에서 유래하는 것이니, 마귀가
어떻게 사람을 악으로 인도할 수 있겠습니까? 그 논리는 참으로 버려
마땅합니다"97라 하여, 도덕적 선악의 문제는 인간의 주체적 조건에
의해 드러나는 것이지, 외부의 존재인 마귀가 유인하여 결정되는 것
이 아님을 분명하게 밝히고 있다.

순암은 35세 때(1746) 스승 성호를 찾아가 문답을 하였는데, 성호가
서학의 윤리서인 판토하(龐迪我)의 『칠극』(七克)에 대해, "『칠극』은
바로 사물(四勿)을 주석한 것이다. 그 언급에 폐부를 찌르는 말이 많
지만, 이것은 문장가의 재치있는 말이나 아이들의 경계하는 말에 불
과하다. 그러나 그 허황한 말을 깎아내고 경계하는 말을 간추리면 우
리 유교의 극기(克己)공부에 얼마간의 도움이 없지 않을 것이다. 이단

---

**96** 『順菴集』, 卷17, 16, '天學問答', "魔鬼誰能見之, 假使有之, 是外物也, 以外物之誘, 而
喪自己之性, 容或有之, 人之不善, 由於形氣之慾, 豈皆魔鬼之事乎, 其內外致工之術,
不同儒者克己之工由於內, 西士之言, 舍形氣而謂由於魔鬼, 內外緊歇之別, 自不同矣."
**97** 『順菴集』, 卷2, 29, '上星湖先生書'(戊寅), "凡人之善惡, 由於形氣性命之分, 魔鬼何能
導人爲惡耶, 此論誠棄之當矣."

의 글이라 하더라도 그 말이 옳으면 취할 따름이다. 군자가 사람들과
더불어 선을 행하는 데에 있어서 어찌 피차의 구별을 두겠는가. 요점
은 그 단서를 알아서 취해야 할 것이다"[98]라 언급한 사실을 소개하였
다. 성호는 천주교 교리에서 허황한 말을 깎아내어야 한다는 조건을
붙였지만 허심탄회하게 받아들이며 옳은 말을 취해야 한다는 열린 자
세를 밝히고 있는 것이다. 이에 비해 순암은 후배인 권철신에게 보낸
편지에서, "『칠극』은 사물(四勿)에 대한 주석이니, 비록 뼈를 찌르는
말이 더러 있지만 이 책에서 무엇을 취하겠는가"[99]라 하여, 스승 성호
의 견해를 받아들이면서도 『칠극』에서 제시된 천주교의 윤리설을 거
부하는 입장을 분명히 보여주고 있다.

  또한 순암은 천주교의 일상적 신앙의례를 관찰하면서, "매일 아침
에 눈과 마음으로 하늘을 우러러, 천주께서 나를 낳아주고 길러주고
가르쳐 주기까지 한 무한한 은혜에 대하여 감사한다. 다음으로 오늘
하루 망령된 생각을 하지 않고 망령된 말을 하지 않으며 망령된 행동
을 하지 않는다는 세 가지 맹세를 꼭 실천할 수 있도록 나를 도와달라
고 기도한다. 저녁이 되면 또 땅에 엎드려서 그날 자신이 한 생각과
말과 행동이 망령되지 않았는지를 엄격하게 성찰한다. 잘못이 없으면
그 공을 천주께 돌려 은혜롭게 도와주심에 머리를 조아려 감사하며,
만약 조금이라도 잘못이 있으면 곧 통렬하게 뉘우치고는 천주께 자애
롭게 용서해주기를 빌며 기도한다"[100]고 소개하고서, 이러한 천주교

---

**98** 『順菴集』, 권17, 26–27, '天學問答(附錄)', "七克之書, 是四勿之註脚, 其言盖多刺骨
之語, 是不過如文人之才談, 小兒之警語, 然而削其荒誕之語而節略警語, 於吾儒克己
之功, 未必無少補, 異端之書, 其言是則取之而已, 君子與人爲善之意, 豈有彼此之異
哉, 要當識其端而取之可也."
**99** ①의 각주 15)와 같은 인용문.

의 신앙의례의 실천에 대해, "이것(천주교 신앙의례)은 우리 유학자의
자신을 진실하게 하는(誠身) 학문과 견주어서, 지금 천주학을 하는 자
들이 유학과 대등한 것으로 보고서 이것이 참된 것이라 하니 어찌된
것인가? 또 그 행동이나 모양이 우리의 성인이 가르친 것과 같은가?
다른가?"101라 하였다. 천주교의 신앙의례를 유교에서 자신을 진실하
게 하는 '성신'(誠身)의 수양공부와 동일시하는 태도에 대해 전면적으
로 거부감을 밝히고 있는 것이다. 그는 천주교 신앙의례가 유교의 도
덕적 수행과 수양공부에 대비해 보면 행동이나 모양에서 전혀 다른
차이를 드러내는 사실을 강조하고 있는 것이다.

순암은 중국에서 전국시대 추연(鄒衍)이 천문을 논한 것은 천주교의
천문학에 못미치는 것임을 지적하면서, 특히 조선시대 허균(許筠)이 하
늘을 논한 사실을 주목하였다. 허균은 총명한 인물이지만 행실에 절제
가 없어서 거상(居喪) 중에 고기를 먹고 아이를 낳았으므로 사람들로부
터 비난을 받았다. 이때 허균의 대답은 "남녀간의 정욕은 하늘이 준 것
이고, 윤리와 기강을 분별하는 일은 성인의 가르침이다. 하늘은 성인
보다 높으니, 차라리 성인의 가르침을 어길지언정 하늘이 준 본성을 거
스를 수는 없다"102고 하였다는 것이다. 허균이 북경에 사신을 갔다가

---

**100**『順菴集』, 권17, 19, '天學問答', "其言曰, 每朝目與心偕, 仰天籲謝天主生我養我, 至
　　　教誨我無量, 次祈今日祐我, 必踐三誓, 毋妄念・毋妄言・毋妄行, 至夕又俯身投地,
　　　嚴自察省本日所思所言所動作, 有妄與否, 否則歸功天主, 叩謝恩祐, 若有差爽, 卽自
　　　痛悔, 禱祈天主慈恕宥赦."

**101**『順菴集』, 권17, 19-20, '天學問答', "此比吾儒誠身之學, 而今爲此學者, 等視儒學而
　　　謂此爲眞何哉, 且其擧措貌樣, 與吾聖訓, 同乎異乎."

**102**『順菴集』, 卷17, 11, '天學問答', "(許筠)倡言曰, 男女情慾天也, 分別倫紀, 聖人之敎
　　　也, 天尊於聖人, 則寧違於聖人, 而不敢違天稟之本性."李植의『澤堂別集』(권15, 4,
　　　'示兒代筆')에도 같은 내용으로, "顧嘗聞其言曰, 男女情欲天也, 倫紀分別, 聖人之敎
　　　也, 天且高聖人一等, 我則從天而不敢從聖人."이라 기록하고 있다.

천주교 기도문인 「게12장」(揭十二章)을 가져왔다는 기록과 허균의 이러한 언급에 근거하여 허균을 천주교도라 보는 견해도 있다.[103] 그러나 순암은 '남녀의 정욕이 하늘'이라는 허균의 언급을 경박한 제자들이 주창하였지만 서학과는 하늘과 땅처럼 달라서 같이 비교하여 말할 수 없는 것이라 보았다.[104] 여기서 순암은 천주교의 견해가 허균의 주장처럼 열등한 것은 아니라 하였지만, 그 근원의 착오가 그 결과에서 심한 타락을 초래할 수 있음을 심각하게 경고하였던 것이다.

## 2) 사회적 동요와 지리·역사적 비판

### (1) 사회적 동요에 대한 비판

윤리적 인식의 문제는 유교의 기본적 관심인 만큼 천주교의 윤리적 성격에 대한 비판적 태도를 분명히 하고 있다. 순암은 천주교의 가르침이 '선을 행하고 악을 버리는 것'(爲善去惡)이니 정당하지 않은가라는 견해를 제기한데 대해, "세상에 어찌 악을 행하고 선을 버리는 학문이 있겠는가. 이 때문에 예로부터 이단들이 모두 선을 행하고 악을 버리는 것으로써 가르침을 삼았다. 지금 서양선교사가 선을 행하고 악을 버리라 하는 말은 어찌 서양선교사들만 말하는 것일 뿐이겠는가. 내가 걱정하는 것은 그 말류의 폐단으로써 말한 것이다. 그 학문이 현세에 대하여 말하지 않고, 오로지 후세의 천당과 지옥의 응보에

---

**103** 李植의 『澤堂別集』과 朴趾源의 「答巡使書」 등에서 許筠을 천주교 신봉자로 보고 있다.
**104** 『順菴集』, 卷17, 11, '天學問答', "以是當時浮薄有文詞, 爲其門徒者, 倡爲天學之說, 其實與西士之學, 霄壤不侔, 不可比而同稱也."

대해서만 말하니, 이 어찌 허탄하고 망령되어 성인의 올바른 가르침을 해치는 것이 아니겠는가?"[105]라 하였다. 선을 행하고 악을 버린다는 도덕적 선언은 누구나 내거는 말이지만, 이단은 바로 무엇을 선으로 인식하는지, 어떻게 선을 행하는지의 문제에서 오류에 빠지면서 큰 폐단을 낳는 것임을 지적하였다. 여기서 그는 천주교도 후세에서 천당·지옥의 응보에 관심의 초점을 두고 있으니 성인의 가르침을 해치는 이단에 떨어지고 말았다는 것이다.

또한 그는 "성인의 가르침은 오직 현세에서 마땅히 해야 할 일을 하는 것이니, 광명정대하여 털끝만큼도 감추거나 왜곡시키거나 황홀하게 함이 없다"[106]고 하여, 현세를 중시하고 이치에 맞고 황홀함이 없는 것을 유교적 진리의 모습으로 밝히고 있다. 따라서 공자는 괴이하거나(怪) 신령함(神)에 대하여 말하지 않았음을 강조하면서, 괴이하거나 신령함을 말하면서 사람들의 마음을 선동하여 반란을 일으켰던 여러 종류의 이단들이 역사서에 기록되어 있음을 지적하였다.[107] 곧 유교의 바른 도리는 언제나 평상한 현실에 근거하고 정대함을 기준으로 하고 있지만, 이단은 괴이하고 신령한 것을 추구하고 있는 것이 가장 뚜렷한 특성임을 지적한 것이다.

여기서 그는 조선후기 영조 때(1758) 황해도 신계현(新溪縣)의 영무

---

**105** 『順菴集』, 卷17, 12, '天學問答', "世豈有爲惡去善之學乎, 是以從古異端, 皆以爲善去惡爲敎, 今此西士爲善去惡之言, 獨西士言之而已乎, 吾所憂者, 以其流弊而言也, 其學不以現世爲言, 而專以後世堂獄之報爲言, 是豈非誕妄而害世聖人之正敎乎."

**106** 같은 곳, "聖人之敎, 惟於現世, 爲所當爲之事, 光明正大, 無一毫隱曲慌惚之事."

**107** 순암은 「天學問答」에서 중국 역사를 통해 괴이하고 신령함으로 대중을 현혹하여 반란을 일으켰던 이단의 사례로서 한(漢)의 장각(張角), 당(唐)의 방훈(龐勛)과 황소(黃巢), 송(宋)의 왕칙(王則)과 방납(方臘), 원(元)의 홍건적(紅巾賊), 명말(明末)의 유적(流賊)을 비롯하여, 미륵불(彌勒佛)을 일컬은 백련사(白蓮社: 白蓮敎)의 무리들을 열거하고 있다.

(英武)라는 요망한 무당이 미륵불을 자칭하며 대중을 현혹시켰던 양상을 자세히 서술하였다. "여러 고을의 사람들이 몰려들어 생불(生佛)이 세상에 나왔다고 하면서 합장하여 맞이하고 예배하였다. 백성들로 하여금 받들어 모시던 모든 신사(神社)와 잡귀들을 모조리 제거하도록 하면서, '부처가 이미 세상에 나왔는데 어찌 모실 다른 신이 있단 말인가'라 하였다. 이에 백성들이 모두 그 말을 따라서 이른바 기도니 귀신상자(神箱)니 귀신단지(神缸)니 하는 것들을 모조리 깨뜨리고 불태워버렸다. 그리하여 몇 달만에 황해도에서부터 고양(高陽) 이북과 강원도 전체가 휩쓸리어 그를 따랐던 것이다. 서양선교사의 이른바 천주교라는 것도 귀순시킴의 신속함이 어찌 이보다 더 빠르겠는가?"[108]라 하였다. 영조 때 미륵신앙이 크게 번성하면서 모든 다른 신을 부정하고 자신만을 숭배하게 하는 양상이 당시의 천주교 신앙과 매우 유사함을 들어서 천주교 신앙도 미륵신앙의 부류임을 지적하고 있는 것이다.

또한 당시 임금은 어사 이경옥(李敬玉)을 파견하여 요망한 무당 영무를 처형하였지만 미륵신앙의 소동은 한 달이 넘도록 진정되지 않았던 사실을 보면서, "인심이 동요하기는 쉽고 진정되기는 어려우며, 미혹되기는 쉽고 깨닫기는 어려움이 무릇 이와 같다"[109]고 하여, 괴이하고 신령한 이단이 발생하면 인심이 쉽게 미혹되고 사회의 기반이 동요할 수 있는 심각한 위험요인이 될 수 있음을 확인하고 있다.

순암은 천주교에서 "한결같은 마음으로 상제를 받들어 섬기기를 잠

---

108 『順菴集』, 卷17, 12-13, '天學問答', "列邑輻湊, 謂之生佛出世, 合掌迎拜, 令民盡除神社雜鬼之尊奉者曰, 佛旣出世, 豈有他神之可奉者乎, 於是民皆聽命, 所謂祈禱神箱神缸之屬, 奉皆碎破而焚之, 不數月之內, 自海西及高陽以北嶺東一道, 靡然從之, 西士所謂天主之敎, 其從化之速, 豈過於是乎."
109 『順菴集』, 卷17, 13, '天學問答', "人心之易動難定, 易惑難悟, 大抵如是矣."

시도 쉬지 않는다"고 하여 유교의 '경'을 주장으로 삼는 '주경'(主敬)의
수양공부에 비교하거나, "몸을 단속하고 거친 밥을 먹으면서 분수에
넘치는 생각을 하지 않는다"고 하여 유교에서 자신의 욕심을 극복하
는 '극기'(克己)의 수양공부에 비교하는 사실에 대해, 선을 행함에 있
어서는 유교와 마찬가지라 인정할 수 있음을 밝혔다.[110] 말하자면 윤
리적 견해에서 공통점을 인정하여 받아들일 수도 있다는 것이다. 그
러나 중요한 문제는 동기가 선하다고 하더라도 그 근원에서 오류가
있으면 그 결과는 사회적으로 심각한 폐단을 일으킬 수 있음을 주목
한다.

　여기서 순암은 "다만 세상의 도리는 거짓되고 사람의 마음이란 측
량하기 어려운 것이다. 가령 어떤 요사스러운 사람이 '동쪽에 한 분의
천주가 내려왔다'하고, '서쪽에 한 분의 천주가 내려왔다'고 거짓으로
떠들어 댄다면, 민심이 거짓되고 허망함에 익숙하여 실제로 그럴 것
이라 여겨서 바람에 휩쓸리듯 이를 따를 것이다. 이때에 가서 천주학
을 하는 자들이 '나는 정당하고 저쪽은 사특하며, 나는 진실하고 저쪽
은 거짓이다'라고 말할 수 있겠는가. 자기도 모르는 사이에 성학을 해
치는 도적이나 세상을 어지럽히는 도적의 화살이 되어 만족하고 있을
것이다"[111]라 하였다. 곧 천주교가 천주를 내세우는데 간사한 사람들
이 이용하여 민심을 선동하면 백성을 해치고 세상을 어지럽히는 도적

---

**110**『順菴集』, 卷17, 13, '天學問答', "今世爲此學者, 其言曰一心尊事上帝, 無一息之停,
　　比之吾儒主敬之學也, 又曰飭躬薄食, 無踰濫之念, 比之吾儒克己之工也, 實爲此學
　　者, 雖其門路異而爲善則同, 豈不可貴."

**111** 같은 곳, "但世道巧僞, 人心難測, 設有一箇妖人, 假冒倡言東有一天主降, 西有一天主
　　降, 民心習於誕妄, 以爲實然而風從矣, 當此之時, 爲此學者, 其能曰我正而彼邪, 我實
　　而彼僞乎, 自不覺爲聖學之蟊賊, 亂賊之嚆矢而甘心焉."

이 되고 말 것이라는 위험을 경고하고 있는 것이다.

### (2) 지리 · 역사적 이해를 통한 비판

지리적 의식으로 순암은 서양선교사들이 독신(童貞)으로 수행하는 독실함이나 과학기술의 우수함을 인정하는 입장을 밝히면서도, 중국과 서양의 풍토와 학문의 성격이 다르다는 차이를 강조하였다.

> "천지의 대세로 말한다면, 서역은 곤륜산(崑崙山) 아래에 자리 잡아 천하의 중앙이 된다. 그래서 풍속이 돈후하고 인물의 비범하며 보물들이 생산되니, 마치 사람의 뱃속에 혈맥이 모이고 음식이 들어와 사람을 살게 하는 근본이 되는 것과 같다. 중국으로 말하면 천하의 동남쪽에 자리 잡아 햇볕이 모여드니, 이 때문에 이 기운을 받고 태어난 자는 과연 신성한 사람으로, 요 · 순 · 우 · 탕 · 문왕 · 무왕 · 주공 · 공자가 이들이요, 마치 사람의 심장이 가슴 속에 있으면서 신명(神明)의 집이 되어 온갖 조화가 나오는 것과 같다. 이로써 말한다면 중국의 성학(聖學)은 올바른 것이요, 서양의 천학(天學)은 비록 그들이 진도(眞道)요 성교(聖敎)라 말하지만 우리가 말하는 성학은 아니다."[112]

순암의 지리의식에서 매우 특징적인 것은 서양이 천하의 중앙에 자리잡고 중국이 천하의 동남쪽에 자리잡았다는 견해이다. 전통적으로

---

112 『順菴集』, 권17, 8-9, '天學問答', "以天地之大勢言之, 西域據崑崙之下而爲天下中, 是以風氣敦厚, 人物奇偉, 寶藏興焉, 猶人之腹臟, 血脉聚而飮食歸, 爲生人之本, 若中國則據天下之東南而陽明聚之, 是以禀是氣而生者, 果是神聖之人, 若堯舜禹湯文武周孔是也, 猶人之心臟居胸中, 而爲神明之舍, 萬化出焉, 以是言之, 則中國之聖學其正也, 西國之天學, 雖其人所謂眞道聖敎, 而非吾所謂聖學也."

중국을 천하의 중앙에 자리잡은 것이라는 견해와 달라진 것은 서양지
도에서 받은 지리의식의 영향이라 짐작해볼 수 있다. 그러나 그는 서
양이 천하의 중앙이지만 인체에서 배에 해당하는 것으로 물질적 중심
이라 이해하는 반면에 중국은 천하의 동남쪽이지만 심장에 해당하는
것으로 정신적 중심이라 성인들이 출현하였다는 해석이다. 이러한 지
리적 세계관의 변화에 따라 배와 심장의 대비나 생명과 정신의 대비
나 천학과 성학의 대비로 천주교와 유교의 근원적 차이점을 확인하고
자 하는 것을 엿볼 수 있다.

　역사적 고증으로 그는 서양선교사가 "불교는 우리나라의 가르침을
훔쳐서 따로 문호를 세웠다"고 주장하는 것을 반박하여, "불교의 석가
는 주(周)나라 소왕(昭王) 때 태어났고, 천주교의 예수는 한(漢)나라
애제(哀帝) 때 태어났으니, 선후의 분별에 대해서는 여러 말로 따질 필
요도 없다"[113]고 하여, 천주교가 불교보다 뒤에 나온 것이므로 불교가
천주교의 가르침을 훔쳐갔다는 것은 거짓된 주장임을 지적하였다.

　또한 그는 서양선교사들이 전교(傳敎: 行敎)를 중히 여겨 8, 9만리의
험난한 바닷길을 건너온 확고한 신념을 내세운데 대해, "역사를 상고
해 보면, 요진(姚秦)의 구마라습(鳩摩羅什)과 소량(蕭梁)의 달마(達摩)
가 모두 대서국(大西國)에서 바다를 건너 왔는데, 이들도 역시 중국에
그들의 가르침을 베풀고자 하여 온 것이니 저들과 무엇이 다르겠는
가? 그러나 이들 두 승려가 전한 것은 지금 유행되는 불서(佛書)에 불
과하였다. 그러니 서양선교사의 학문을 중국에 유행시키고 싶다고 하
더라도 이 또한 그런 부류에 불과하니, 시행하는 것이 지금의 불교서

---

[113] 『順菴集』, 卷17, 20, '天學問答', "佛氏釋迦生於周昭王時, 天主耶蘇生於漢哀帝時, 則
　　先後之別, 不容多卞."

적 정도에 그칠 것이다. 그런데 어찌 우리 유학자들로 하여금 주공(周公)과 공자(孔子)의 도를 버리고 그들을 따르도록 할 수 있겠는가?"[114]라 하였다. 멀리 서방에서 전교한 경우는 먼저 불교가 있고 다음에 천주교가 있으니, 천주교의 전교도 불교 수준을 벗어나지 않을 터인데 유학자가 천주교에 빠져들고 있는 것이 부당함을 강조하는 것이다. 이 점에서는 서양종교인 천주교의 전래가 서양무력과 함께 들어오면서 엄청난 사회적 변혁의 힘을 가지고 있다는 사실을 아직 각성하지 못하고 있는 일면을 보여주는 것이라 할 수도 있다.

나아가 서양선교사의 말에 예수가 가르침을 편 이후로 지금까지 1,800년 가까운 세월동안 서양에는 찬탈하고 시해하는 일이나 남의 나라를 침략하는 피해가 없는 점에서 중국보다 뛰어나다는 언급에 대해, 순암은 모두 과장된 말임을 지적하면서, "일찍이 역대의 여러 역사책을 보니, 한(漢)나라 애제(哀帝) 이후로 대서(大西)의 오랑캐들이 서로 침략하여 병합한 경우가 많았으니, 역사책이 어찌 거짓말을 하였겠는가? 이것은 믿을 것이 못 된다"[115]고 하였다. 이처럼 순암이 서양선교사의 말에 대해서도 역사서를 통해 실상을 고증하여 상반된 사실을 확인함으로써 과장이나 허위를 밝혀내고 있다. 또한 그는 성인의 가르침이 제시되고 있다 하더라도 인간 사회에서 분쟁이 없어지지는 않는 것이 역사적 현실임을 이미 통찰하고 있는 것이다.

---

114 같은 곳, "以史考之, 姚秦之鳩摩羅什, 蕭梁之達摩, 皆自大西國, 涉重溟而至, 是亦欲行其教於中國, 此何以異是, 二僧之所傳, 不過今行佛書, 使西士之學, 雖欲行於中國, 此亦不過其類行之, 如今佛書而已, 豈可使吾儒舍周孔之道而從之乎."
115 『順菴集』, 권17, 21, '天學問答', "嘗觀歷代諸史, 漢哀以後, 大西諸夷之侵伐并合者 多, 史豈誣說乎, 是不足取信."

# 6 순암의 서학비판론이 지닌 특성

　순암의 서학비판은 유교를 정통이념으로 확립한 조선후기 사회에서 천주교 전파에 따른 교리의 이론적 논쟁과 신앙활동에 따른 사회적 영향과 갈등의 문제를 포함하는 광범한 것이었다. 그의 서학비판론은 성호 문하에서 천주교 교리서에 대한 토론을 벌였던 1750년대에 시작하여 천주교 신앙조직이 형성되어 활동하던 1780년대까지 긴 기간에 걸쳐 전개되었다. 따라서 초기와 후기의 비판론이 상황의 변화에 따라 쟁점이나 입장에 변화를 보여주고 있는 것도 사실이다.

　18세기에서 서학의 문제는 스승 성호가 서학의 과학지식을 적극적으로 수용하고 천주교 교리서에 대해서는 비교적 온건하게 비판하면서, 사실상 유교사회에 서학의 문제를 본격적으로 등장시켰을 때, 성호 문하의 성호학파에서는 선배인 신후담은 천주교 교리서를 정밀하게 분석하여 비판이론을 체계화시켰다면, 순암은 서학서적을 폭넓게 검토하면서 특히 권철신을 비롯하여 천주교 신앙에 빠져드는 후배들과 다양하고 구체적인 쟁점에 대해 토론을 제기하여 전반적 비판이론을 확립하였다는 특성을 보여준다. 바로 이 점에서 18세기에 서학비판의 저술을 남긴 인물들 가운데 순암의 서학비판론은 그보다 앞선 신후담의 『서학변』(西學辨)비판론이나 그보다 뒤에 나온 홍정하(洪正河)의 『사편증의』(四篇證疑)에서 보여준 비판의 이론 보다 훨씬 더 유연하고 토론을 위한 열린 분위기를 지키고 있는 것이 사실이다.

순암의 서학비판론이 지닌 특성은 크게 보면 네 가지로 요약해 볼 수 있다.

첫째, 순암의 서학비판론은 천주교 신앙활동을 벌였던 성호학파 신서파의 인물들과 직접 대응한 비판이다. 신후담이 천주교 교리서에 대한 이론적 비판에 집중하고 있는 것이라면, 순암의 경우는 그 자신도 초기인 1750년대에는 이론적 비판에 관심을 기울였지만, 후기인 1780년대에는 성호학파의 후배들인 신서파 인물들의 천주교 신앙활동에 맞서서 이들을 회유하고 경계하기 위해 서학비판론을 전개하였다는 점이 중요한 특징이다. 사실상 그는 천주교 신앙활동이 일어나던 시기에 가장 일찍부터 전면에 나서서 천주교 신앙의 다양한 문제에 적극적 비판활동을 하였던 인물이다. 따라서 그의 서학비판론은 당시 천주교도들 사이에서 논의되고 있던 신앙 조목에 대해 폭넓은 관심으로 구체적 비판을 제시하였던 것이며, 교리의 이론적 쟁점과 동시에 사회적 영향문제에 까지 폭넓고 구체적인 비판론으로 제시되고 있다.

둘째, 순암의 서학비판론은 비판의 입장을 확립하고 있으면서도 토론을 위한 상호이해의 기초를 마련하였다. 그는 "내가 왜 심하게 (배척)하겠는가. 다만 그것이 그렇지 않다는 것을 밝히려는 것뿐이다"[116]

---

116 『順菴集』, 卷17, 14, '天學問答', "吾何甚, 但明其不然而已."

라고 언급한 것도, 도학의 정통주의적 입장에서 천주교에 대한 일방적 배척을 추구하는 것이 아니라, 진실이 무엇인지 드러내겠다는 토론의 자세를 지키고 있음을 보여준다. 물론 그는 유교를 정도(正道)로 옹호하는 입장을 전제로 하고 있다. 그러나 그는 천주교 교리서의 주장을 일단 이해하는 포용적 대화의 입장을 마련하고 진실을 밝히기 위한 상호의 토론을 요구하는 학문적 개방성과 진지성을 지키려고 노력하는 자세를 보여주고 있다. 따라서 그의 서학비판론은 권위적이고 독단적인 정통론의 입장이 아니라, 훨씬 온건하고 합리적인 논리 위에서 설득하는 것이었다. 그만큼 그는 성호학파 안에서 발생한 신서파의 천주교 신앙활동을 설득하고 회유하기 위한 대화와 토론의 자세를 지키기 위해 상당한 노력을 하였던 것을 알 수 있다.

셋째, 순암은 서양과학을 비판의 대상으로 삼지 않았다. 그는 성호의 영향 아래 있었던 만큼 그 자신이 비록 스승 성호가 적극적으로 수용하였던 서양과학과 기술에 대해 구체적 관심을 기울이지는 않았지만, 서양의 과학기술을 비판하지 않았을 뿐만 아니라, 과학기술에서 서양이 중국보다 우월함을 사실상 인정하고 있었다. 따라서 그의 서학에 대한 관심은 천주교 교리에 대해서 비판적인 입장을 관철하면서, 천주교 교리의 천주개념이나 영혼개념 및 천당지옥설과 윤리문제 등 다양한 신앙조목에 대해 비판을 집중하였지만, 서양과학 지식에 대해서 기본적으로 긍정적 입장만을 밝혔을 뿐, 구체적 이해나 수용을 위한 노력을 거의 보이지 않았다. 이러한 점은 조선말기 도학자들이 도학의 정통론을 강화하면서 서양과학기술을 '기교에 빠진 무익한 기술'(奇技淫巧)로 규정하여 거부하는 태도에 비교하면, 그의 서학비판론은 그만큼 독단적이고 맹목적 폐쇄성에 빠진 것과는 뚜렷한 차이를 드러내고 있는 것이다.

넷째, 순암의 서학비판론은 천주교 교리서를 비교적 폭넓게 섭렵하고 있을 뿐만 아니라, 무엇보다 중국역사서를 정밀하게 고증하고 있다. 그는 역사의 기록을 통해 천학(天學)의 실상을 추적하여 「천학고」(天學考)를 저술하였을 뿐만 아니라, 천주교 교리의 비판에서도 역사기록을 통해 고증하거나 실증적 뒷받침을 받기 위해 세심하게 관심을 기울이고 있다. 그는 천주교를 불교와 유사한 것으로 규정하거나 도교와의 유사성을 찾고 혹은 묵자와 공통성을 찾아내어 비판하는 경우에서도 많은 문헌적 사례들을 고증하고 있다. 이러한 사실은 그의 실학적 실증정신이 발현된 경우의 하나라 볼 수도 있을 것이다.

순암은 유교를 정도(正道)로 보위하고 천주교를 사설(邪說)로 물리치겠다는 것을 기본입장으로 확립하고 있는 것은 사실이다. 제자 황덕길(黃德吉)은 순암의 천주교비판론이 지닌 입장을 평가하여 유교의 정도를 보위하는 전통으로서 퇴계가 양명학을 비판한 사실이나 자신의 스승 성호가 천주교 신앙을 비판한 활동을 계승하고 있는 것이라 하여, "퇴계의 도는 선생을 기다려서 전해지고 성호의 학문은 선생을 얻어서 드러났으니, 선생의 성대한 덕과 큰 업적은 여러 유자(儒者)들을 집대성한 것이라 할 수 있다"[117]고 지적하였다. 퇴계와 성호의 학통을 이어 순암이 집대성하였다는 평가는 주로 정도를 지키고 이단을 물리치는 도학정통의 계승을 중심으로 평가한 것이라 할 수 있다.

사실상 순암의 서학비판은 순암의 다른 학문적 업적보다 사회적으로 가장 큰 주목을 받았던 것이 사실이다. 19세기 초에 천주교 신앙의

---

117 『順菴集』, '順菴先生行狀'[黃德吉], 11, "退溪之道, 待先生而傳, 星湖之學, 得先生而著, 先生盛德大業, 可謂集羣儒之成矣."

확산으로 1801년 신유교옥(辛酉敎獄)이 일어나면서 천주교 신앙이 당
시의 가장 심각한 사회문제로 제기되었을 때, 순암의 사후에 그의 천
주교비판론이 가장 크게 주목받았다. 1801년(純祖 元年) 장령(司憲府
掌令) 정한(鄭瀚)이 상소를 올리자 이를 계기로 조선정부는 순암에게
'정학을 밝히고 사설을 그치게 하였다'(明正學, 熄邪說)는 공로를 인정
하여 좌참찬(左參贊: 정2품)으로 증직(贈職)을 하였다. 그만큼 이 시대
서학비판론의 기준과 방향을 밝혀준 가장 중요한 인물로 순암이 인정
을 받았던 것이며, 서학비판은 그의 학문체계 전체에서 보면 매우 작
은 부분이었지만, 시대사회의 평가에서는 그의 학문에서 가장 큰 업
적으로 중시되고 있음을 엿볼 수 있다.

# III. 다산경학의 사천학(事天學)적 성격과

# 서학적 조명

실학과 서학
──한국근대사상의 원류

# 1 다산사상의 한 원류로서 '서학'(西學)의 문제

사상사는 시대에 따라 다양한 조류가 흐르고 있다. 유교·불교·도교(도가)의 큰 흐름이 있고, 유교사상의 경우에도 송대(宋代) 이후 정자·주자계열의 '도학'(道學), 소강절·장횡거 계열의 '기학'(氣學), 육상산·왕양명 계열의 '심학'(心學)이 큰 물줄기를 이루고 있었다. 조선시대는 유교이념이 통치원리로서 확고하게 정립되었으며, 특히 '주자학-도학'이 정통의 이념으로 권위를 확보하고 있었다.

다산 정약용(茶山 丁若鏞, 1762-1836)이 활동하던 조선후기에는 '주자학-도학'의 정통이념과 더불어 청대(淸代)에 형성된 '고증학'(考證學) 곧 '한학'(漢學)과 명나라 말기부터 중국을 통해 전래한 서양의 문물과 종교사상으로서 '서학'(西學) 곧 '천학'(天學)이 새롭게 흘러들어 다양한 사상조류가 소용돌이치고 있는 상황이었다. 이러한 시대사상의 조류에 상응하여 조선후기 사회에서는 '주자학-도학'의 권위가 계속 유지되는 가운데 일부의 유교지식인 사이에 '양명학-심학'에 대한 관심이 일어나고, 새롭게 '실학'이 발생하여 '고증학-한학'을 도입하거나 '서학-천학'에 관심을 기울이는 사상사의 변동이 일어났던 사실을 확인할 수 있다.

정약용은 18세기 말―19세기 초에 활동하면서 '주자학―도학'의 정통주의적 사유체계에서 벗어나 '실학'사상을 집대성하여 체계적으로 정립하였던 인물이라 할 수 있다. 그는 '주자학' 뿐만 아니라 '고증학'과 '서학'까지 폭넓게 수용하여 종합함으로써 실학자로서 자신의 독자적 학풍을 형성하였다는 점에서 한국사상사에 중요한 위치를 차지하고 있는 사상가이다.

서학(서학)은 서양근세의 과학기술과 천주교 교리를 포함하는 것으로 명(明)나라 말기인 16세기 말부터 예수회 선교사들을 통해 중국에 전래되었고, 잇달아 조선에 전파되어 왔다. 마테오 리치(Matteo Ricci, 利瑪竇, 1552-1610)를 비롯한 예수회 선교사들이 중국에서 선교에 큰 성공을 거둔 사실에는 그 원인으로, 첫째, 중국의 유교문화에 조화를 추구하는 보유론(補儒論)의 적응주의 선교정책을 펼침으로써 중국정부나 지식인들과 마찰을 최소화할 수 있었다는 점, 둘째, 서양의 우수한 과학기술 지식과 문물을 전래함으로써 중국사회의 요구에 부응함으로써 중국사회 안에 안정된 기반을 확보할 수 있었다는 점, 셋째, 서양과학과 종교교리에 관한 서적들을 한문으로 번역한 '한역서학서'(漢譯西學書)를 많이 간행하여 널리 유포시킴으로써, 중국의 지식인층 속으로 신속하고 깊이 침투할 수 있었다는 점 등을 들 수 있다.

17세기 초부터 서학은 조선사회에 소개되기 시작하였지만, 본격적인 이해와 논의가 일어나기 시작한 것은 100년 남짓 지나서 18세기 전반기에 성호 이익(星湖 李瀷, 1681-1763)에 의해 불이 붙기 시작했다. 이익은 예수회선교사들의 '한역서학서'를 홀로 연구하면서 서학의 인식을 심화시킴으로써 이 시대 사상사에 새로운 과제를 던져주고 변화의 방향을 열어주는 중요한 역할을 하였다. 이익의 서학에 대한 인식은 조선후기 실학의 형성과정에서 중요한 조건이 되었다. 그는 서양의 과학기술에 대해 적극적인 긍정의 입장을 밝히고 있을 뿐만 아니라, 서학의 천주교 교리에 대해서도 신비적 신앙내용은 환상적인 것으로 비판하지만 서학의 윤리적 사유에 대해서는 긍정적으로 수용하는 선택적 포용의 입장을 제시하였다.

이익의 서학 인식에서 보여주는 복합적 시각은 그의 제자들이 형성하는 성호학파에서는 이익이 비판하였던 천주교 신앙에 대한 비판에 관심을 집중하였으나 서양과학기술에는 무관심하였던 신후담(愼後聃)과 안정복(安鼎福) 등 '공서파'(攻西派)와, 이익이 적극적 관심을 보였던 서양과학의 수용에 관심을 기울이다가 이익이 비판하였던 천주교 신앙까지 수용하게 되었던 권철신(權哲身)·이가환(李家煥) 등 '신서파'(信西派)라는 두 가지 상반된 양상으로 갈라지게 되었다. 정약용은 바로 권철신·이가환·이승훈(李承薰)·이벽(李蘗) 등의 '신서파'와 교유하면서 서학의 과학기술과 교리적 인식에서 나아가 천주교 신앙에 이르기까지 폭넓은 수용을 하게 되었던 것으로 보인다.

바로 이런 의미에서 이익이 조선시대 서학수용에 처음 불을 붙였다면, 정약용은 '서학'이라는 불길을 이 시대 사상이 나아가야할 방향을 비추어주는 횃불로 들어 올렸던 것이라 하겠다. 그의 서학인식은 유교와 서학의 일치점을 가장 깊은 의미에서 해명함으로써 예수회의 보유론을 한 단계 더 높은 차원에서 완성하였다고 할 수 있으며, 유교사상을 전통의 테두리를 벗어나 동서사상이 교류하는 세계로 나아가는 길을 열어주었다고 할 수 있다. 동양적 전통에서 중심적 흐름의 하나인 유교와 서양적 전통에서 중심적 흐름의 하나인 천주교가 만났을 때, 양쪽에서는 각각 대립과 갈등의 계기가 끊임없이 촉발되고 있었음에도 불구하고, 양자 사이에 포용과 조화의 논리를 계발하였던 것은 서학 쪽에서 본다면 예수회의 '보유론'이 큰 업적을 이루었다고 할수 있으며, 유교 쪽에서는 정약용이 독보적으로 소통과 융화의 논리를 가장 깊은 차원에서 구현하였던 것으로 보인다.

정약용은 자신의 경학체계를 '사천학'(事天學)으로 제시함으로써 유교와 서학의 접점을 발견하였던 것이라 할 수 있다. '사천학'은 정약용의 경학을 관통하는 핵심정신으로서, 주자학의 경전해석에서 시야가흐려진 '천–상제'개념을 인격신적 존재요 신앙적 대상으로 재인식한것이며, 이러한 '천–상제'개념은 서학의 '천주'개념이 비쳐준 빛으로유교경전을 새롭게 읽어낸 것이라 해야 할 것이다.

여기서 정약용은 공식적으로 유교와 서학의 비교와 결합을 시도한것이 아니라, 그가 서학의 이해를 통해 뜨게 된 눈과 서학에서 발견한빛으로 유교경전을 다시 읽어낼 수 있었다는 점에서 유교와 서학의소통과 조화를 실현하였던 것이기도 하다. '천–상제'의 인식에서 변화가 일어나자, 이와 동시에 인간의 '심–성'개념에 대한 인식에서도변화가 일어나지 않을 수 없었고, 한걸음 나아가면 인간의 도덕적 규범과 사회적 질서에 대한 인식에서도 변화가 일어나지 않을 수 없었다. 바로 이 점에서 정약용은 서학의 빛을 끌어들여 유교사상의 전통에 심각한 지각변동을 일으켰던 것이다. 따라서 정약용의 실학은 다양한 측면으로 규명될 수 있겠지만, 서학의 빛으로 유교를 새롭게 해석하여 동서사상의 소통을 위한 통로를 열어주었다는 점을 주목하고자 하며, 이러한 의미에서 그의 실학정신은 '사천학'을 근원적 기반으로 삼고 있음을 확인할 필요가 있다.

# 2 다산의 천주교 신앙활동

## 1) 신서파의 신앙공동체와 다산의 천주교 신앙 입문

정약용이 처음 서학을 접하게 된 것은 16세 때(1777) 서울에서 누님의 남편으로 여섯 살 위인 이승훈(蔓川 李承薰, 1756-1801)과 이승훈의 외삼촌인 이익(星湖 李瀷)의 종손 이가환(貞軒 李家煥, 1742-1801)을 따라 이익의 저술을 읽으면서 성호학파의 학풍을 받아들이기 시작하였으며, 이때 이익의 저술을 통해 서양의 과학 지식을 중심으로 서학에 대한 강습이 이루어졌을 것이다. 그는 뒷날 자식들이나 조카들에게 "나의 큰 꿈은 성호를 따라 사숙하는 가운데 깨달은 것이 많았다"〈정규영, 『俟菴先生年譜』〉고 술회하였던 사실에서 보면, 이익의 실학사상과 만남으로써, 그 자신의 학문적 방향을 정립하게 되는 중대한 계기가 열렸던 것을 알 수 있다.

뒷날 밝힌 바에 따르면, "신(臣)이 이 책(서학서적)을 본 것은 대개약관(弱冠) 초기였는데, 이때에 원래 일종의 풍조가 있어서, 능히 천문(天文)·역상(曆象)의 이론이나 농정(農政)·수리(水利)의 기구와 측량

(測量)·추험(推驗)의 법도를 말하는 자가 있으면, 유행하던 관습에서는 서로 전하면서 해박하다고 지목했는데, 신은 그때 어렸으므로 그윽이 혼자서 이것을 사모하였습니다"[1]고 하였으니, 이 시절 이가환을 중심으로 하는 성호학파의 신서파(信西派) 안에서 주로 이익의 영향아래 서양과학서를 읽고 서학의 과학기술에 관한 지식을 수용하는데 심취하였던 사실을 엿볼 수 있다.

성호학파의 신서파에서 가장 먼저 서양종교인 천주교 교리에 대한 이해를 심화하면서 천주교 신앙을 받아들였던 인물은 이벽(曠菴 李檗, 1754-1786)으로 정약용에게는 큰 형수의 아우가 되는 인물이다. 이벽은 성호학파의 신서파를 이끌어가던 인물의 한 사람인 권철신(鹿庵 權哲身, 1736-1801)이 제자들과 1779년 12월에 천진암(天眞庵)과 주어사(走魚寺)에서 열었던 강학회(講學會)에 참석하여 천주교 교리에 관한 토론의 자리를 주도하였다. 이 강학회는 정약용의 둘째 형 정약전(巽菴 丁若銓, 1758-1816)도 참석하였으며, 새벽에 일어나서 「숙흥야매잠」(陳栢: 夙興夜寐箴)을 외우고, 해가 뜨면 「경재잠」(朱子: 敬齋箴)을 외우고, 정오에는 「사물잠」(程子: 四勿箴)을 외우고, 해가 지면 「서명」(張載: 西銘)을 외우며, 장엄하고 경건한 강학의 학풍을 지켰으며, 유교경전을 중심으로 강론하는 학술연마의 자리였으나, 강학이 끝나고 밤에 자유롭게 토론할 때에는 천주교 교리가 활발한 토론의 주제가 되었던 것으로 보인다.

이벽이 주어사의 강학회를 마친 뒤에 지었다는 「천주공경가」(天主

---

1 『與猶堂全書』(이하 『與全』으로 줄임)[1], 卷9, 43, '辨謗辭同副承旨疏', "臣之得見是書, 蓋在弱冠之初, 而此時原有一種風氣, 有能說天文曆象之家, 農政水利之器, 測量推驗之法者, 流俗相傳, 指爲該洽, 臣方幼眇, 竊獨慕此."

恭敬歌)에서는 집안의 어른과 나라의 임금에 상응하는 내 몸의 영혼과 하늘의 천주 존재를 제시하며, 유교적 윤리를 전제로 삼으면서 그 위에 천주를 공경할 것을 제시하고 있다. 그것은 유교 윤리와 천주교 신앙의 일치를 확고히 주장하는 것이다. 이에 비해 이벽의 저술로 전해오는 교리서인『성교요지』(聖敎要旨)는 유교사회에 대한 의식에서 벗어나 천주교 신도들만을 의식하고 체계화한 교리서라는 점에서 예수회의 보유론적 교리서와는 다른 것으로, 이 시기에 북경교회에서 구해온 교리서의 요약 형식이라 볼 수 있다. 당시 천주교 신앙의 내용이 보유론(補儒論)의 형식에서 벗어나는 과정에 있음을 보여주는 것이라 하겠다. 정약전도 천주가사로서「십계명가」(十誡命歌)를 지어 천주교 신앙을 적극 받아들이고 있었던 것이 사실이다. 다만 이가환은 천주교 신앙을 비판하는 가사로서「경세가」(警世歌)를 지었다.

그렇다면 정약용이 서학에 접근할 수 있었던 통로였던 성호학파 신서파는 이가환을 중심으로 서양과학기술의 수용에 주력하는 경우와 이벽을 중심으로 권철신계열의 천주교 신앙을 수용하는 계열로 양면적 양상을 이루고 있었던 사실을 보여준다. 여기서 정약용은 초기에 이가환을 종유하면서 서학의 과학기술지식을 수용하다가 뒤이어 이벽을 통해 천주교 신앙의 수용으로 이행되는 과정을 밟아갔던 것이다. 그는 자신이 서양과학기술의 학습에서 서양종교에 빠져들게 된 과정을 해명하면서, "성품과 역량이 조급하고 경솔하여 무릇 어렵고 깊고 교묘하고 세밀한 것에 속하는 글은 본래 세심하게 연구할 수 없었습니다. 그래서 그 찌꺼기나 비슷한 것도 끝내 얻은 것이 없고, 도리어 사생설(死生說)에 얽히고, 징벌의 경계에 귀를 기울이고, 비뚤어진 변론의 글에 현혹되어, 유교의 별파(別派)라 인식하거나, 문단(文

壇)의 기이한 감상으로 보아, 남들과 담론할 때 꺼리고 숨김이 없었으며, 남들의 배격을 당하면 견문이 좁다고 의심하였습니다"²고 하였다.

실제로 유교지식인으로서 서양과학서를 연구하는 것은 매우 복잡하고 난해한 어려움을 겪었을 것이지만, 보유론에 따라 해석된 천주교 교리서를 이해하는 것은 신기하고 흥미로운 것으로 쉽게 이해되었을 것은 분명하다. 성호학파 신서파의 지식인들이 천주교 신앙에 빠져들었던 과정은 서양과학지식을 통해 서학에 대한 신뢰가 형성된 바탕 위에서 유교경전과 연결시켜 해석된 천주교 교리를 호의적으로 받아들일 수 있는 여지가 넓었을 것을 쉽게 짐작해볼 수 있다.

이승훈이 사신행렬을 따라 북경에 갔다가 이벽의 당부에 따라 북당(北堂: 北天主堂)에서 예수회출신의 그라몽(Grammont, 梁棟材)신부로부터 영세를 받고 1784년 봄에 귀국하자, 이벽을 중심으로 권철신계열의 성호학파 신서파 인물들 사이에 천주교 신앙공동체가 성립되었다. 정약용이 천주교 신앙을 받아들이게 된 계기는 그가 23세로 태학생(太學生)이었던 1784년 4월 고향 마재(馬峴)에서 큰형수(곧 李檗의 누님)의 제사를 마치고, 정약전·정약용 형제는 누님의 제사에 참석한 이벽과 함께 배를 타고 서울로 올라오는 배 안에서 찾아왔다. 배가 강을 따라 내려오면서 두미협(斗尾峽: 현재 팔당댐이 있는 협곡)을 지날 무렵 이벽이 천주교 교리를 웅변으로 설명하는 것을 듣고서 정약전과 정약용 형제는 천주교에 심취하게 되었다고 한다.

정약용은 이때 받았던 깊은 감동을 생생하게 묘사하여, "갑진년

---

2 같은 곳, "其性力躁率, 凡屬艱深巧密之文, 本不能細心究案, 故其糟粕影響, 卒無所得, 而乃反繾綣於死生之說, 傾憒於克伐之誠, 惶惑於離奇辯博之文, 認作儒門別派, 看作文垣奇賞, 與人譚論, 無所忌諱, 見人詆排, 疑其寡陋."

(1784) 4월 보름날 맏형수의 기일(忌日)에 제사를 지내고 나서 우리 형제와 이벽은 같은 배를 타고 물길을 따라 내려갔는데, 배 안에서 천지가 조화(造化)하는 시초나 육신과 정신이 죽고 사는 이치를 들으니, 황홀하고 놀라워 마치 은하수가 끝이 없는 것 같았다"[3]고 언급하였다.

정약용이 이벽으로부터 들었던 천주교 교리의 내용은 천주에 의해 이루어진 천지창조와 영혼 개념 및 사후세계에 대한 것이었다. 새로운 지식에 대한 지적 호기심으로 넘치고 감수성이 예민한 20대 청년이었던 정약용은 밤하늘에 은하수가 끝없이 펼쳐진 우주 공간에 뛰어들 듯 새로운 우주가 열리고, 새로운 세계에 눈을 뜨는 경험을 하게 된 것이다. 정약용의 형제들이 받은 감동의 충격이 얼마나 컸던지, 이들은 서울에 도착하자 곧바로 수표교(水標橋: 현 종로구 수표동)에 살던 이벽의 집으로 따라가서 마테오 리치의 『천주실의』(天主實義)와 판토하(龐迪我)의『칠극』(七克) 등 몇 권의 천주교 교리서를 빌려 읽고는 천주교 신앙에 마음이 쏠렸다고 한다. 이무렵 정약용은 천주교에 입교하여 이승훈에게서 요한이라는 세례명으로 세례를 받아 천주교신자가 되었다.


## 2) 다산의 천주교 신앙활동

정약용이 천주교 신자로서 신앙활동의 자취를 추적해보면 조선의 초기 천주교 공동체와 직접 연결되거나 일정한 거리를 드러내는 초기

---

3 『與全』[1], 卷15, 42, '先仲氏墓誌銘', "甲辰四月之望, 旣祭丘嫂之忌, 余兄弟與李德操, 同舟順流, 舟中聞天地造化之始, 形神生死之理, 怳怳驚疑, 若河漢之無極."

신앙활동의 단계와 신앙에서 이탈하는 과정, 및 신유교옥 이후의 세 단계로 나누어 볼 수 있다.

### (1) 초기 천주교 신앙활동

1784년 봄 이승훈이 영세를 받고 돌아오면서 이벽을 중심으로 이승훈과 정약전·정약종·정약용 3형제 및 권일신(權日身) 등 성호학파 신서파의 젊은 유교지식인들이 천주교 신앙집회를 열면서 초기 천주교 신앙공동체가 형성되었다. 정약용도 요한이라는 세례명으로 세례를 받고 초기 천주교 신앙집회에 열심히 참여하였던 것으로 보인다.

명례방(明禮坊: 현 중구 명동)에서 열렸던 이들의 신앙집회는 1785년 (乙巳) 봄 형조(刑曹)에 적발되면서 세상에 알려졌고 태학생들은 통문을 돌려 성토하였던 일이 있다. 이 신앙집회에 참가한 신서파의 청년 지식인들은 무엇보다 먼저 가정에서 부형들로부터 엄중한 문책을 받았으며, 결국 이벽도 신앙활동을 포기하지 않을 수 없었고, 이승훈도 척사문(斥邪文)을 지어 배교하였음을 밝혀야 했다. 그러나 정약용의 형제들은 가정에서 문책을 받거나 배교를 선언하였던 일이 없었다.

1785년 천주교 신앙집회가 형조에 적발된 후 신서파 유교지식인들의 신앙공동체는 와해되었지만 서민대중 속으로 천주교 신앙이 파급되는 상황에 놓이게 되었다. 이때 유교지식인들의 신앙활동을 다시 일으키려고 시도하였던 인물이 바로 정약용이었다는 사실이 주목된다. 정약용은 26세 때인 1787년 아직 태학생으로 있을 때 이승훈·강리원(姜履元) 등과 반촌(泮村: 성균관이 있던 마을. 현 종로구 명륜동)에서 천주교 교리서를 강습하다가 태학(太學)의 동료인 이기경(李基慶)·홍락안(洪樂安) 등 친우들로부터 비난을 받으며 물의를 일으켰던 일이 있었다. 이것이 이른바 '정미반회사'(丁未泮會事) 사건이다. 홍낙안은 이듬해 춘당대시(春塘臺試)의 대책문(對策文)에서 천주교 신앙이 충청도 일대에 집집마다 널리 전파되고 교리서적을 언문으로 번역하여 베껴서 부녀자와 아이들에게도 퍼지고 있고, 수령이 금지해도 듣지 않으며 온 마을이 도리어 본받고 있다고 고발하여, 조정의 엄격한 금지령을 촉구하였다.

## (2) 천주교 신앙에서 이탈하는 과정

정약용이 천주교 신앙에서 이탈하는 시기는 명확하지 않다. 그 자신은 "태학에 들어간 뒤로 이벽을 따라 천주교 교리를 듣고 천주교 서적을 보았으며, 정미년(1787) 이후로 4, 5년 동안 자못 마음을 기울였는데, 신해년(1791) 이래로 나라의 금지령이 엄중하여 마침내 생각을 끊어버렸다"[4]고 언급하고 있다. 그렇다면 26세(1787) 때부터 30세(1791) 사이에 천주교 신앙에 깊이 빠졌다가, 30세 때(1791) 국가에서 금교령이 내려지자 천주교 신앙을 버렸다는 이야기다. 따라서 28세 때(1789) 봄에 대과에 급제하여 관직생활을 하는 기간에도 한동안 신앙생활을 계속하였다는 사실을 말해주고 있다.

그러나 그는 자신의 천주교 신앙문제를 해명하는 상소인 자명소(自明疏: 辨謗辭同副承旨疏)에서는 "신이 그 동안 뜻하고 종사한 것이 영달에만 있어서, 태학(太學)에 들어온 후로 오로지 뜻을 전일하게 한 것은 곧 공령학(功令學: 科文)으로, 월과(月課)와 순시(旬試)에 응시하기를 새매가 먹이를 잡으려듯이 정신을 쏟았으니, 이것은 진실로 이러

---

**4** 『與全』[1], 권16, 1, '自撰墓誌銘壙中本', "旣上庠, 從李檗游, 聞西敎見西書, 丁未以後四五年, 頗傾心焉, 辛亥以來, 邦禁嚴遂絶意."

한 기미(氣味)가 아닙니다. 더군다나 벼슬길에 나아간 후로 어찌 방외 (方外)에 마음을 쓸 수 있겠습니까"[5]라고 하였으니, 23세 때 대학에 들어온 이후는 과거시험공부에만 열중하였고, 28세에 벼슬에 나간 이후에는 전혀 천주교 신앙에 관심이 없었다고 말하는 것으로 이미 사실에 어긋나는 진술을 하고 있음을 보여준다. 임금에게 올리는 공개문서이기 때문에 자신의 천주교 신앙활동 기간을 상당히 축소시켜 제시하고 있음을 짐작할 수 있다.

대체로 보면 정약용이 천주교 신앙에 빠져 있었던 시기는 23세 때 (1784) 입교한 이후 30세 때(1791) 진산(珍山: 현 충남 錦山郡 珍山面, 당시 전라도 珍山縣)에 살던 윤지충(尹持忠)과 권상연(權尙然)이 제사를 폐지하고 신주를 불태운 사건(廢祭焚主事件)이 발생하여 정부에서 천주교 금교령(禁敎令)이 내려진 시기까지라 볼 수 있다. 금교령 이후 그가 천주교 신앙활동에 참가하였던 증거를 찾을 수 없으며, 그 자신 금교령이 내려진 이후 천주교 신앙을 끊었다고 증언하고 있으니, 1791년이 천주교 신앙에서 이탈한 시기라 볼 수 있다.

윤지충(尹持忠)은 정약용의 외사촌으로 정약용의 영향에 따라 천주교 신앙에 입교하였던 것으로 보이는 만큼, 보유론의 천주교 교리서를 통해 신앙에 들어온 것은 사실이지만, 입교한 이후에는 보유론에서 벗어나 당시의 천주교 유일성을 강조하는 교리서에 한층 더 깊이 젖어들었던 경우라 할 수 있다. 조선의 천주교 신도들은 북경교회로부터 제사를 금지하라는 지시를 받자 보유론적 교리에 의존하던 신도

---

5 『與全』[1], 권9, 44, '辨謗辭同副承旨疏', "臣自來志業, 只在榮達, 自登上庠, 所專精壹意者, 卽功令之學, 而其赴月課旬試, 有如驚發, 此固非遺般氣味, 況自釋褐以後, 尤何能游心方外哉."

들은 사회적 압박을 받자 신앙에서 이탈하였지만 천주교 유일성에 기반하는 교리서를 따르던 신도들은 제사를 폐지하고 신주를 불태우면서 유교의 예교(禮敎)질서에 정면으로 충돌하게 되었던 것이다. 정약용은 자명소에서 "제사를 폐지한다는 말에 이르러서는 신(臣)이 옛날 그 책에서 또한 본 적이 없습니다. …신해년(辛亥, 1791)에 (제사를 폐지하고 신주를 불태운) 변고가 불행히 친근한 사람들 사이에서 나왔으니, 신은 이 일이 있은 이래로, 분개하고 애통하여 마음속에 맹세해서 개인의 원수처럼 미워하고 흉악한 반역자 같이 성토하였습니다"[6]라 하여, 자신이 천주교에 입교하였던 시기에는 조상제사를 금지한다는 말이 없었다고 밝히며, 천주교도의 제사 폐지에 대해 격렬한 거부감을 언급하여, 1791년 제사를 폐지하고 신주를 불태운 사건 이후 그 자신이 천주교에서 이탈하고 거부입장을 취하고 있었음을 분명히 제시하였다. 그러나 신앙집회에 참석하는 신앙활동을 하지 않았다는 것과 마음속에서 신앙을 거부하게 되었다는 것과는 구별될 필요가 있다.

안정복(順菴 安鼎福)은 1785년에 저술한 「천학문답」(天學問答)에서 어떤 사람의 말을 소개하여, "근래에 태학생이 석전제(釋奠祭)에 참여하려는 자가 있었는데, 그 친우가 이 학자에게 말리면서 말하기를, '무릇 거짓된 형상에 제사를 베풀면 모두 마귀가 와서 (제물을) 먹으니, 어찌 공자의 신명이 와서 흠향하겠는가? 가정에서 제사를 드리는 것도 그러하다. 나는 비록 풍속을 따라 (제사를) 행하는 것을 면하지는 못하지만 마음으로 그 망령됨을 알기 때문에 반드시 하늘을 우러러 천주께 부득이하여 (제사를) 행한다는 뜻을 묵묵히 아뢴 다음에 (제사

---

6 같은 곳, "至於廢祭之說, 臣之舊所是書, 亦所未見,…辛亥之變, 不幸近出, 臣自玆以來, 憤恚傷痛, 誓心盟志, 疾之如私仇, 討之如兇逆."

를) 행한다'고 말했다"[7]고 하였다. 이 시기에 정약용은 태학생이었고, 천주교 신앙에 처음 입교하였을 때이다. 당시 보유론의 견해를 버리고 천주교의 유일성을 강조하는 천주교 교리에서는 조상제사나 공자에 대한 제사를 거부하는 입장에 서 있었던 것이요, 이 때에 이미 천주교도들 사이에 제사금지의 교회 입장이 알려졌던 것이다. 정약용은 바로 이 대화 속의 당사자이거나 그 자신이 이미 제사금지에 대해 알고 있었던 것으로 보인다. 그렇다면 정약용이 자명소에서 "제사를 폐지한다는 말에 이르러서는 신(臣)이 옛날 그 책에서 또한 본 적이 없습니다"라고 한 말은 보유론적 교리서에서 본 적이 없다는 말이지, 그 자신이 몰랐다는 것을 말하는 것은 아니다.

1794년에는 중국인 신부 주문모(周文謨)가 밀입국하여 전교를 시작하였다. 이 사건으로 반대파의 공격을 받아 이듬해 신서파의 관료들로서 이승훈은 예산(禮山)에 유배되고 공조판서(工曹判書)였던 이가환은 청주목사(淸州牧使)로 좌천되고, 우부승지(右副承旨)였던 정약용은 금정역(金井驛: 현 청양군 남양면 금정리) 찰방(察訪)으로 좌천되기도 했다. 정약용이 34세 때(1795) 7월부터 12월 까지 4개월 남짓 금정역 찰방으로 좌천되어 나갔을 때 그 지역의 천주교도를 깨우치는데 공을 세웠다고 하지만, 그 무렵에도 이곳에서 가깝게 지내던 처사 이도명(李道溟)으로부터 그의 태도가 불분명한 점이 있다고 지적을 받기도 하였다. 이런 점에서 정약용이 천주교를 배척하는 시기를 1795년 이후로 보는 견해도 있다.[8]

---

7 『順菴集』, 권17, 24, '天學問答', "或曰。近有上舍生將參釋奠, 其友之爲此學者止之曰, 凡假像設祭, 皆魔鬼來食, 豈有孔子之神來享平, 人家祭祀亦然, 余則雖未免從俗行之, 而心知其妄, 故必仰天嘿奏于天主, 不得已爲之之意然後行之."

8 차기진; 『조선후기의 西學과 斥邪論연구』, 한국교회사연구소, 2002, 189-191쪽

정약용은 금정에서 이 지역의 토호(土豪)들을 불러다 국가의 천주교 금교령을 어기지 말고 제사를 지내도록 타일렀고, 천주교 신앙에 빠져 있던 이곳의 역리(驛吏)들을 깨우쳐 효과를 거두었다고 하며, 천주교도 김복성(金福成)을 붙잡아 자백을 받기도 하였다. 특히 그는 사람들을 모아 천주교를 사교(邪敎)로 배척하는 제사(斥邪之禊)를 베풀고 사람들에게 제사를 지내도록 권장하였으며, 또한 동정을 지킨다고 고집하는 여자 신도를 혼인시키기도 하였다. 또한 당시 충청도 내포지방에서 열성적인 전교활동을 하였던 천주교도의 중요인물인 이존창(李存昌)을 체포하는 과정에서 충청감사 유강(柳烱)은 정약용이 체포에 나서게 하여 이존창 체포의 공로를 세우게 하였다. 정조 임금도 새로 부임하는 충청감사 이정운(五沙 李鼎運)에게 도착하면 즉시 이존창 체포에 정약용의 공이 컸음을 보고하도록 남몰래 지시하였다. 그것은 천주교 신앙 문제로 비난의 표적이 되어 출세의 길이 막힌 정약용에게 천주교의 핵심인물을 체포한 공을 내세우게 함으로써, 그가 천주교와 철저히 단절되었음을 반대파에 확인시켜, 그를 다시 임금의 측근에 불러들이기 위해 임금 자신이 계책을 세웠다는 사실을 말해주는 것이다.

정약용이 그 해 12월 금정에서 서울로 돌아오자 승지 이익운(李益運)이 정약용에게 임금의 뜻을 전하면서 이존창 체포사실을 구체적으로 적어 충청감사로 내려간 이정운(이익운의 형)에게 보내서 감사가 그의 공적을 보고할 수 있도록 당부하였다. 그러나 정약용은 임금의 뜻에 감격해 하면서도, "이미 (이존창이) 숨어 있던 곳을 알고서 장교 한명과 나졸 한명으로 마치 항아리 속에서 자라 잡듯이 붙잡았을 뿐입니다. 더구나 그 행적을 염탐할 때는 애당초 참여하지도 않았던 내가 지금 이 일을 장황하게 진술하여 한 세상의 이목을 속여 출세할 자료

로 삼는다는 것은 또한 그릇되고 군색한 짓이 아니겠습니까? 차라리
벼슬길이 막히고 뜻을 펴지 못한 채 일생을 마치더라도 이런 짓은 하
고 싶지 않습니다"[9]라고 하여, 천주교도의 우두머리 한 사람을 잡았다
는 사실을 자신의 공적으로 삼지 않겠다는 뜻을 확실하게 밝히고 있
다. 천주교도를 설득시키고 체포하는 일에 소극적 참여는 하고 있지
만, 적극적으로 천주교도의 색출과 체포에 나서서 공적을 세워 출세
할 뜻이 없음을 보여준다. 이처럼 천주교도를 체포한 공을 내세워 출
세하지 않겠다는 것은 선비로서 지조를 보여주는 것이기도 하지만,
그 자신이 한때 신봉했던 천주교에 대한 신의를 소중히 여겼던 것이
라 짐작해볼 수도 있을 것이다.

　그는 천주교 신앙에 빠졌던 일과 천주교도의 중심인물들이 그와 깊
이 얽혀있다는 사실에서 비방과 공격이 계속되자, 36세 때(1797) 스스
로 해명하는 상소문(「辨謗辭同副承旨疏」)을 올렸고, 정조임금도 정약
용을 비방의 화살에서 피하게 하기 위해 황해도 곡산부사(谷山府使)로
외직에 내려보냈다. 이 상소문에서 그는 자신이 20대 초에 서학 서적
을 보았고 천주교 신앙에 빠져들었던 사실을 시인하고 벼슬길에 나온
뒤로 천주교 신앙을 버렸다고 주장하였다. 그의 주장이 실지와 일치
하는지도 문제가 있지만, 20대의 청년기에 몇 년동안 심취하였던 천
주교 신앙의 새로운 세계관은 자신의 의식 속에서 하루 아침에 쉽게
지워버릴 수 있는 일시적 열정이었다고 보기는 어렵다.

　정약용에게 서학의 자연과학적 세계관이나 신앙적 세계관의 인식

---

9 『與全』[1], 권18, 20, '答五沙(乙卯冬在京)', "旣知其處, 便以一校一卒綁致之, 如甕中捉
　鼈, 況其譏??之方, 初不與聞, 今以是張皇鋪陳, 以欺一世之耳目, 爲進身之資者, 不亦謬
　且窘哉, 寧坎坷落魄以終身, 不願爲是矣."

은 새로운 안목을 열었던 깊은 정신적 충격이었다. 따라서 그는 주자학 정통적 세계관에서 벗어나 옛 경전에서 공자의 본래정신 곧 '수사구관'(洙泗舊觀)을 새로운 빛으로 조명함으로서, 자신의 세계관을 혁신적으로 전환하게 되었다는 사실을 간과해서는 안 될 것이다.

### (3) 신유교옥(辛酉敎獄, 1801)과 유배시기 이후

정약용은 정조의 재위기간 동안 끊임없는 비방과 공격을 받았음에도 불구하고 정조의 보호아래 안전을 누렸다. 그러나 1800년 정조가 죽고 그 다음해인 순조(純祖) 원년(1801)에 신유교옥(辛酉敎獄)이 일어났다. 이가환·권철신·이승훈·정약전·정약용 등 신서파의 유학자들이 모두 투옥되어 심문을 받았다. 정약용은 천주교 신앙을 버렸다는 증거를 확고하게 제시했음에도 불구하고, 천주교 신앙집단의 중심인물이 모두 그와 얽혀있었으므로 풀려날 수가 없었다. 2월에 죽음을 감면받고 경상도 장기(長鬐)로 유배되었다(減死定配). 그해 9월 황사영(黃嗣永)의 「백서」(帛書)가 발각되고 잇달아 황사영이 체포되었다. 황사영의 「백서」는 천주교도들이 신앙의 자유를 얻기 위해서라면, 국가를 청나라의 지배 속에 넣게 하려는 계략이나 서양의 군함을 불러들여 국가를 위협하기를 청하는 것으로 국가의 안위를 심각하게 위협하는 반역적 계책을 제시한 것이었다. 이에 따라 정약용은 다시 의금부(義禁府)에 끌려와 국문을 받고 그 해 12월에 전라도 강진(康津)으로 유배 가서 40세부터 57세까지 18년간 강진에서 유배생활을 하게 되었다. 그가 아무리 배교를 했을지라도 처형된 정약종(丁若鍾)의 동생이고 이승훈의 처남(妻娚)이며 황사영의 처숙(妻叔)이며, 앞서 제사폐지사건으로 처형된 윤지충의 고종사촌으로 겹겹이 얽혀 있었으니 무사하기는 어려웠던 것이다.

강진에서 유배생활을 하는 동안 그는 유교경전의 방대한 주석과 더불어 예학과 경세론의 저술에 몰두하였으며, 천주교 신앙활동을 하였던 자취를 찾기는 어렵다. 또한 57세 때(1818) 유배에서 풀려난 이후 75세(1836)로 죽을 때 까지도 고향에서 경세론과 경학 저술에 전념하였다. 따라서 그의 의식과 사상 속에 천주교 교리의 영향이 어떻게 남아 있느냐 하는 문제를 별도로 한다면, 그의 저술과 기록 속에서 이 시기에 천주교 신앙을 유지했다는 증거를 찾기는 어렵다. 다만 달레(Ch. Dallet)의 『한국천주교회사』(韓國天主敎會史)에는 그가 강진 유배지에서부터 신앙생활을 계속했고, 임종을 앞두고 유방제(劉方濟) 신부의 손에 종부성사(終傅聖事)를 받고 죽었다는 기술이 있다.[10] 이와 더불어 달레의 『한국천주교회사』가 참고한 기본 문헌으로 정약용이 저술한 『조선복음전래사』(朝鮮福音傳來史)라는 비망록이 있었다는 지적도 있다.[11] 이러한 사실들은 중요하게 인정하고 검토되어야 할 문제인 것은 사실이다. 그러나 1801년 이후 정약용이 신앙생활을 하였는지 여부는 천주교교회사에서 중요한 문제가 될 수 있겠지만, 불충분하거나 불확실한 사료(史料)에 근거하여 단정하기보다는 오히려 그의 경학사상 속에서 천주교 교리의 영향이 어떻게 드러나고 어떤 의미를 지니는지 해명하는 것이 더욱 중요한 문제의 핵심에 접근하는 과제가 될 수 있을 것으로 보인다.

---

10 달레, 『한국천주교회사(중)』(안응열·최석우譯, 분도출판사, 1980), 185-186쪽.
11 崔奭佑, 「Dallet가 인용한 정약용의 韓國福音來史」(『李海南華甲論叢』, 1970), 205-216쪽.

# 3 다산의 천(天)존재 인식과 천주교 교리의 영향

## 1) '천(天)-상제(上帝)'에 대한 신앙적 인식

정약용은 태학생이었던 23세 때(1784) 4월부터 이벽(李蘗)의 인도로 천주교 신앙에 빠져들기 시작하였고 뒤이어 그해 여름에 정조임금이 태학생들에게 내린『중용』에 관한 70조의 질문에 대해 이벽과 토론을 거쳐 대답을 작성한 것이 그의 저술에서 최초의 경전해석인『중용강의』(中庸講義)이다. 그만큼『중용강의』에는 이벽을 통해 천주교 교리의 영향을 깊이 받아들였던 것으로 보인다.

『중용강의』에서는 주자학의 이기(理氣)철학에 기반한 세계관에서 벗어나 다산경학의 기반을 이루는 '사천학'(事天學)의 새로운 세계관이 제시되었다. 그것은『천주실의』등 예수회의 보유론(補儒論)에 따른 유교경전과 천주교 교리의 융화를 추구하는 시야로서 천주교 교리의 세계관을 수용하는 것이다. 그후 정약용이 이룬 방대한 경전해석은『중용강의』를 통해 제시된 세계관이 기초가 되고 있다. 곧『중용강의』에서는 '천(天)-상제(上帝)'의 존재에 대한 새로운 인식과 인간의 '심(心)–성(性)'에 대한 새로운 해석을 중심으로 천주교 교리의 영향을 다각적으로 수용하였다. 당시 그는 천주교 교리의 이론을 공개적으로 인용할 수 없었지만, 그에게 주자학의 세계관을 벗어나 옛 경전을 새롭게 조명할 수 있었던 빛의 원천으로 예수회의 천주교 교리서인『천주실의』가 가장 큰 영향을 미치고 있는 것이 사실이다. 그는 30년 후 53세 때(1814) 강진 유배시절에 「중용강의」를 수정하고 보완하여『중용강의보』(中庸講義補)를 완성하였던 것도, 「중용강의」가 다산경학의 시원이요 기반이 되고 있음을 잘 보여준다.

정약용은『중용강의보』에서 이벽의 견해로 인용하고 있는 부분을 보면, 『중용』(16장)에서 언급한 '귀신'(鬼神)개념을 성리학에서 음·양(陰·陽)의 기(氣)로 설명하지 않으며, 인귀(人鬼)가 아니라 바로 '천'(天)으로 해석하여, '천–상제'의 신성(神性)을 강조하였다. 이와 더불어,『중용』의 중심개념을 '천명'(天命)으로 인식하며, '천명'을 받들기 위해 '경계하고 두려워해야'(戒愼恐懼) 할 것을 강조함으로써, '천–상제'를 마주하는 인간의 신앙적 자세를 강조하였던 것이다. 이러한 '천–상제'와 '천명'에 대한 신앙적 인식은 정약용의 경전해석에 깊이 침투되어 있음을 볼 수 있다.

### ⑴ '천–상제'의 명칭

정약용은 '천'과 '상제'의 명칭에 대해 '천'이라 일컫는 것은 나라의 임금(國君)을 '나라'(國)라 일컫는 것과 같다고 하여, 실재의 존재에 대한 명칭이 아니라 그 지배의 영역을 들어서 간접적으로 일컫는 호칭이라 하였다.[12] 따라서 우주의 궁극존재에 대한 정식 명칭은 '상제'요, '상제'가 주재하는 대상으로 하나의 사물인 '하늘'(天)을 들어서 '상제'

를 가리키는 호칭으로 삼은 것일 뿐이라 확인한 것이다. 마테오 리치
도 '천주'(天主)를 '천지의 주재'라 하고, 주재자를 '천지'라 일컫는 경우
는 남창태수(南昌太守)를 '남창'이라 호칭하는 경우와 같다고 해명하
였다.[13] 여기서 정약용은 리치가 '천주'의 명칭을 설명하는 논리를 그
대로 끌어다 쓰고 있음을 보여준다.

　여기서 나아가 정약용은 유교경전에서 '상제'를 일컫는 여러가지 호
칭에 대해, '호천'(昊天)이 '상제'의 정호(正號)임을 확인하고 있다.[14]
유교경전에는 '호천' 이외에도 '창천'(蒼天) · '민천'(旻天) · '황천'(皇天) ·
'황황'(皇皇) 등 여러 명칭들이 나타나는데, 그는 이러한 호칭들이 각각
다른 존재를 가리키는 것이 아니라 모두 하나의 '상제'를 높여서 아름
답게 부르는 칭호(徽稱)라 하였다.[15] 그렇다면 궁극존재의 정식 이름
은 '상제'요, '상제'의 정식 호(號)가 '호천'이며, '천'을 비롯한 나머지 여
러 호칭들은 모두 '상제'의 별호(別號)일 뿐이라 규정하고 있는 것이다.

### (2) '천–상제'의 성격

　정약용은 "황천상제(皇天上帝)는 지극히 하나일 뿐이요 둘이 없으
며, 지극히 존귀하여 짝이 없다"[16]고 하여, '천–상제'의 유일성을 강조
하고 있다. 또한 그는 "'높고 밝음은 하늘에 짝한다'(高明配天〈『중용』

---

**12** 『與全』[2], 권6, 38, '孟子要義', "天之主宰爲上帝, 其謂之天者, 猶國君之稱國, 不敢斥
言之意也."
**13** 『天主實義』, 第2篇, "譬若知府縣者, 以所屬府縣之名爲己稱. 南昌太守, 稱謂南昌府, 南
昌縣大尹, 稱謂南昌縣, 此此, 天地之主或稱謂天地焉, 非其以天地爲體也. 有原主在也."
**14** 『與全』[2], 권22, 7, '尙書古訓', "周禮大宗伯禋祀上帝曰昊天上帝, 昊天乃上帝之正號也."
**15** 『與全』[2], 권27, 26, '尙書古訓', "皇天上帝, 昊天上帝, 本是上帝之徽稱, 或稱皇天, 或
稱昊天, 或稱旻天, 如帝王至尊, 或稱國家, 或稱朝家, 或稱乘輿, 非其所指各殊也."
**16** 같은 곳, '尙書古訓', "皇天上帝, 至一而無二, 至尊而無匹."

26))는 하늘은 '푸르고 형체가 있는 하늘'(蒼蒼有形之天)이요, '아! 하늘의 명은 오! 깊고 그윽하기 끝이 없도다'〈『시경』, 周頌・維天之命〉〉라는 하늘은 '신령스럽고 밝으며 주재하는 하늘'(靈明主宰之天)이다"[17]라 하여 지각능력과 주재의 역할을 하는 초월적 '천'과 형체가 있는 사물의 하나인 자연적 '천'을 명확히 구별하고 있다. 그것은 리치가 "'푸르고 형체가 있는 하늘'은, 아홉 겹으로 나눠어져 있으니 어찌 홀로 존귀한 자가 될 수 있겠는가?"[18]라 하여, '상제'와 엄격하게 구별하고 있는 관점을 그대로 받아들이고 있음을 보여준다.

여기서 정약용이 제시하는 '천–상제'의 성격은 유일의 존재이며 영명한 지각능력을 지닌 인격신적 존재요, 천지와 만물과 인간을 지배하는 주재자라는 사실을 보면, 『천주실의』를 비롯한 보유론의 천주교 교리서에서 제시한 '천주–상제'의 성격과 매우 가까운 것임을 확인할 수 있다.

『중용』(19장)에서 "교(郊)와 사(社)의 의례는 '상제'를 섬기는 것이다"(郊社之禮 所以事上帝也)라고 언급한 구절에 대해 주자는 "교(郊)는 하늘에 드리는 제사요, 사(社)는 땅에 드리는 제사이니, '후토'(后土)를 말하지 않은 것은 생략된 글이다"[19]라고 주석하여, '상제'와 '후토'를 제사의 대상으로 상대시켜 제시하였다. 그러나 리치는 이 구절에 대한 주자의 주석을 거부하면서, "공자께서는 분명히 하나로 하였으니 둘로 삼을 수 없는데, 어찌 도리어 생략된 글이겠는가?"[20]라 하여, '교'제사나

---

**17** 『與全』[1], 권8, 30, '中庸策', "高明配天之天, 是蒼蒼有形之天, 維天於穆之命, 是靈明主宰之天."

**18** 『天主實義』, 第2篇, "蒼蒼有形之天, 有九重之析分, 烏得爲一尊也."

**19** 『中庸章句』, 19장, "郊祭天, 社祭地, 不言后土者, 省文也."

**20** 『天主實義』, 第2篇, "仲尼明一之, 以不可爲二., 何獨省文乎."

'사직'제사가 모두 상제를 섬기는 것임을 강조하였다. 정약용은 리치의 견해와 일치하는 입장에서 "『주례』(周禮) 대종백(大宗伯)편에서 '천신' (天神)과 '지기'(地示)는 비록 두 종류로 나누었지만, 만물은 하나에 근원하니 본래 두 가지 근본이 없다. …위의 '천신'과 아래의 '지기'는 모두 상제의 명령을 받아 만물을 보호하고 도우니, 임금된 자가 제사하여 보답하는 것은 '천'(상제)을 섬기는 바가 아님이 없다. 그러므로 '교와 사의 의례는 상제를 섬기는 것이다'라 말하였으며, '후토'를 말하지 않은 것은 생략된 글이 아니다"[21]고 하였다. 이처럼 그는 리치가 '천주—상제' 의 유일성을 강조하는 해석을 받아들여 '천—상제'를 '천신'과 '지기'까지 거느리는 유일한 근본이요 지고신(至高神)으로 확인하고 있다.

정약용은 "'상천'(上天)의 일이란 광대하고 신묘(神妙)하여 할 수 없는 것이 없다"[22]고 하여, '상제'의 신비성과 전능성을 강조하고 있으며, 또한 그는 '상제'의 존재를 정의하여, "하늘과 땅과 신(神)과 인간의 바깥에서 하늘과 땅과 신과 인간과 만물의 온갖 종류를 창조(造化)하며, 이들을 주재(宰制)하고 양육(安養)하는 자이다"[23]라 하였다. 그것은 '상제'가 모든 존재를 넘어서 있는 궁극적 초월자요, 모든 존재의 창조주요 주재자임을 밝히고 있는 것이다. 여기서 '상제'를 '하늘과 땅과 신과 인간과 만물의 온갖 종류를 창조(造化)하며, 이들을 주재(宰制)하고 양육(安養)하는 자'라고 언급한 것은 리치가 『천주실의』의 첫편(首篇)에

---

**21** 『與全』[2], 권4, 32, '中庸講義補', "周禮大宗伯, 天神地示, 雖分二類, 萬物一原, 本無二本, …上下神示, 皆受帝命, 保佑萬物, 而王者祭而報之, 無非所以事天, 故曰郊社之禮, 所以事上帝, 不言后土, 非省文也."

**22** 『與全』[2], 권3, 13, '中庸自箴', "上天之載, 廣大神妙, 無所不能."

**23** 『與全』[2], 권36, 24, '春秋考徵, 先儒論辨之異', "上帝者, 何, 是於天·地·神·人之外, 造化天·地·神·人·萬物之類, 而宰制安養之者也."

붙인 제목인 '천주가 하늘과 땅과 만물을 창조(始制)하고 그것을 주재(主宰)하며 양육(安養)함을 논함'(論天主始制天地萬物而主宰安養之)이라는 말을 그대로 옮겨온 것과 다름없는 것이라 할 수 있다.

나아가 정약용은 경전에서 '귀신' 또는 '신'으로 언급된 존재를 '천–상제'와 동일시하는 경우도 있고, '천–상제'를 보좌하는 '명신'(明神)이라 지적하는 경우도 있고, 인간의 조상신(祖神)으로 지적하는 경우도 있다. 『중용』(16장)에서 언급한 '귀신'에 대해, "상제의 실체는 형체도 없고 기질도 없으며 귀신과 더불어 덕을 같이하므로 귀신이라 한다. 그 감응하여 이르러 환하게 내려다보는 것을 말하므로 귀신이라 한다"[24]고 해석하였다. '귀신'이 형체도 없고 기질도 없다는 점과 감응하여 내려와 감시하는 역할에서 '상제'와 동일한 것이라 봄으로써, '귀신'을 '상제'가 지닌 속성의 하나로 제시하였다. 따라서 '귀신'은 '상제'의 속성을 말하는 경우와 '상제'가 창조한 존재로서 '상제'를 보좌하는 신하의 지위에 있는 존재로 보는 경우를 구별하고 있는 것이다. '천–상제'가 '신령스럽고 밝다'(靈明)하고, 또 천지와 만물을 주재(主宰)한다 하며, '신–귀신'이라 하니, 바로 지각능력과 의지를 지니고 있는 인격신(人格神)으로 이해되고 있음을 보여준다.

그는 "오늘날 사람(주자학자)들이 '천'을 이치(理)라 하고, '귀신'을 '효용'(功用)이라거나 '조화(造化)의 자취'라거나 '두 기운(二氣: 陰·陽)의 타고난 능력(良能)'이라 하여, 마음으로 아는 것이 어둡고 아득하니, 한결같이 지각이 없는 것으로 여긴다. 그리하여 어두운 방에서 마음을 속이기를 멋대로 하여 거리낌이 없으니, 평생토록 '도'를 배우고

---

**24** 『與全』[2], 권3, 16, '中庸自箴', "上帝之體, 無形無質, 與鬼神同德, 故曰鬼神也, 以其感格臨照而言之, 故謂之鬼神."

도 요(堯)·순(舜)의 경계에 들어갈 수 없는 것은 모두 귀신에 대한 설명에 밝지 못함이 있기 때문이다"[25]라 하였다. 여기서 그는 주자학에서 '천'을 이치로 인식하는 '천즉리'(天卽理)의 이론을 비판하고, '천'을 신(神)으로 각성하여 두려워하고 섬겨야 할 신앙대상으로 파악하였다. 곧 주자학은 '천'과 '귀신'에 대한 인식이 잘못되었기 때문에 주자학으로는 성인을 이룰 수 없다고 비판하고 있는 것이다.

그는 '기'(氣)를 '스스로 존재하는 것'(自有之物)이라 하고, '리'(理)를 '기대어 붙어있는 것'(依附之品)이라 하여, '리'는 '기'에 의존하는 속성이요 실체가 아니요 발동의 주체가 될 수 없는 것이라 규정하였다.[26] 여기서 사물을 '스스로 존재하는 것'(自有之物)과 '기대어 붙어있는 것'(依附之品)으로 구별하는 개념체계는 바로 리치가 『천주실의』에서 사물의 종류를 분류하면서 '스스로 성립함이 있는 것'(自立者)과 '의지하여 있는 것'(有依賴者)으로 구분하고, 나아가 '리'나 '태극'을 '기대어 있는 것'으로 규정하는 이론을 그대로 끌어온 것이라 할 수 있다.[27] 이처럼 정약용은 『천주실의』를 중심으로 보유론적 천주교 교리서의 영향을 유교경전 해석에 폭넓게 수용하고 있다. 따라서 그는 서학의 신앙적 '천주-상제'개념에 대한 인식의 영향 속에서 주자학의 성리설에 기반한 '천'개념과 '귀신'개념의 관념적 해석을 극복할 수 있었던 것으로 보인다.

---

**25** 『與全』[2], 권4, 21, '中庸講義補', "今人以天爲理, 以鬼神爲功用爲造化之跡爲二氣之良能, 心之知之, 杳杳冥冥, 一似無知覺者然, 暗室欺心, 肆無忌憚, 終身學道, 而不可與入堯舜之域, 皆於鬼神之說, 有所不明故也."

**26** 『與全』[2], 권4, 65, '中庸講義補', "氣是自有之物, 理是依附之品, 而依附者必依於自有者."

**27** 『天主實義』, 第2篇, "夫物之宗品有二. 有自立者有依賴者,…據此兩端, 則理固依賴. 奚得爲物原乎."

## 2) 천명(天命)의 인식과 사천(事天)의 방법

정약용은 유교경전을 해석하면서 천주교 교리의 영향을 폭넓게 받아들여 '천—상제(天—上帝)'를 인격신적 신앙대상으로 인식하고 있다. 이에 따라 인간이 '천—상제'의 명령 곧 '천명'(天命)을 받아 따르며 '상제'를 섬기는 신앙적 태도에 세밀한 주의를 기울였다. 그는 특히『중용』을 '천명'을 밝혀주는 경전으로 주목하여, "『중용』전체가 비록 '천명'에 근본하고 있지만 그 도리는 모두 '인도'(人道)이다"[28]라 하였다. 그것은 인간이 지키며 살아가야하는 도리인 '인도'는 '천명'에 근거하는 것이요, 인간이 살아가고 행하는 모든 일이 '천명'을 벗어날 수 없음을 강조한 것이다. 이러한 견해는 이벽이 "『중용』의 글을 보면서 깊이 살피면, 경계하고 두려워함에 바로 진실한 공부가 있다.『중용』의 글은 구절마다 모두 '천명'을 따라서 나왔으며, 구절마다 모두 '천명'에 돌아가는 것이다. 그러므로 도리의 근본과 지말이 여기에 갖추어져 있다"[29]는 언급을 그대로 받아들인 것임을 알 수 있다. 곧『중용』의 중심 개념을 '천명'으로 인식하고, '천명'을 받드는 방법으로 '경계하고 두려워함'(戒愼恐懼)을 확인하는 것이다. 그것은 '천—상제' 앞에 마주선 인간의 조건이 '천명'을 받는데 있는 것이며, 인간의 삶이 '천명'을 받으며 스스로 경계하고 두려워하는 신앙적 자세에 있는 것임을 보여준다.

정약용은 인간이 '상제'를 만나는 조건으로『중용』(1장)에서 언급한

---

**28**『與全』[2], 권4, 60, '中庸講義補, "中庸一書, 雖本之天命, 而其道則皆人道也."
**29**『與全』[2], 23, '中庸講義補, "觀乎中庸之書, 而深察焉, 則戒愼恐懼, 方有眞實之工矣, 夫中庸之書, 節節皆從天命而來, 節節皆歸致於天命, 故道之本末於是乎該."

'보이지 않고 들리지 않음'(不睹不聞)에 대해, "보이지 않는다는 것은 무엇인가? '천'의 실체이다. 들리지 않는다는 것은 무엇인가? '천'의 소리이다"[30]라 하여, 형상이 없는 '상제'의 실체를 보고, 소리가 없는 '상제'의 목소리를 들어야 함을 밝히고 있다. 여기서 '천-상제'는 인간에게 주재자로서 명령을 내리는 존재요 그 명령의 소리인 '천명'을 들어야 한다는 것이다.

그는 '천-상제'가 인간에게 부여하는 '천명'을 두 가지 유형으로 제시하여, '태어나는 처음에 부여되는 명령'으로서 '천성'(天性)과 '살아있는 동안에 시시각각으로 계속하여 부여하는 명령'으로서 '경고'(儆告)를 구분하여 제시하였다.[31] '천성'은 인간의 성품(性)으로 부여된 보편적 명령으로서 '천명'이라면, '경고'는 인간이 살아가는 동안 순간순간 '도심'(道心)에 부여되는 구체적 명령으로서 '천명'이라 할 수 있다. 『중용』의 첫머리에서 "하늘이 명령한 것을 성품이라 한다"(天命之謂性)고 언급한 성품으로서의 '천명'만이 아니라, 인간이 무슨 일을 판단하거나 행할 때마다 구체적으로 경고하는 '상제'의 목소리로서 '천명'이 있다는 새로운 해석을 하고 있는 것이다.

따라서 그는 "하늘은 간곡하게 타이르면서 인간에게 명령할 수 없지만, 못하는 것이 아니다. 하늘의 목소리(喉舌)가 인간의 '도심'에 맡겨져 있어서, '도심'이 경고하는 것은 '황천'(皇天)이 명령하여 경계하는 것이다. 남들은 듣지 못할 뿐이지만 나만은 홀로 분명하게 들으니 더없이 자세하고 엄중하여 가르치듯 깨우쳐 주듯 한다. 어찌 친절하

---

**30** 『與全』[2], 권3, 4, '中庸自箴', "所不睹者何也, 天之體也, 所不聞者何也, 天之聲也."

**31** 『與全』[2], 권3, 3, '中庸自箴', "天於賦生之初有此命, 又於生居之日, 時時刻刻續有此命." 天命의 두 양상으로 '天性'과 '儆告'의 구분은 천주교 교리에서 恩寵을 '常存恩寵'과 '助力恩寵'으로 구분하는 것에 상응되는 것이다.

게 타이를 뿐이겠는가"[32]라 하였다. 공자도 "하늘이 어찌 말을 하겠는
가"(天何言哉.〈『논어』, 陽貨〉)라 하였으니, 유교에서 하늘은 말이 없는
것이라 보게 된다. 그러나 정약용은 '상제'가 말씀을 하지 않는 것은
말씀을 못하는 것이 아니라, 말씀을 하는 방법이 인간처럼 입으로 말
하고 귀로 듣는 것이 아니라, '상제'의 말씀하여 명령하는 목소리는 인
간의 '도심'으로 들을 수 있다는 것이다. 도덕적 각성을 하는 양심이나
본심인 '도심'으로 하늘의 목소리를 들을 수 있으며, 그렇다면 '도심'은
'상제'의 목소리가 나는 목구멍과 혀(喉舌)에 해당한다는 것이다. 이처
럼 '도심'에서 들을 수 있는 '상제'의 목소리는 바로 '상제'가 명령하고
개별적으로 구체적 상황에 따라 경고하고 있는 것임을 강조한다. '도
심'으로 '상제'의 목소리를 듣는다는 것은 이치가 드러나는 것으로 '천
명'을 이해하는 성리학적 '천명'개념을 벗어서 '상제'의 목소리를 듣는
인격적 만남의 신앙적 '천명'개념을 제시한 것이라 할 수 있다.

인간이 태어나는 처음에 부여되는 성품으로서의 '천명'과 별도로 시
시각각으로 '도심'에 내려주는 '경고'로서의 '천명'을 주목하고 있는 사
실에서 정약용의 천명에 대한 인식의 중요한 특징이 드러난다. 그는
'상제'로서의 '귀신'과 인간의 '신명'(神明)이 같은 종류의 '신'임을 지적
하며, 이를 전제로 '상제'가 '도심'과 서로 소통하고 감응할 수 있으므
로 '경고'를 내리게 됨을 확인하고 있다. 여기서 그는 '천-상제'가 순
간순간 말씀으로 '경고'하여 인간을 타이르고 있으며, 이러한 하늘의
말씀을 '도심'에서 들을 수 있다는 것이다. 곧 일이나 행위가 착하지
않으면 '도심'이 부끄럽게 여기거나 후회하게 되는 것이 바로 '천명'이

---

32 같은 곳, "天不能諄諄然命之, 非不能也, 天之喉舌, 寄在道心, 道心所儆告, 皇天之所
命戒也, 人所不聞而已, 獨諦聽莫詳莫嚴, 如詔如誨, 奚但諄諄已乎."

인간에게 친절하게 타일러 주는 것이라고 보았다. 그는 인간이 '도심'을 통해 모든 순간에서 '상제'의 '경고'하는 명령을 듣게 되는 사실을 서술하여, "'도심'과 '천명'은 두 가지로 나누어 볼 수 없다. 하늘이 나에게 경고함은 우레나 바람으로 하는 것이 아니라 마음에서 간절하게 말해주는 것이다. …틀림없이 주의를 기울여 들으면 희미함이 없을 것이니, 모름지기 이 말이 바로 빛나는 '천명'임을 알아서 따르고 순응하면 선이 되고 상서로움이 될 것이요, 태만하여 어기면 악이 되고 재앙이 될 것이다. 군자가 경계하고 삼가 두려워함은 오로지 여기에 있다"[33]고 하였다. 따라서, 마음(道心) 속에서 분명하게 들리는 천명을 알아듣는 자세란 바로 '천-상제'를 마주하여 경계하고 삼가며 두려워함으로써 가능한 것임을 보여준다. 이처럼 '도심'으로 받는 '경고'로서 '천명'의 인식은 유교경전에서 근거를 찾을 수 있지만, 우선 '계시(啓示)종교'로서 천주교의 교리에서 영향을 받아 유교경전을 새롭게 해석하게 된 것이라 할 수 있을 것이다.

인간은 '상제' 앞에 서서 '상제'로부터 모든 순간에 '천명'으로서 '경고'를 받고 있는 존재라면, '상제'와 인간이 서로 마주대한다는 인식에서 인간이 '상제'를 섬기고 '천명'을 받드는 자세가 요구된다. 정약용은 "하늘은 영명(靈明)하여 인간의 마음 속에 곧바로 통하니, 숨겨도 살피지 못함이 없고 희미하여도 밝히지 못하는 것이 없다. 이 방에 내려와 비추고 날마다 여기서 감시하고 있다"[34]고 하여, '천-상제'가 신령한 지각능력을 지님으로써 인간을 마음 속까지 환하게 살피고 속속들

---

**33** 『與全』[2], 권3, 5, '中庸自箴', "道心與天命, 不可分作兩段看, 天之儆告我者, 不以雷不以風, 密密從自己心上,…丁寧諦聽, 無所熹微, 須知此言, 乃是赫赫之天命, 循而順之, 則爲善爲祥, 慢而違之, 則爲惡爲殃, 君子之戒愼恐懼, 寔在此也."

**34** 같은 곳, "天之靈明, 直通人心, 無隱不察, 無微不燭, 照臨此室, 日監在玆."

이 감시하는 존재임을 강조하고 있다.

인간이 자신의 마음 속까지 속속들이 꿰뚫고 감시하는 '천-상제'를 마주 대하면서 갖게 되는 감정은 무엇보다 두려움이 아닐 수 없다. 『대학』과 『중용』에서 언급되고 있는 '신독'(愼獨)의 '독'(獨)을 주자는 "남들이 알지 못하지만 자기만 홀로 아는 자리가 있다"[35]고 해석하였지만, 정약용은 이와 달리 "군자가 어두운 곳에서도 벌벌 떨며 감히 악을 행하지 못하는 것은 '상제가 너에게 임하였다'는 것을 알기 때문이다"[36]라고 하여, 그 홀로 있는 자리란 바로 '상제'가 내려와 감시하는 자리요, 두려워하지 않을 수 없는 자리임을 지적하였다. 정약용은 '상제' 앞에 홀로 있는 자리에서는 털끝만큼의 거짓도 있을 수 없으며, 따라서 '신독' 곧 '상제' 앞에 홀로 있는 자리를 삼가야 하는 것이요, 진실함(誠)과 공경(敬)이 '상제'를 섬기는 자세라 제시하고 있다.[37] 곧 그는 '신독'이 거짓 없는 진실함(誠)임을 강조하고 있다.

또한 그는 "중용의 덕은 '신독'이 아니면 이룰 수 없고, '신독'의 공(功)은 귀신이 아니면 두려워함이 없으니, 귀신의 덕은 우리 유교가 근본하는 것이다"[38]라고 하였다. 곧 『중용』의 성립 근거가 경계하고 삼가며(戒愼) 두려워함(恐懼)을 통해 '신독'하는데 있으며, '신독'은 자신을 감시하고 있는 '상제-귀신'에 대한 두려워함에 근거하고 있음을 들어서, '귀신'의 역할이 바로 유교의 근본이 되는 것이라 강조한다.

---

35 『大學章句』(傳6장), "蓋有他人所不及知而己獨知之者."
36 『與全』[2], 권3, 5, '中庸自箴', "君子處暗室之中, 戰戰栗栗, 不敢爲惡, 知其有上帝臨女也."
37 『與全』[2], 권19, 15, '詩經講義', "誠敬之本, 在於事天."
38 『與全』[2], 권4, 23, '中庸講義補', "中庸之德, 非愼獨不能成, 愼獨之功, 非鬼神無所畏, 則鬼神之德, 吾儒之所本也."

그만큼 그는 '상제-귀신'의 현존을 자각하고 두려워하는 신앙적 자세를 바로 유교가 성립할 수 있는 기반으로 확인하고 있는 것이다. 그는 두려워함으로 '상제'를 섬기는 태도로서, "조심하고 공경하여 '상제'를 부지런히 섬겨서, 항상 '신명'(神明)이 방안을 비추고 내려와 있듯이 삼가고 두려워하며 허물이 있을까 두려워하고, 과격한 행동이나 치우친 감정이 일어날까 두려워하고 싹틀까 두려워하여, 그 마음을 지극히 공평하게 지키고 그 마음을 지극히 바르게 두어야 한다"[39]고 하였다. 이처럼 그는 '상제' 앞에 홀로 서 있는 인간이 '상제'를 두려워하며 자신을 성찰하여 '상제'을 지극한 정성으로 섬기는 신앙적 자세를 역설하고 있는 것이다.

나아가 그는 옛 사람이 보여준 삶의 태도를 "진실한 마음(實心)으로 하늘을 섬기고, 진실한 마음으로 '신'을 섬겨, 한번 움직이고 한번 고요함에서나 한 생각이 싹터 나옴에서, 진실할 때나 거짓될 때나 선을 하거나 악을 하거나, 경계하여 말하기를 '나날이 감시함이 여기에 있다'라고 한다. 그러므로 경계하고 삼가며 두려워하여 '신독'의 절실함이 절실하게 참되고 절실하게 독실하여 '천덕'(天德)에 도달한다"[40]고 하였다. 그것은 옛 성현의 경학정신을 '실심사천'(實心事天)이요 '실심사신'(實心事神)의 신앙적 성격으로 인식하는 입장을 선명하게 밝혀주는 것이다. 이처럼 그가 '상제'에 대한 신앙을 윤리적 실천의 근거로 제시함으로써 유교의 신앙적 성격을 확인하고 있는 것은 천주교의 '천주-상제'신앙에 영향을 받고 있음을 보여준다.

---

**39** 『與全』[2], 권3, 6, '中庸自箴', "當此之時, 小心翼翼, 昭事上帝, 常若神明, 照臨屋漏, 戒愼恐懼, 惟恐有過矯激之行, 偏倚之情, 惟恐有犯, 惟恐有萌, 持其心至平, 處其心至正."

**40** 『與全』[2], 권4, 21, '中庸講義補', "古人實心事天, 實心事神, 一動一靜, 一念之萌, 或誠或僞, 或善或惡, 戒之日, 日監在茲, 故其戒愼恐懼, 愼獨之切, 眞切篤實, 以達天德."

정약용은 '천-상제'를 마주한 인간의 기본감정을 두려워함(恐懼)으로 확인하면서, 이와 더불어 '천-상제'가 인간을 사랑한다는 '천총'(天寵)에 대한 인식도 보여준다. 곧 "천성(天性)에 헤아리지 않으면 인간은 모두 '천총'을 잃게 되며, 하늘이 부여해준 본래 선한 아름다운 성품에 안정할 수 없다"[41]고 하여, 인간은 '천명'으로 부여된 성품을 살펴서 따르고 이에 안정함으로써 하늘의 은총(天寵)을 누릴 수 있음을 강조하였다. 이것은 천명을 두려워하면서도 천명에 안심하는 자세가 바로 '상제'를 섬기는 '사천'(事天)의 방법임을 제시하는 것이다.

나아가 그는 경전에서 '천명'을 받는 방법의 하나로 '복서'(卜筮)를 주목하면서, 『주역』이 지어진 이유를 설명하여, "성인이 하늘의 명을 청하여 그 뜻에 순응하기 위한 것이다"[42]라 하여, 『주역』에서 점치는 방법으로 제시된 '복서'(卜筮)가 '천명'을 묻는 방법임을 확인하였다. 그러나 '복서'를 하는 태도에 중대한 차이가 있음을 지적하여, "옛 사람은 천지의 '신명'을 섬김으로써 '상제'를 섬기니, 따라서 '복서'로써 천명을 듣는다. …오늘날 사람들은 평소에 '신'을 섬기지 않다가 일을 당하면 '복서'를 하여 일의 성패를 탐지하는 것은 하늘을 경멸하고 '신'을 모독함이 심하다"[43]라 하여, '복서'가 원래는 '천명'을 묻고 듣는 경건한 신앙적 행위였으나, 춘추시대부터 경건성을 상실하기 시작하여 진·한(秦漢)시대 이후에는 사특한 술법으로 타락하였음을 지적하였

---

**41** 『與全』[2], 권25, 18, '尙書古訓', "不虞天性者, 人皆失天之寵, 不能安其天賦本善之良性也."

**42** 『與全』[2], 권40, 15, '周易四箋: 易論', "易何爲而作也, 聖人所以請天之命, 而順其旨者也."

**43** 『與全』[2], 권48, 17, '周易四箋', "古人事天地神明, 以事上帝, 故卜筮以聽命,…今人平居旣不事神, 若唯臨事, 卜筮以探其成敗, 則慢天瀆神甚矣."

다. 여기서 그는 "무릇 하늘을 섬기지 않는 사람은 감히 '복서'를 해서
는 안 되는 것이지만, 나는 '오늘날에 하늘을 섬긴다고 하더라도 감히
복서를 해서는 안 된다'고 말한다"[44]고 하여, '복서'가 더 이상 하늘을
섬기는 방법이 될 수 없음을 명확히 밝혔다. 이처럼 정약용은 '복서'가
경전에 제시된 것이라 하더라도 더 이상 '천명'을 받는 방법이 될 수
없음을 분명하게 선언하고 있다. 그것은 '천명'을 받는 신앙 형태에 새
로운 변혁을 암시하고 있는 것이며, '복서'에 대한 거부태도에는 천주
교 신앙의 영향이 스며들어 있는 것으로 보인다.

유교전통에는 다양한 제천(祭天)의례가 있는 만큼 '제사'는 '천-상
제'를 섬기는 방법으로서 중요한 의미가 있다. 그는 '교'(郊)제사의 대
상은 유일의 궁극존재인 '천-상세'임을 확인한다. 따라서 『예기』(祭
義)에서 "'교'제사는 하늘에 크게 보답하면서 태양을 주장으로 삼고 달
을 배향한다"(郊之祭, 大報天而主日, 配以月)라는 언급에 대해, "제사가
지향하는 바는 주장으로 삼는 바에 있다. 주장으로 삼는 바가 태양이
면, 이것은 태양을 제사하는 것이지 어찌 하늘을 제사하는 것을 말하
겠는가"[45]라 하였다. 여기서 그는 궁극존재로서 '천-상제'의 유일성
을 강조하여, '상제'에 드리는 제사에 사물의 하나인 태양을 주장으로
삼을 수 없음을 확인하고 있다. 곧 눈으로 볼 수 있는 푸른 하늘이나
태양은 자연적 사물의 하나일 뿐이라 하여, '제천'의례의 대상이 아님
을 밝힌 것이다.

또한 그는 후한(後漢)의 정현(鄭玄)이 '오행'(五行)의 체계에 따라 '상

---

**44** 『與全』[1], 권20, 16, '答仲氏', "凡不事天者, 不敢卜筮, 我則曰今雖事天, 亦不敢卜筮."
**45** 『與全』[2], 권33, 13, '春秋考徵', "祭之所嚮, 在於所主, 所主是日, 則是祭日也, 何謂
祭天."

제'를 다섯으로 구분한 오제설(五帝說) 또는 여섯으로 구분한 육제설
(六帝說)을 제시한데 대해 "호천상제(昊天上帝)는 하나 뿐이요 둘이 없
는데, 정현이 진나라 때 '오제'(五帝)의 사특한 이론을 잇고 위서(緯書)
의 (五帝에) 감응하여 출생하였다는 요사스러운 말을 믿었다"[46]고 하
여, '천―상제'의 유일성을 강조하면서 음양오행설에 따라 '상제'를 상
대화시키거나 방위로 나누어 놓는 해석을 정면으로 비판하였다. 여기
서 그는 "'오방천제'(五方天帝)는 횡으로 말하거나 종으로 말하거나 '상
제'를 속이는 것이니, 죄가 여기에 이르면 어떻게 용서하겠는가. …위
로 진·한(秦漢)시대로부터 아래로 명·청(明淸)시대에 이르기까지 '교'
제사의 의례는 이처럼 속임을 당하였으니, '상제'가 (그 제사에) 흠향
했겠는가? 여기에서 정현은 죄를 벗어날 수가 없다"[47]고 하였다. 이것
은 진·한시대 이후 중국의 유교전통에서 하늘을 섬기는 제사가 '천―
상제'의 절대적 유일성을 확립하지 못하고 '천'과 '지'로 상대시키거나
사방과 중앙의 다섯가지 상제로 나누어놓았던 사실이 근원적으로 잘
못된 것임을 엄격하게 비판함으로써, 유교의 '제천'의례가 시행되어
왔던 역사적 전통을 전면적으로 비판하며 근본적으로 재검토하는 것
이다. 이러한 사실은 '천―상제'의 존재에 대한 인식에서 천주교 교리
의 영향을 받으면서 그에게 새로운 시야가 열렸기 때문에 가능한 것
이라 할 수 있다.

---

**46** 『與全』[2], 권33, 14, '春秋考徵, "昊天上帝, 唯一無二, 鄭玄襲亡秦五帝之邪說, 信緯
書感生之妖言

**47** 『與全』[2], 권33, 15, '春秋考徵, "五方天帝, 橫說竪說, 以誣上尊, 罪至於此, 何以赦
之, …上自秦漢, 下逮明淸, 其郊祀之禮, 誣罔如此, 上帝其享之乎, 鄭玄於此, 其無所
逃罪矣."

# 4 다산의 인간존재 인식과 천주교 교리의 영향

## 1) '심·성'(心性)개념과 사후존재로서 '혼'(魂)

(1) 심(心)·신(神)·령(靈)·혼(魂) 등으로 빌려다 일컫는 '대체'(大體)

정약용은 "'신'(神: 神明)과 '형'(形)이 오묘하게 결합하여 인간을 이룬다. 그러므로 옛 경전에서는 전체로서 인간을 '신'(身)이나 '기'(己)라 이름을 붙였다. 그러나 이른바 '비어있고 영명하여 지각함'(虛靈知覺)을 한 글자로 일컫는 용어가 없으니, 후세에 신(神)과 형(形)을 나누어 말하고자 하는 자는 다른 글자를 임시로 빌어다 쓰거나 몇 글자를 붙여 써서, '심'(心)이라 하기도 하고, '신'(神)이라 하기도 하고, '령'(靈)이라 하기도 하고, '혼'(魂)이라 하기도 하였으니, 모두 임시로 빌려다 쓴 말이다. 맹자는 형체가 없는 것으로 '대체'(大體)라 하고, 형체가 있는 것으로 '소체'(小體)라 하였으며, 불교에서는 형체가 없는 것으로 '법신'(法身)이라 하고 형체가 있는 것으로 '색신'(色身)이라 하였으니, 모두 글자를 붙여서 말한 것이다"[48]라 하였다. 인간존재는 형체가 있는 부분과 형체가 없는 부분의 두 부분이 오묘하게 결합된 것으로 보면서, 특히 형체가 없는 부분은 고유한 명칭의 용어가 없기 때문에 연관성이 있는 다른 글자를 빌어다 쓴 것이 '심'(心)·'신'(神)·'령'(靈)·'혼'(魂)이나 '대체'(大體) 등이라는 것이다.

그는 '심'이라 일컫는 사실을 음미하면서, "옛 경전에서 말하는 '심'도 '대체'의 전속명칭이 아니다. 오직 안에 머금고 있으면서 밖으로 운용되는 것을 '심'이라 한 것은 진실로 오장(五臟) 가운데서 혈기(血氣)를 주관하는 것이 '심장'(心)이요, '신'과 '형'이 오묘하게 결합하여 발현하고 작용하는 자리는 모두 혈기와 더불어 서로 의존하니, 이에 혈기를 주장하는 것(심장)을 임시로 빌려다가 안에 충만해 있는 것의 통용되는 명칭으로 삼았다"49고 하였다. 혈기를 주관하는 '심장'을 빌어다가 '인간의 내면에 함축되어 있으면서 밖으로 발현되는 것'을 가리키는 명칭으로 삼은 것이 '심'일 뿐이라는 것이다. 마치 '상제'를 가리키는 명칭으로 머리 위의 푸른 하늘을 가리키는 '천'이라는 명칭을 빌려다 쓰는 것처럼, '대체'를 가리키는 명칭으로 혈기를 운행시키는 중심인 심장을 가리키는 '심'이라는 명칭을 빌려다 쓰는 것일 뿐이라 한다. 여기서 그는 인간존재에서 형체가 없지만 영명한 지각능력이 있는 부분의 명칭으로서 '심'이라는 글자에 얽매이지 않으며, '신'(神)·'령'(靈)·'혼'(魂) 등 다른 글자들을 끌어들여 가리킬 수 있음을 밝히고 있다. 그것은 인간의 '대체'를 천주교에서 새롭게 제시한 '영혼'(靈魂)이라는 명

---

**48** 『與全』[2], 권2, 25, '心經密驗', "神形妙合, 乃成爲人, 故其在古經, 總名曰身, 亦名曰己, 而其所謂虛靈知覺者, 未有一字之專稱, 後世欲分而言之者, 或假借他字, 或連屬數字, 曰心曰神, 曰靈曰魂, 皆假借之言也, 孟子以無形者爲大體, 有形者爲小體, 佛氏以無形者爲法身, 有形者爲色身, 皆連屬之言也."

**49** 같은 곳, "若古經言心, 非大體之專名, 惟其含蓄在內, 運用向外者, 謂之心, 誠以五臟之中, 其主管血氣者心也, 神形妙合, 其發用處, 皆與血氣相須, 於是假借血氣之所主以爲內衷之通稱."

칭을 비롯하여, 유교전통에서 써왔던 용어를 천주교에서 '영혼'과 같은 의미로 쓰고 있는 '영명'(靈明)·'신명'(神明)·'영성'(靈性) 등의 여러 명칭으로 일컬어질 수 있다는 여지를 열어주는 것이다.

또한 그는 "마음이란 우리 인간의 '신명'(神明)이 집으로 삼는 바이다. '신명'은 마음을 집으로 삼아 편안하게 머물 곳으로 여긴다"[50]고 하여, 인간의 마음 안에서 그 주인을 '신명'이라 확인하고 있다. 이러한 인간의 '신명'은 '천−상제'의 '신명'(神)과 소통하는 연결 통로가 될 수 있는 것이기도 한다. 나아가 성리학에서는 인간의 '심' 속에 네 가지 덕(仁·義·禮·智)의 '성'(性)이 내재되어 있는 것이라 규정하고 있지만, 그는 "'인·의·예·지'의 명칭은 본래 우리 인간이 행위하는 데서 일어나는 것이요, 마음 속에 있는 현묘한 이치가 아니다. 인간이 하늘로부터 받은 것은 다만 이 '영명'뿐이다"[51]라 하여, 하늘로부터 부여받은 인간 마음의 실체를 '영명'(靈明)으로 확인하고 있다. 정약용은 인간이 하늘로부터 부여받은 마음의 실체를 『중용강의보』(中庸講義補)에서는 '영명'(靈明) 혹은 '영명지체'(靈明之體)라 하고, 『중용자잠』(中庸自箴)에서는 영명하고 형체가 없음을 들어서 '영명무형지체'(靈明無形之體)라 하고, 『심경밀험』(心經密驗)에서는 '영체'(靈體)라 일컫기도 했다. 이러한 명칭은 맹자가 말하는 '대체'에 해당하는 것으로서, 마음의 특성을 지각능력이 있다는 영명함을 중심으로 인식하는 것이다. '영명'·'영체'라는 말은 천주교의 '영혼'에 매우 가까이 접근하는 용어임을 엿볼 수 있게 한다.

---

**50** 『與全』[2], 권6, 28, '孟子要義', "心者吾人神明之所宅也, 神明以心爲宅, 以爲安居."
**51** 『與全』[2], 권4, 2, '中庸講義補', "仁義禮智之名, 本起於吾人行事, 並非在心之玄理, 人之受天, 只此靈明."

실체로서 '영명한 마음'이 현실에서 선한 마음이나 악한 마음으로 드러나는 것이 바로 '발현된 마음'(心之所發之心)이다. 곧 도의(道義)를 따라 나타나는 '도심'(道心)과 기질(氣質)을 따라 나타나는 '인심'(人心)으로 마음의 두 가지 양상이 드러난다는 것이다. 여기서 그는 인간의 마음이란 욕망을 추구하는 '인심'과 욕망을 억제하는 '도심'이 대립하고 갈등하는 전쟁터로 규정한다.[52] 따라서 인간은 삶의 현실에서 결단과 행동을 요구받는 주체적이고 자율적인 존재임을 주목하고 있다. 그것은 천주교 교리에서 제시하는 '영혼'개념과 정약용이 제시하는 인간의 '영명한 마음'이 깊은 관련성을 보여주고 있는 것이다. 마치 '천주'라는 명칭 대신에 '상제'라는 유교 전통의 명칭을 통해 인격신적 신앙대상을 확인하고 있는 것처럼, 정약용은 '영혼'이라는 명칭 대신에 '영명'으로서 천주교의 '영혼'개념을 섭취하고 있음을 보여준다.

### (2) 기호(嗜好)로서의 '성'(性)

정약용은 경전에서 제시된 '심'개념을 새롭게 해석할 뿐만 아니라, '성'개념도 새로운 해석을 하고 있다. 곧 그는 "'성'에는 세가지 등급이 있다. 초목의 '성'은 생명이 있지만 지각이 없고, 금수의 '성'은 이미 생명이 있고 또 지각이 있으며, 인간의 '성'은 이미 생명이 있고 지각이 있으며, 또 영명하고 선량하다. 상·중·하의 세 등급이 있으니 단연코 같지 않다"[53]고 하여, 초목과 금수와 인간의 세 존재영역에 따라 '성'이 세 등급이라는 '성삼품설'(性三品說)을 제시하였다. '성삼품설'에 해

---

52 『與全』[2], 권6, 41-42, '孟子要義', "人恒有二志, 相反而一時竝發者, 此乃人鬼之關, 善惡之幾, 人心道心之交戰, 義勝欲勝之判決, 人能於是乎猛省而力克之, 則近道矣."

53 『與全』[2], 권4, 47, '中庸講義補', "性有三品, 草木之性, 有生而無覺, 禽獸之性, 旣生而又覺, 吾人之性, 旣生旣覺, 又靈又善, 上中下三級, 截然不同."

당하는 견해는 『순자』(王制)에서 수·화(水火: 氣는 있고 生이 없음), 초목(生은 있고 知는 없음), 금수(知는 있고 義는 없음), 인간(氣와 生과 知와 義가 있음)의 네 가지 존재양상을 제시하는 경우에서 볼 수 있지만, 이보다 직접적으로 마테오 리치의 『천주실의』에서 제시한 '혼삼품설'(魂三品說)을 그대로 받아들이고 있음을 보여준다.[54] 여기서 그가 인간의 성품(吾人之性)의 '령'(靈)과 '선'(善)을 들고 있는 것은 인간의 성품이 '영성'(靈性)임을 말하는 것이요, 그것은 천주교의 '영혼'개념에 가장 가까이 상응하는 것이라 할 수 있다.

'성'개념의 인식은 성리학의 핵심과제인데, 그는 성리학에서 '성'을 이치라 규정하는 '성즉리설'(性卽理說)을 정면으로 거부하고, '성'을 인간의 마음이 선을 좋아하는 '기호'(嗜好)라는 감정의 양상으로 규정하는 '성기호설'(性嗜好說)을 새롭게 제시하였다. 곧 '성'을 '기호'로 해석하는 것은 '성'을 마음의 본체로 해석하는 주자학의 '성'개념에서 벗어나 '성'을 본체가 아니라 마음의 속성으로 확인하고 있는 것이다. 여기서 그는 『서경』(召誥)·『예기』(王制)·『맹자』에서 '성'을 모두 '기호'로 언급하고 있음을 증거로 삼고 있다.

정약용은 전국시대 이래 '성'에 대한 다양한 이론이 전개되어 왔던 사실을 개괄하면서, 인간의 마음인 '영체'(靈體)에는 세 가지 이치가

---

**54** 존재양상의 세 유형에 따른 동일한 특성을 리치와 정약용은 '魂' 또는 '性'의 세 가지 종류로 구분하고 있다.

| | 水火 | 草木 | 禽獸 | 人 |
|---|---|---|---|---|
| 荀子 | 氣 | 氣+〈生〉 | 氣+生+〈知〉 | 氣+生+知+〈義〉 |
| 리치-魂三品說 | | 〈生〉: 生魂 | 生+〈覺〉: 覺魂 | 生+覺+〈靈〉 : 靈魂 |
| 茶山-性三品說 | | 〈生〉: 草木之性 | 生+〈覺〉: 禽獸之性 | 生+覺+〈靈+善〉: 吾人之性 |

* 〈 〉속의 요소가 그 존재영역의 고유한 특성을 결정하는 것임을 보여준다.

있음을 들면서, "그 '성품'(性)을 말하면 선을 좋아하고 악을 부끄러워
하는 것이니, 이것은 맹자가 말하는 '성선'이요, 그 '권형'(權衡)을 말하
면 선을 할 수도 있고 악을 할 수도 있는 것이니, 이것은 고자(告子)의
'돌고 있는 물의 비유'(湍水之喩)나 양웅(揚雄)의 선악혼설(善惡混說)이
요, 그 '행사'(行事)를 말하면 선을 행하기는 어렵고 악을 행하기는 쉬
운 것이니, 순자(荀子)의 성악설(性惡說)이 발생하게 된 근거이다"[55]라
하였다. 곧 마음의 작용양상으로 '기호'의 측면에서 말한 것이 '성'(性)
으로 '성선설'(性善說)이 근거하고, 의지의 측면에서 말한 것이 '권형'
(權衡)으로 '성무선악설'(性無善惡說) 내지 '성선악혼설'(性善惡混說)이
근거하고, 행위의 측면에서 말한 것이 '행사'(行事)로 '성악설'(性惡說)
이 근거한다는 것이다. 그렇다면 인성론에 관한 여러 가지 상반된 다
양한 견해들이 모두 마음의 어떤 양상을 '성'이라 규정하였는지 관점
의 차이에 불과한 것이라 본다. 이와 더불어 '성'개념의 올바른 인식은
맹자가 '성'을 '기호'로 인식하여 '성선설'을 주장한데 있는 것이라 확인
하며, 따라서 그는 '성'을 선을 좋아하는 '기호'임을 밝히고 있다.

그는 『중용』에서 말하는 '천명'으로서의 '성'도 '기호'를 말한 것이라
하여, "인간이 잉태되면 하늘이 '영명'하고 '무형'한 실체를 부여해주는
데, 그것은 선을 좋아하고 악을 싫어하며, 덕을 좋아하고 비루함을 부
끄럽게 여기니, 이를 '성'이라 한다"[56]고 하여, 하늘이 인간에게 부여
해준 '영명하고 무형한 실체'를 가리키는 것이 아니라 그 실체로서 마

---

55 『與全』[2], 권2, 28, '心經密驗', "靈體之內, 厥有三理, 言乎其性, 則樂善而恥惡, 此孟
子所謂性善也, 言乎其權衡, 則可善而可惡, 此告子湍水之喩, 揚雄善惡渾之說所由作
也, 言乎其行事, 則難善而易惡, 此荀卿性惡之說所由作也."

56 『與全』[2], 권3, 2, '中庸自箴', "人之胚胎旣成, 天則賦之以靈明無形之體, 而其爲物也,
樂善而惡惡, 好德而恥汚, 斯之謂性也."

음이 선을 좋아하는 성질을 가리켜 '성'으로 인식하고 있다.

그렇다면 '성'은 본래 순수한 선이라는 주자학의 견해와 달리, 단지 선을 좋아하는 '기호'일 뿐이다. 곧 물이 아래로 흘러가고 불이 위로 타오르듯이 자동적으로 선을 행할 수 있는 것이라면 선을 하는 것이 자신의 공적이 될 수 없다고 본다. 그는 '성기호설'을 제시함으로써 하늘이 인간에게 선을 하고자 하면 선을 할 수 있고 악을 하고자 하면 악을 할 수 있도록 결정하는 자유의지로서 '자주지권'(自主之權)을 부여하였다고 한다. 바로 이 '자주지권'에 따라 선을 행할 때 인간은 선을 행한 공적을 이룰 수 있고, 악을 행할 때 악을 행한 죄를 짓게 되는 것이며, 이 점에서 인간과 동물이 갈라지는 큰 차이가 드러나는 것이라 한다.57 또한 이러한 '자주지권'은 마음의 '권능'(權) 곧 '영체의 권형'으로서, 선을 기호하는 성질인 '성'과 구별되어야 하는 것으로 본다. 정약용은 인간의 '영체'는 도덕적 주체로서 자유의지를 지니고 있는 존재임을 확인한다. 따라서 성리학에서처럼 본연지성(本然之性)이 타고난 처음부터 선한 것이라 보는 관점을 거부한다. 그는 인간이란 선을 좋아하는 '성'(性: 嗜好)을 가졌을 뿐이요, 선이나 악을 자신의 의지로 결단하여 선택할 수 있는 결정의 권리가 있을 뿐이라 한다. 그렇다면 인간은 자신이 선택하고 결정한 것에 대한 책임을 져야 하며, 실행의 결과가 선한지 악한지에 따라 공과 죄의 심판을 받아야할 존재임을 강조한다. 그것은 마테오 리치가 자기 의지로서 따라가거나 중지할 수 있을 때라야만 덕이 되거나 사특함이 되고, 선이 되거나 악이 되

---

**57** 『與全』[2], 권5, 32-33, '孟子要義', "人之行善, 如水之就下, 火之就上, 不足爲功能, 故天之於人予之以自主之權, 使其欲善則爲善, 欲惡則爲惡, 游移不定, 其權在己, 不似禽獸之有定心, 故爲善則實爲己功, 爲惡則實爲己罪, 此心之權也, 非所謂性也."

는 분별이 있는 것이라 본 것이다.[58] 곧 인간존재에서 도덕성의 근거로 자유의지를 강조하고 있는 점은 정약용이 리치로부터 깊은 영향을 받고 있는 사실을 확인할 수 있다.

정약용은 『중용』을 해석하면서, "'천명'(天命)의 '성'(性)은 인성(人性)이요, '솔성'(率性)의 '도'(道)는 '인도'(人道)요, '수도'(修道)의 '교'(敎)는 '인교'(人敎)이다"[59]라 하여, 『중용』을 인간을 중심으로 해석해야 할 것을 역설하였다. 여기서 그는 인간과 사물을 합쳐서 '천'(天)·'성'(性)·'도'(道)·'교'(敎)를 설명하는 주자의 견해를 거부함으로써, 인간과 만물의 차별화를 선명하게 선언하였다. 마테오 리치도 "'성'(性)이란 다른 것이 아니라 각 사물 종류의 본체일 뿐이다. '각 사물 종류'라 하였으니, 종류가 같으면 '성'이 같고, 종류가 달라지면 '성'도 달라진다"[60]고 하여, '성'은 개체의 종류에 따라 그 성질의 특성을 결정하는 것이므로, 종류에 따라 '성'이 달라지는 것임을 밝히고 있다. 바로 이 점에서 정약용의 '성'개념도 보편적 본체로서의 주자학의 '성'개념과 달리 개체와 종류의 속성으로 파악하고 있는 점에서 공통성을 보여주는 것이 사실이다.

### (3) 사후존재로서 '혼'(魂)

정약용은 인간이 살아있다는 것은 정신(신·神明)과 육신(形·形身)이 하나로 결합되어 있는 것이요, 죽었다는 것은 정신과 육신이 분리

---

**58** 『天主實義』, 제6편, "凡世物旣有其意, 又有能縱止其意者, 然後有德有慝有善有惡焉."
**59** 『與全』[2], 권4, 4, '中庸講義補', "所謂天命之性, 是人性也, 率性之道, 是人道也, 修道之敎, 是人敎也."
**60** 『天主實義』, 제7편, "性也者, 非他, 乃各物類之本體耳, 曰各物類也, 則同類同性, 異類異性."

되는 것이라 본다. 따라서 살아있을 때 육신과 결합되어 있던 마음(心·靈明)이 죽은 뒤에 육신과 분리되면 '혼'(魂)이라 일컫지만, 정신(神·神明)은 원래 육신과 달리 형체가 없으므로 삶이나 죽음의 구별이 없는 불멸하는 것이라 할 수 있다. 그러나 정약용은 죽은 뒤에 육신과 분리된 '혼' 또는 '신'(神·鬼)이 소멸하는지 영속하는지에 대해 명확하게 언급함이 없다는 사실을 유의할 필요가 있다.

성리학에서는 사후존재로서 '혼'을 '기'(氣)라 규정하고 '기'가 모이고 흩어지는(聚散) 현상에 따라 삶과 죽음이 갈라지는 것으로 설명한다. 따라서 성리학에서는 죽은 다음 인간의 '혼'은 일정 기간이 지나면 점차 흩어져 하나의 '기'(一氣)로 환원되는 것이라 하여, '혼'의 개체성이 소멸되는 것으로 본다. 이와 달리 마테오 리치는『천주실의』에서 인간의 '영혼'은 천주로부터 부여받은 것으로 시작은 있지만 영속하는 것이라 하여 영혼불멸설을 제시한다. 곧 인간의 사후에 유교는 '혼'의 '산멸설'(散滅說)을 받아들이고, 천주교는 '혼'의 '불멸설'(不滅說)을 내세우는 점에서 첨예하게 대립하였던 것이다. 천주교의 영혼불멸설은 사후에 영혼이 심판을 받고서 그 공(功)과 죄(罪)에 따라 천당에 올라가거나 지옥으로 떨어진다는 것이요, 영혼이 한 번 천당이나 지옥에 가게 되면 제사에 강신하여 흠향할 수 없는 것이라 본다. 따라서 천주교에서는 유교전통의 조상제사를 부정하는 논리가 나올 수 있는 것이다.

정약용은 인간의 사후존재로서 이 '혼'에 대해 흩어져 소멸된다는 '산멸설'이나 영구하게 존손한다는 '불멸설'의 어느 쪽으로도 명백하게 언급하지 않고 있다. 그러나 주자는 "그 모여서 살아가고 흩어져서 죽는 것은 '기'(氣)일 뿐이다. 이른바 '정신'(精神)과 '혼백'(魂魄)이란 지각이 있는 것이니 모두 '기'가 작용하는 것이다. 그러므로 모이면 있게 되고 흩어지면 없어진다"[61]고 언급하여, 사후에 '혼'이 흩어져 소멸하는 것임을 밝히면서, 모이고 흩어지는 것은 '기'의 작용현상이요, '혼'은 '기'(氣)의 양상일 뿐이라 인식하고 있다. 이에 비해 정약용은 '심'·'신'·'혼'은 무형하면서 지각능력이 있는 존재로서 유형한 '기'와 엄격하게 구별하고 있다. 이 점에서 그가 '혼'의 '산멸설'이나 '불멸설'의 어느 한 쪽을 분명히 제시하고 있지 않는다 하더라도 '혼'을 '기'의 양상으로 인식하지 않는다는 점에서 '소멸설'과는 상당히 거리가 있는 것이라 볼 수 있을 것이다.

천주교 교리에서는 인간은 살았을 때나 죽었을 때나 '영혼'으로 일컫고 있지만, 정약용은 유교 전통의 개념에 따라 살아있을 때의 '심'(靈明·神明)과 죽은 뒤의 '혼'(鬼神)으로 구분한다. 그러나 그는 '혼'을 '기'로 인식하지 않음으로써 '산멸설'에 얽매이지 않는다는 점을 주목할 필요가 있다. 이와 더불어 정약용은 인간의 사후존재로서 '혼' 내지 '귀신'을 제사의 대상으로 분명하게 확인하고 있다는 점에서 당시 천주교에서 조상제사를 금지하였던 입장과는 분명한 차이를 보여주는 것이 사실이다. 이 점에서 그는 유교경전을 해석하면서 천주교 교리의 영향을 깊이 섭취하고 있지만, 유교경전을 근본으로 삼는 것이지 천주교 교리를 기준으로 삼는 것이 아님을 분명하게 보여주는 것이라 할 수 있다.

---

61 『朱熹集』45-24(2164쪽), '答廖子晦', "其聚而生, 散而死者, 氣而已矣, 所謂精神魂魄, 有知有覺者, 皆氣之所爲也, 故聚則有, 散則無."

## 2) '사천'(事天)의 신앙과 '민'(民)의 인식

정약용은 유교의 기본덕목인 '인'(仁)을 해석하여, "사람과 사람이 서로 접촉하면서 그 본분을 다하는 것을 '인'이라 한다"[62]라 하여, 인간과 인간 사이에서 인간으로서의 본분 곧 인간다운 도리 내지 인격적 가치를 실현하는 것을 '인'이라 하였다. 또한 그는 "'인'이란 남을 향한 사랑이다. 자식이 부모를 향하고, 아우가 형을 향하고, 신하가 임금을 향하고, 목민관이 백성을 향하여, 무릇 인간이 인간과 더불어 서로 향하여 따스하게 사랑하는 것을 '인'이라 한다"[63]고 하였다. 인간의 도덕성은 인간과 인간이 서로 사랑하는데서 실현될 수 있음을 역설하고 있는 것은, 신분적 차별을 넘어서 인간의 인간에 대한 사랑을 근본적 가치로 강조하고 있는 것이다. 따라서 목민관이 백성을 사랑하는 것 곧 '애민'(愛民)이 유교정치의 근본원리임을 확인하고 있다.

나아가 정약용은 하늘을 섬기는 '사천'(事天)과 인간을 섬기는 '사인'(事人)이 인륜의 도덕성에 근거하고 있음을 강조하여, "옛 성인이 하늘을 섬기는(事天) 학문은 인륜(人倫)을 벗어나지 않으니, 곧 '서'(恕)라는 한 글자로 사람을 섬길 수 있고 하늘을 섬길 수 있다"[64]고 하였다. '서'(恕)는 자기를 미루어 남에게 미치게 하여(推己及人) 인간과 인간 사이를 일치시키는 것으로서 '인'(仁)의 실현이라 할 수 있다. 따라서 인간으로서 인간을 사랑하고 나와 남을 일치시키는 인간적 도덕

---

**62** 『與全』[2], 권1, 40, '大學公議', "人與人之相接而盡其本分, 斯謂之仁."
**63** 『與全』[2], 권9, 4, '論語古今註', "仁者嚮人之愛也, 子嚮父弟嚮兄臣嚮君牧嚮民, 凡人與人之相嚮而藹然其愛者, 謂之仁也."
**64** 『與全』[2], 권13, 44, '論語古今註', "古聖人事天之學, 不外乎人倫, 卽此一恕字, 可以事人, 可以事天."

성 곧 인륜이 바로 하늘을 섬기는 방법인 동시에 사람을 섬기는 방법임을 제시하고 있는 것이다. 곧 '천명'을 따르는 것이 하늘을 섬기는 방법이라면 그것은 바로 인간을 향한 사랑임을 보여준다.

이러한 인간을 향한 사랑을 인간을 섬기고 하늘을 섬기는 방법으로 인식한다면 당시 사회의 신분적 질서의 차별과 억압에 대한 근원적 성찰을 하지 않을 수 없었다. 여기서 그는 "나에게는 소망하는 바가 있으니, 온 나라가 양반이 되게 하는 것이다. 그렇게 하면 온 나라에 양반이 없게 될 것이다"[65]라 하여, 신분제도가 전면적으로 폐지되는 것이 자신의 사회적 이상임을 밝히고 있다. 신분적 차별이 폐지된다는 것은 모든 백성이 평등한 지위를 확보하는 것이다. 그는 "위에 존재하는 것이 하늘이요, 아래에 존재하는 것은 백성이다"[66]라 하여, 하늘 아래서 모든 인간이 평등함을 강조하고 있다. 따라서 임금이나 목민관이 백성들을 다스린다는 것은 마치 어미가 갓난아기를 돌보듯이 지성으로 보살피고 사랑하는 것이라야 한다.

또한 그는 임금이나 수령은 자신의 의지나 욕심으로 백성을 다스리는 것이 아니라 '상제'의 뜻을 받들어 백성을 다스려야 함을 강조하여, "자신이 천하 사람들의 죄를 떠맡는 것은 곧 옛 임금이 하늘을 섬기는 큰 법도이다"[67]라 하였다. 다스리는 사람이란 '상제' 앞에서 백성의 모든 죄까지 자신의 죄로 삼는 무한책임을 지는 것임을 보여준다. 백성을 다스린다는 것은 바로 '상제'를 대신하여 다스리는 것

---

65 『與全』[1], 권14, 23-24, '跋顧亭林生員論', "若余所望則有之, 使通一國而爲兩班, 卽通一國而無兩班矣."
66 『與全』[2], 권22, 2, '尙書古訓', "上者天也, 下者民也."
67 『與全』[2], 권16, 34, '論語古今註', "身任天下人之罪, 卽古君師事天之大法也."

임을 말한다.

특히 옥사(獄事)를 판결하는 일에 대해서, "오직 하늘만이 사람을 살리고 죽이니, 사람의 목숨은 하늘에 달려있는 것이다. 그런데 목민 관이 또 그 중간에서 선량한 사람을 편히 살게 해 주고, 죄 있는 자를 잡아다 죽이니, 이것은 하늘의 권한을 드러내 보이는 것일 뿐이다"[68] 라 하였다. 여기서 그는 목민관이 백성의 죄를 판결하여 징벌하는 일 은 결코 자신의 권한으로 자신의 판단에 따라 결정할 수 있는 것이 아 니라, 단지 하늘이 심판하는 것을 대신하는 역할을 하는 것임을 각성 하도록 요구하고 있다. 인간의 생명에 관한 판결이 '상제'의 권한이라 인식한다면 나태하여 소홀히 하거나 명백하지 않게 처리한다면 그것 은 바로 하늘에 죄를 짓는 것임을 강조한다. 하늘만이 인간의 죄악을 심판할 권한이 있으며, 목민관이 되어 백성의 죄악을 판결하는 것도 오직 하늘을 대신하여 처리한다는 것은 경건하고 조심스러움을 지키 도록 요구하는 것이다. 이러한 하늘의 주재적 역할에 대한 인식은 유 교경전에서 분명하게 찾아낼 수 있지만 천주교 교리의 영향이 이러한 시야를 열어주는데 중요한 작용을 하는 사실을 주목할 필요가 있다.

---

**68** 『與全』[5], 권30, '欽欽新書·序', "惟天生人而又死之, 人命繫乎天, 迺司牧又以其間, 安其善良而生之, 執有辠者而死之, 是顯見天權耳."

## 5 다산의 사천학(事天學)과 서학 수용의 의미

정약용의 경학은 '천-상제'를 인격신적 존재로 재발견하는 것이고 '천-상제'를 두려워하고 섬기는 것을 학문의 근원적 과제로 인식하는 점에서 '사천학'(事天學)이라 할 수 있다. '사천학'으로서 그의 경학은 이익(李瀷)을 거쳐 이가환·이벽 등 성호학파 신서파의 학풍으로서 서학의 영향을 가장 깊이 받고 있는 것이지만, 동시에 주자학에서 벗어나 '사천학'을 내세운 윤휴(白湖 尹鑴)와 사상적 맥락이 이어져 있는 것도 눈여겨 볼 필요가 있다. 정약용은 서학의 영향 속에 유교경전에서 '천-상제'를 인격신적 신앙대상으로 재발견한 '사천학'을 통해, 우선 도학-주자학의 형이상학적 사유체계로부터 벗어날 수 있었다는 사실이 주목된다. 특히 그는 유교전통의 윤리적 사유를 이치와 의리에 근거하여 인식하는 도학에서 벗어나 주재자인 '상제'에 대한 두려움의 감정과 '천명'을 따르는 신앙적 기초 위에서 확인하고 있다. 곧 『예기』(哀公問)에서 "어진 사람이 부모를 섬김은 하늘을 섬김과 같고, 하늘을 섬김은 부모를 섬김과 같다"(仁人之事親也如事天, 事天如事親)는 언급을 중시하여, 하늘을 섬김(事天)의 신앙이 부모를 섬김(事親)의 인륜과 서로 근거가 되고 연결됨을 인식하는 것이 바로 그의 '사천학'의 지닌 기본 특성이라 할 수 있다.

정약용은 23세 때 천주교 신앙에 입문하여 20대의 청년시절에 천주교 신앙에 깊이 젖었었지만, 조선사회의 엄격한 금교령(禁敎令) 아래 천주교 신앙에서 이탈했던 것으로 보인다. 그러나 그 자신이 천주교 신앙을 버린 뒤에도 그가 천주교 교리를 통해 이해한 새로운 세계관과 인간관은 그의 경학 속에 깊이 영향을 미치고 있는 사실을 확인할 수 있다. 특히 '천―상제'와 '심―성'개념의 이해에서는 서학의 영향이 깊이 침투되어 있음을 보여준다. 그가 공식적으로 천주교를 배교한 뒤에도 속으로 천주교 신앙을 간직하였던 '외유내야'(外儒內耶)의 이중생활을 하였을지도 모른다. 달레의 『한국천주교회사』에서는 그가 만년에 천주교 신앙을 회복하여 종부성사를 받고 죽었다고 하지만, 그가 만년에 종파적 신앙이 무엇이었는지를 가려내는 일이 중요한 것이 아니라, 그의 사상에 내포된 천주교 교리의 영향을 확인하는 것이 의미있는 일이다.

곧 유교경전의 해석에서 핵심적 개념인 '천―상제'와 '심―성'개념의 새로운 해석을 통해 서학의 영향을 받아 유교경전을 새로운 빛으로 해석할 수 있었다는 사실은 주자학의 의리론적 경학을 넘어서 '사천학'으로서 새로운 경학체계를 제시하였던 것은 경학사(經學史)의 새로운 단계를 열어주는 중대한 사건일 뿐만 아니라, 서학의 영향을 유교경전 해석에 끌어들임으로써 유교와 천주교, 내지 동양사상과 서양사상의 교류와 조화를 실현하는 것이라는 점에서 매우 큰 의미가 있다. 예수회 선교사들의 보유론적 천주교 교리서가 천주교 교리의 입장을 기준으로 유교경전의 세계와 소통의 길을 열어갔던 작업이라면, 정약용의 '사천학'으로서 경학은 유교경전을 기준으로 천주교 교리의 세계관과 소통의 길을 열어주었다는 점에서 사상사의 새로운 차원을 개척하는 작업이라 하겠다. 그러나 주자학이 불교의 영향을 깊이 받았지만 불교가 아닌 것처럼, 정약용의 경학도 천주교 교리의 영향을 받았지만 천주교 교리는 아니다. 그의 경학은 천주교 교리를 흡수함으로써 유교사상이 지닌 잠재적 가능성을 새롭게 계발해내었다고 할 수 있으며, 유교경전과 천주교 교리가 이 시대에서 가장 깊은 차원으로 교류한 성과라는 점에서 유교나 천주교의 양쪽에 매우 소중한 의미가 있다.

따라서 그의 경학이 지닌 유교와 천주교의 교류라는 사상사적 의미를 확인하는 것은 그의 개인적 신앙이 무엇인지를 추정하는 것보다 훨씬 중요한 의미가 있는 것이다. 그는 도학–주자학의 정통주의에 사로잡혀 있던 조선사회의 중세적 사유틀을 깨뜨리고, 새롭게 만난 동양과 서양의 이질적 사유가 서로 소통할 수 있게 하는 통로를 열어주었다. 그는 서학의 세계관이 제시한 빛으로 유교경전을 새롭게 해석함으로써, 유교경전의 의미를 더욱 풍성하고 깊이 있게 제시했다는 점과 함께, 유교전통의 세계관이 서양이라는 새로운 세계관과 소통하게 함으로써 사상사가 근대를 지향하는 방향을 제시해주었다는 점을 주목해야 할 것이다. 바로 이 점에서 정약용은 18세기 말에서 19세기 초 사이에 조선사회가 동서사상이 교류하면서 하나의 세계로 나아가야하는 방향을 제시해주었던 것이요, 그는 이 방향을 '사천학'의 경학적 해석을 통해 구체화하였던 것으로 볼 수 있다.

정약용의 경학에서는 천주교 교리와 일치점 뿐만 아니라 차이점도 폭넓게 자리잡고 있다. 무엇보다 천주교 교리의 영향을 받으면서 유

교경전이 내포하고 있는 신앙적 세계관을 드러내줌으로써 주자학이
라는 형이상학적 이론의 그물에서 풀어주는 역할을 하였던 점을 외면
할 수는 없다. 여기서 '사천학'으로서 그의 경학이 지닌 신앙적 성격은
"옛 사람들은 진실한 마음으로 하늘을 섬기고, 진실한 마음으로 신(神)
을 섬겼다"[69]는 한마디 속에 가장 분명하게 드러나고 있음을 확인할
수 있다.

---

**69** 『與全』[2], 권4, 21, '中庸講義補, "古人實心事天, 實心事神."

# IV. 최한기(崔漢綺)에서 마음의 이해와

# 서학인식

실학과 서학
—한국근대사상의 원류

# 1 최한기의 '신기철학'(神氣哲學)과 마음의 이해

　최한기(惠岡 崔漢綺, 1803-1877)는 조선후기 실학파의 한 사람으로, 19세기에 활동하였던 마지막 단계의 실학자이다. 그는 '기'(氣)개념의 새로운 해석과 체계화를 통하여 자신의 철학을 '신기철학'(神氣哲學)으로 정립하였다. 곧 인간과 만물을 형성하는 바탕으로서 '기'를 '신기'(神氣)로 인식하고, 인간의 '신기'는 바로 마음으로 파악하며, '신기'의 핵심적 작용으로서 '추측'(推測)과 '경험'(經驗)의 인식활동을 집중적으로 해명하고 있다. 따라서 최한기에서 '신기'개념을 중심으로 그의 마음에 대한 이해를 해명하는 것은 그의 철학적 핵심과제라 할 수 있다.

　한국철학사 속에서 최한기는 매우 독특한 위치를 지니고 있는 인물이다. 그는 성리학의 철학체계와 뚜렷하게 구별되는 자신의 철학적 입장을 제시하고 있다. 성리학의 주류라 할 수 있는 '이철학'(理哲學)과 입장이 다른 것은 물론이요, 또 하나의 갈래인 '기철학'(氣哲學)과도 뚜렷한 차이를 보여준다. 그의 철학을 일반적으로 '기철학'이라 일컫고 있는 것은 사실이지만, 성리학 전통에서 장재(張載)나 서경덕(徐

敬德)의 경우에서 말하는 '기철학'과는 상당한 거리가 있다. 이런 점에서 필자가 그의 철학적 입장을 '신기철학'(神氣哲學)이라 일컫는 것은 그의 철학적 입장이 지닌 특성을 좀더 분명하게 구별해줄 수 있을 것이라 보았기 때문이다.

사실상 최한기는 기존의 어떤 사상전통이나 철학적 입장을 계승하고 있는 것이라 보기는 어렵다. 유교사상의 전통은 어떤 철학적 입장이던지 경전에 확고하게 근거를 두고 있다. 비록 그는 경전을 부정하거나 경전에서 이탈하려는 의도를 보이지는 않으며, 어느정도 경전을 존중하는 태도를 보여주기도 한다. 그럼에도 불구하고 그는 경전에 별로 구속받지 않는 자유로운 입장을 지키고 있다. 그는 경전을 주석하거나 경전을 근거로 자신의 철학적 사유를 이끌어내는 것이 아니라, 자신의 주장을 방증하는 자료로 간혹 경전을 인용하는 수준을 넘지 않고 있다.

오히려 유교전통과는 이질적인 새로운 사상조류로서 서양의 자연과학지식을 적극적으로 끌어들이고 있다. 최한기에서 '기' 내지 '신기'가 발현되는 기본양상으로서 '통'(通)은 서로 다른 '기'의 양상이 소통하는 것이다. 바로 이 점에서 그의 '신기철학'이 지닌 기본적 지향은 유교전통의 도덕적 사유와 서양의 자연과학적 사유를 소통시키는데 있는 것이며, 그의 '신기철학'은 소통을 위한 사유체계로서 어떤 전통에도 얽매이지 않고 양자를 통합할 수 있는 논리를 추구하고 있는 제3의 사유체계라 보인다.

19세기의 조선사회에서 동서사상이 대립적으로 표출되었을 때, 이익(李瀷)·홍대용(洪大容)·정약용(丁若鏞) 등 실학자들 사이에는 양자의 소통과 조화를 다각적으로 시도하였던 사실을 엿볼 수 있으며, 최

한기는 그 마지막 단계에서 소통의 철학적 기반을 제시하였던 경우라
할 수 있을 것이다.

　최한기의 사상체계를 구축하는 대표적 저술의 하나는 34세 때(1836)
의 저작인 『신기통』(神氣通)과 『추측록』(推測錄)이다. 그는 "'기'의 실
체를 논하여 『신기통』을 짓고 '기'의 작용을 밝혀서 『추측록』을 지었
다. 이 두 책은 서로 표리(表裏)가 되는 것이다. …'기'를 논한 글은 여
기에 대략 그 단서를 열어 놓았다"[1]고 언급하였다. 곧 이 저술에서 자
신의 '신기철학'이 지닌 중심과제로서 '신기'의 마음개념과 그 전개로
서 '추측'의 인식활동을 해명하고 있는 것이다. 이 두 저술은 묶어서
『기측체의』(氣測體義)라는 표제로 간행되었다. 『기측체의』가 그의
'신기철학'체계를 제시한 것이라면, 또 하나의 대표작으로 58세 때
(1860) 저술인 『인정』(人政)은 '신기철학'에 기반하여 경세론의 영역
을 체계화한 것이라 할 수 있다.

　최한기의 '기철학'에서 '기'는 성리학의 전통에서 매우 익숙한 용어
이다. 그러나 그가 '기'를 '신기'로 해석하는 것은 성리학에서 말하는
'기'개념으로서 맑고 비어있는 유일한 존재인 본체로서 '태허'(太虛)의
'기'도 아니고, 음양·오행으로 전개되는 현상으로서의 '기'도 아니다.
또한 '신기'도 문헌에 자주 나오는 친숙한 용어이지만 '신령한 기운'(神
妙靈異之氣)이거나 '정신'(精神氣息) 등과 뚜렷한 차이를 지닌다. '신기'
는 '통'(通)이라는 소통기능을 중심으로 해명하고 '추측'의 활동으로 제
시하는 점에서 새로운 의미를 부여하고 있다. 이처럼 그는 유교전통
의 용어를 끌어다 쓰면서도 자신의 독자적인 철학체계를 구성하고 있

---

1 『氣測體義』, '序', "論氣之體而著神氣通, 明氣之用而撰推測錄, 二書相爲表裏, …論氣
　之書, 於斯略發其端."

다. 따라서 최한기에서 '신기'개념을 중심으로 마음의 문제를 이해하기 위해서는 성리학을 비롯한 유교전통적 사유와 어떻게 달라지는지 또 어떤 독자적 개념체계의 틀을 구성하고 있는지 이해하는 것이 중요한 과제가 될 수 있을 것이다.

　또한 최한기에서 인간의 마음으로서 '신기'는 소통을 추구하고 '추측'의 인식활동은 '변통'(變通)으로 활용되는 사실과 더불어, 마음으로서 '신기'가 실현되는 과정에서 도덕성의 문제나 수양론적 과제와 더불어 사회적 실현으로 확장되는 양상들도 '마음'의 실현양상이라는 점에서 유의할 필요가 있을 것이다.

## 2 '신기'(神氣)와 인간의 마음

### 1) '기'(氣)와 '신기'(神氣)의 개념

#### (1) '기'(氣)

최한기의 '신기철학'에서 '신기'개념은 먼저 '기'개념의 이해를 통해 이해가 가능하다. 그는 "천지를 꽉 채우고 물체를 푹 적시니, 모이고 흩어지는 것이나 모이지도 흩어지지도 않는 것으로 '기' 아닌 것이 없다"[2]고 하여, 변화하는 존재나 불변의 존재를 포함하여 모든 존재를 '기'의 양상으로 규정하고 있다.

우선 최한기는 '기'의 양상을 전체와 개체의 두 가지로 나누어 보면서, 우주적 존재로서 '천지의 기'(天地之氣)와 개체적 사물인 '형체의 기'(形體之氣)로 구분하였다. 곧 "내가 태어나기 이전에는 오직 '천지의 기'가 있고, 내가 처음 태어나면서 바야흐로 '형체의 기'가 있으며, 내가 죽은 다음에는 도로 '천지의 기'가 된다"[3]고 하여, 인간존재인 나

---

[2] 『神氣通』, '體通: 天人之氣', "充塞天地, 漬洽物體, 而聚而散者, 不聚不散者, 莫非氣也."
[3] 같은 곳, "我生之前, 惟有天地之氣, 我生之始, 方有形體之氣, 我沒之後, 還是天地之氣."

를 포함하여 모든 개체적 존재인 '형체의 기'는 '천지의 기'에서 발생해
나오고 또 한정된 시간 속에 개체성을 유지하다가 그 개체성이 소멸
되면 다시 '천지의 기'로 수렴되는 것임을 지적하였다. 여기서 '천지의
기'는 인간과 만물이 생성되어 나오는 근원이요, 형체가 없으니 나누
어 볼 수 없는 하나의 존재이며, 모든 것을 포괄하여 무한하게 큰 존재
요, 소멸되지 않고 항구적인 존재로 제시하고 있다.

이러한 최한기의 '천지지기'와 '형체지기'는 장재(張載)가 "태허(太
虛)는 형체가 없으나, '기'의 본체요, 그 모이고 흩어짐은 변화의 객형
(客形)이다"[4]라고 말하는 '태허'와 '객형'의 관계와 거의 같은 말이라
할 수 있다. 인간과 만물이 '천지의 기'를 받아서 생성된다는 것은 주
희(朱熹)를 포함한 성리학자들의 일반적 견해이기도 하다. 최한기는
일단 성리학의 기일원론(氣一元論)을 계승하고 있는 것으로 보인다.

또한 최한기는 "'기'의 성질은 원래 활동(活動)하고 운화(運化)하는
것으로, 우주 안을 가득 채워 털끝 만큼의 빈틈도 없으며, 모든 천체를
운행시키고 만물을 무궁하게 조성함을 드러낸다"[5]고 하였다. 그것은
'기'가 인간과 만물을 구성하는 바탕의 존재이면서, 동시에 스스로 '활
동'하고 '운화'하는 운동과 생성의 능력을 지닌 것임을 제시하고 있다.
따라서 성리학의 '이철학'(理哲學)에서 '기'의 모든 작용이 '리'(理)의 명
령을 받아 일어난다는 피동적 '기'개념이나, '기'가 스스로 작용하더라
도 '리'에 합치될 때 비로소 정당화되는 것으로 '리'에 예속된 '기'개념
과는 구별되어야 한다. 이런 의미에서 최한기는 '성리학'의 '기철학'과

---

4 『正蒙』, '太和', "太虛無形, 氣之本體, 其聚其散, 變化之客形爾."
5 『氣學』, '序', "夫氣之性, 元是活動運化之物. 充滿宇內, 無絲毫之空隙. 推轉諸曜, 顯造
  物之無窮."

폭넓은 공통기반을 지니고 있는 것으로 볼 수 있다.

　최한기는 하나의 '기'가 자리잡고 있는 양상에 따라 여러 가지 명칭으로 달리 일컬어짐을 지적하였다. 곧 "그 전체를 가리켜 '하늘'(天)이라 하고, 그 주재함을 가리켜 '상제'(帝)라 하고, 그 유행(流行)함을 가리켜 '도'(道)라 하고, 사람과 만물에게 부여함을 가리켜 '명'(命)이라 하고, 사람과 만물이 부여받음을 가리켜 '성'(性)이라 하고, 한 몸의 주체가 됨을 가리켜 '마음'(心)이라 한다"하였다. 또한 '기'가 활동하는 양상에 따라, "펼쳐나감은 '신'(神)이 되고, 굽어듦은 '귀'(鬼)가 되며, 왕성하게 일어남은 '양'(陽)이 되고 거둬들임은 '음'(陰)이 되며, 떠나감은 '동'(動)이 되고 돌아옴은 '정'(靜)이 된다"[6]라 하였다. 여기서 그는 유교전통에서 근원적 존재나 자연현상의 기본형식에 관련한 온갖 명칭들이 모두 하나의 '기'를 가리키는 것임을 드러냄으로써, '기'의 근원성을 확인하고 있다. 그 자신의 비유처럼 같은 물인데 자리에 따라 '바다'·'강'·'시내'·'샘'으로 일컫거나 같은 사람인데 자리에 따라 '주인'·'나그네'·'대감'·'농부'로 일컫는 것처럼 명칭은 어떻게 불리어지던지 그 본질은 동일한 하나의 '기'임을 강조하고 있다.

　나아가 그는 '리'(理)에 대해서도 "'리'는 '기'의 조리(條理)요, 이 조리는 곧 '기'이다. 항상 '기' 속에 있으며, 항상 '기'를 따라 운행한다"[7]라 하여, '리'가 '기'를 초월한 근원이 아니라 단순히 '기'의 법칙으로 제시함으로써, '리'를 '기' 속에 흡수시켜, '기' 바깥에는 '리'를 포함하여 어떤 존재도 배제함으로써 '기'의 근원성을 강조하고 있다. 그것은 성리

---

6 『推測錄』, '推氣測理: 一氣異稱', "指其全體謂之天, 指其主宰謂之帝, 指其流行謂之道, 指其賦於人物謂之命, 指其人物稟受謂之性, 指其主於身謂之心, …伸爲神, 屈爲鬼, 暢爲陽, 斂爲陰, 往爲動, 來爲靜."
7 『氣學』, 권1, "氣之條理爲理, 條理卽氣也, 常在氣中, 常隨氣運而行."

학의 입장에서 보면 '기'의 주체적 능동성을 주장하는 '주기론'(主氣論)의 범위를 벗어나 궁극적 근원을 '기'에 수렴시키는 '유기론'(唯氣論)의 입장과 가장 가까운 유사성을 보여주는 것이라 하겠다.

### (2) '기'와 '질'(質)

'기'는 스스로 활동하는 존재이므로 활동하고 변화함을 통해 온갖 사물의 다양성을 드러내는 것으로 본다. 여기서 최한기는 "'기'에는 형질(形質)의 '기'와 운화(運化)의 '기'가 있다. 지구·달·별·만물·신체는 '형질의 기'요, 비오고 볕나고 바람불고 구름끼며 춥고 덥고 건조하고 습한 것은 '운화의 기'이다. '형질의 기'는 '운화의 기'에 말미암아 이루어진다"[8]고 하여, '기'가 활동하는 작용의 측면을 '운화'(運化)라 하고, 운화의 결과로서 구체적 드러나는 형태의 측면을 '형질'(形質)로 구분하였다. 이것이 '기'가 하나의 동질적 존재이지만, 모든 사물과 다양한 현상을 형성하는 근원임을 말하는 것이다.

'기'는 하나이지만 인간과 만물을 포함한 모든 존재와 온갖 다양한 변화현상을 생성하는 조건을 '질'(質)이라 제시하기도 한다. 구체적으로 인간이나 만물은 신체 내지 형체를 가지고 있는데, 그 다양한 차이를 가능하게 하는 근거가 '질'이다. 최한기는 '기'와 '질'의 관계에 대해, 두 가지의 이질적 존재가 아니라 동일한 '기'가 드러내는 다양한 양상은 근거가 '질'이다. 곧 "'기'가 굳어져 응결되면 '질'이 되고, '질'이 풀려서 돌아가면 도로 '기'가 된다"[9]고 하여, '기'와 '질'의 관계는 물과 얼

---

**8** 같은 곳, "氣有形質之氣, 有運化之氣, 地月日星萬物軀殼, 形質之氣, 雨暘風雲寒暑燥濕, 運化之氣也, 形質之氣, 由運化之氣而成聚."

**9** 『推測錄』, '推氣測理: 氣有凝解: "氣之堅凝爲質, 質之解洳還爲氣."

음의 관계처럼 하나의 '기'가 스스로 드러나는 양상으로서 '질'의 차이가 발생하는 것이라 보았다. 따라서 하늘과 사람과 사물의 현실적인 차이도 동일한 '기'의 운행으로서 '질'의 차이에서 나오는 것임을 확인하고 있는 것이다. 또한 사물의 형성에서 '기'와 '질'의 관계를 설명하여, "천하의 만물이 다른 것은 '기'와 '질'이 서로 합하는데 달려있다. 처음에는 '질'이 '기'로 말미암아 생겨나지만, 다음에는 '기'가 '질'로 말미암아 스스로 그 사물을 형성하여 각각 그 기능을 드러낸다"[10]고 하였다. 곧 '기'는 '질'의 형식으로 사물을 형성하지만, 일단 사물이 형성되면 '기'는 '질'을 통해 사물이 지닌 성질이나 기능을 발현할 수 있다는 것이다.

여기서 '질' 내지 '형질'은 인간과 사물의 형태를 이루는 '기'의 작용이 일으킨 양상이지만 결코 '음양'이나 '오행'(五行)의 형식으로 설명되지는 않는다. 바로 이 점에서 최한기는 비록 '기'·'질'의 용어를 성리학 전통과 함께 사용하고 있지만, 성리학의 자연철학이 기반하는 '기'의 음양오행론적 해석을 폐기하고 있으며, 성리학의 '기철학'에서 벗어나 그 자신의 '신기철학'을 구축하고 있음을 확인할 수 있다.

### (3) '기'와 '신기'(神氣)

최한기는 '기'를 정의하면서 '기'와 '신'(神)의 관계를 밝혀, "('기'는) 무릇 한 덩어리의 활동하는 것(活物)이요, 스스로 순수하고 담박하며 맑은 '질'을 가지고 있다. 설령 소리와 빛과 냄새와 맛에 따라 변함이 있더라도 그 본성(本性)만은 변하지 않는다. 그 전체의 무한한 작용의

---

10 『神氣通』, '體通: 氣質各異', "天下萬殊, 在氣與質相合, 始則質由氣生, 次則氣由質而自成其物, 各呈其能."

덕을 총괄하여 '신'(神)이라 한다"[11]고 하였다. '기'의 본성은 동일한 만큼, '신기'(神氣)란 '기' 위에 따로 존재하는 것이 아님을 분명하게 밝히고 있다. 곧 '기'가 무한하게 활동하는 작용능력을 가리켜 '신'이라 일컫는 것이니, '신기'는 '기'의 활동능력에 따라 일컫는 '기' 자체의 명칭일 뿐이다.

또한 "'기'는 천지가 작용하는 '질'(質)이요, '신'(神)은 '기'의 덕(德)이다"[12]라고 하여, '기'에서 작용현상의 측면을 '질'이라 하고, 작용능력의 측면을 '신'이라 제시하였다. 곧 '질'(形質)과 '신'(神明)은 하나의 '기'에서 드러나는 것이다. 따라서 '기질'은 '기'가 작용하여 나타난 결과를 위주로 말한 것이라면, '신기'는 '기'가 작용의 주체로서 능동적으로 작용하는 의지와 역량을 위주로 말하는 것이라 할 수 있다. 여기서 최한기는 '활동하는' 존재로서 능동적 작용능력을 지닌 '기'의 본질적 성격을 '신기'로 제시함으로써, 사실상 성리학의 '기철학'과 결별하고 자신의 '신기철학'을 정립하였다. 이처럼 그는 '기'를 '신기'로 파악하면서 자신의 독자적 '신기철학'을 열어갔던 것이다.

또한 그는 "'기'는 하나이지만, 사람에게 부여되면 자연히 사람의 '신기'가 되고, 사물에 품부되면 자연히 사물의 '신기'가 된다. 사람과 사물의 '신기'가 같지 않음은 '질'에 있는 것이요 '기'에 있는 것이 아니다"[13]라 하여, 인간과 사물이 동일한 '신기'를 부여받았지만, 그 동일한 '신기'가 드러나는 양상인 '질' 곧 '형질'에 따라 달라지는 것임을 확인

---

11 『神氣通』, '體通: 氣之功用', "大凡一團活物, 自有純澹澄澈之質, 縱有聲色臭味之隨變, 其本性則不變, 擧其全體, 無限功用之德, 總括之曰神."

12 『神氣通』, '體通: 通有得失', "氣者, 天地用事之質也, 神者, 氣之德也."

13 『神氣通』, '體通: 氣質各異', "氣是一也, 而賦於人, 則自然爲人之神氣, 賦於物, 則自然爲物之神氣, 人物之神氣不同, 在質而不在氣."

하고 있다. 여기서 우주와 인간과 만물은 하나의 '기'(신기)가 작용하는 과정에 일으키는 '질'(형질)의 차이에 따라 생명이 없는 흙이나 돌이 되기도 하고, 풀이나 나무의 식물이 되기도 하고, 피가 도는 인간과 동물이 되기도 하는데, 인간과 동물은 장기(臟器)와 지체(肢體)가 있어서 바깥에 있는 소리·빛·냄새·맛과 통하여 보고 듣고 행동하는 기관(機括)을 이루는 것이라 한다. 이러한 천지·만물·인간의 온갖 다양한 차이는 단지 동일한 '신기'(氣)가 운행하면서 일으키는 '형질'의 차이에 따라 발생하는 것이요, 모든 존재의 근원은 동일한 '신기'라는 사실에는 변함이 없다는 것이다. 그렇다면 '신기'의 본질이 동일함을 전제로 하지만, '신기'의 활동하는 작용에 따라 온갖 '형질'의 차이가 발생하게 되고, 또 그 '형질'의 차이에 따라 드러나는 '신기'의 다양한 작용양상에 관심을 집중하지 않을 수 없게 된다.

## 2) '신기'와 '마음'(心)

### (1) 인간의 '신기'

최한기에서 '기'는 스스로 활동하고 무한한 작용능력을 지니고 있기 때문에 그 자체가 '신기'이다. 따라서 우주와 만물과 인간이 동일한 '기'의 현상이라면 '신기'도 근원에서는 동일하다. 그는 "우주(大器)가 머금은 것을 '천지의 신기'라 하고, 사람의 신체에 저장된 것을 '형체(形體)의 신기'라 한다"[14]고 하여, 하나의 '신기'가 자리잡고 있는 위치

---

**14** 『神氣通』, '體通: 通有得失', "大器所涵, 謂之天地之神氣, 人身所貯, 謂之形體之神氣."

에 따라 우주에 있는 '천지의 신기'에 대비하여 인간과 사물의 개체에 있는 '형체의 신기'로 구별하고 있다.

'형체의 신기'라는 용어는 '인간의 신기' 만을 가리키는 말은 아니다. 형체를 지니고 있는 존재라면 인간이나 다른 사물의 경우도 모두 '형체의 신기' 내지 '형질의 신기'라 할 수 있다. 따라서 인간의 경우에도 '기질' 내지 '형질'이 형성하는 인간의 '형체'를 통해 인간의 '신기'가 드러나는 사실을 강조하여 '형체의 신기'라 하였던 것이다. 이렇게 인간의 '신기'를 '형체의 신기'로서 논의하는 사실은 그가 인간과 만물을 기본적으로 기질 내지 형체의 존재로 인식하면서도 그 자신의 관심이 특히 인간 존재에 초점을 맞추고 있음을 보여준다.

나아가 그는 "하늘과 사람의 '신기'는 이미 내가 태어나는 처음부터 서로 통하고 서로 이어져 있으며, 처음부터 끝까지 어긋나지 않는다. 오직 사람의 '지각'은 이미 스스로 얻은 것이라, 그 보는 바에 따라 주장함이 같지 않고, 그 주장하는 바에 따라 소통하는 것이 또한 다르다"[15]라고 하여, '천지의 신기'와 '형체의 신기'가 근원에서는 동일하지만, 그 작용의 양상과 결과에서는 차이를 드러내는 것임을 주목하였다. 특히 하늘과 사람의 '신기'는 형질 내지 형체의 차이에도 불구하고 선천적 근원에서는 하나의 '기'로 서로 소통하고 연결되어 있는 것이라는 점을 지적하면서, 이와 대조적으로 인간의 '신기'는 '지각'이라는 후천적 성취에서 각각 서로 달라짐을 제시하였다. 곧 인간의 '신기'에서 '형질' 내지 '형체'는 그 드러난 차이에도 불구하고 근원이 동일한 것이라면, '지각'은 동일한 '신기'가 작용한 것이지만 획득된 결과로서

---

15 같은 곳, "夫天人之神氣, 已自我生之初, 相通而相接, 終始不違, 維人之知覺, 旣是自得之物, 從其所見而所主不同, 從其所主而所通亦異."

의 내용은 서로 다른 것임을 밝히고 있다.

최한기는 인간의 '신기'를 '신명의 기'(神明之氣)라고 언급하기도 한다. 곧 "'신명의 기'는 '형질'에 따라 생겨나고 '습염'(習染)에 따라 소통한다. 이는 마치 곡식의 종자가 밭에 따라 차이가 있으나, 단지 마른 것을 살찌게 변화시키거나 작은 것을 큰 것으로 바꾸어놓는데 불과하며, 보리를 벼가 되게 하거나 콩을 팥이 되게 할 수는 없는 것과 같다"[16]고 하여, 인간의 '신기'로서 '신명의 기'가 형성되는 조건은 '형질'이고, 바깥 세상과 소통하는 방법은 익히고 물들이는 '습염'이라는 두 가지로 제시하고 있는 것이다. 여기서 인간이 지닌 '형질'의 조건은 곡식의 종자처럼 환경에 따라 변하는 부분이 있지만 그 바탕의 성질은 일정하여 변하지 않는 정체성이 있음을 지적한다. 따라서 "'신기'는 하늘과 땅과 사람이 모두 같지만, '형질'은 하늘과 땅과 사람이 각각 다르다"[17]라고 하여, 인간의 '형질'이 지닌 고유성을 확인하고 있다.

또한 그는 인간에서 '신명의 기'가 생성되는 조건을 네 가지로 제시하고 있다. 곧 "사람 몸의 '신기'가 생성되는 유래는 네 가지가 있다. 첫째는 하늘이요, 둘째는 토질이요, 셋째는 부모의 정혈(精血)이요, 넷째는 듣고 보아서 '습염'(習染)하는 것이다. 앞의 세 가지는 이미 받은 바가 있어서 뒤에 와서 고칠 수 없으나, 마지막 한 가지는 실로 변통하는 공부가 된다"[18]고 하였다. 하늘의 선천적 조건, 토질의 자연환경적 조건, 부모의 정기와 혈액이라는 유전적 조건의 세 가지는 인간의 '신

---

**16** 『神氣通』, '體通: 四一神氣', "神明之氣, 隨形質而生, 隨習染而通, 如穀種之隨田有異, 特不過變瘠爲肥換小差大, 不能使麥爲稻使菽爲豆."

**17** 같은 곳, "神氣則天地人皆同, 形質則天地人各不同."

**18** 같은 곳, "人身神氣生成之由有四, 其一天也, 其二土宜也, 其三父母精血也, 其四聞見習染也, 上三條, 旣有所稟, 不可追改, 下一條, 實爲變通之功夫."

기'가 선천적으로 타고나거나 외부로부터 주어지는 '형질'로서 불변적 조건들이라면, 듣고 보면서 익히고 물들이는 '습염'은 인간의 '신기'가 자신의 노력으로 성취하는 '지각'으로서 변화와 소통을 가능하게 하는 가변적 조건임을 제시하고 있는 것이다.

### (2) '신기'와 마음

인간의 '신기'는 인간의 '형체' 곧 '형질'을 통하여 작용한다. 여기서 최한기는 "'신기'는 여러 감각기관과 사지(四肢)의 몸이 모이고 총괄하여 생성한 것이다. …형질이 쇠약해지고 혈액이 고갈되면, '신기'도 따라 소멸되니, '신기'가 처음부터 끝까지 몸을 주재하며 일찍이 밖으로 나가지 않음을 알겠다"[19]고 언급하는 것을 보면, 인간의 '신기'는 신체의 모든 기능을 주장하며 살아움직이게 하는 생명력이면서, 바로 신체를 초월하는 것이 아니라 신체 내에 신체와 함께 있는 신체의 기능임을 이해할 수 있다. 이러한 '신기'는 신체와 함께 생성되고 신체와 함께 소멸되는 것으로 사후에 신체가 소멸된 다음에도 따로 남아 있을 수 있는 것이 아니다. 그렇다면 최한기에서는 인간에게 사후세계나 사후에 영혼의 존속이란 성립할 수 없는 것이다.

이러한 인간의 '신기'를 최한기는 '마음'(心)이라는 다른 이름으로 일컫고 있다. 곧 "마음이란 한 몸을 주재하는 '기'이다. 추측이 정밀하고 밝으며 실천이 독실하면 저절로 힘을 생성하여 사물에 의해 흔들리거나 빼앗기지 않고 강건한 영역에 들어갈 수 있다"[20]고 하여, 인간의

---

19 『神氣通』, '體通: 氣通而未嘗出入', "神氣者, 諸竅肢體, 集統而生成者也, …及其質衰, 血液枯渴, 則神氣從而漸盡, 是知神氣, 終始主身, 未嘗出外也."
20 『推測錄』, '推氣測理: 積漸生力', "心乃一身之主氣也, 推測精明, 操履篤實, 自生其力, 不爲物所擾奪, 而得入剛健之域."

한 몸을 주장하는 것을 '신기'라 일컫기도 하고 '마음'이라 일컫고 있음을 보여준다. 최한기 자신은 "옛 사람이 말하는 심체(心體)가 곧 '신기'이다"[21]라 하여, 전통의 용어로서 '마음'(心)과 자신의 철학체계에서 '신기'가 동일한 것임을 분명하게 언급하고 있다. 좀더 엄격하게 차이를 찾아본다면 최한기에서 '신기'는 지각과 판단을 하는 '마음'을 중심으로 인간의 '기'가 지닌 살아 움직이는 활동능력을 전반적으로 가리키는 것이라 한다면, '마음'은 '신기'에서 특히 지각능력을 중심으로 '신기'의 가장 활발한 일면을 가리키는 것이라 할 수 있을 것이다. 그러나 대체로 보면 최한기에서 '마음'의 개념은 인간의 '신기' 속에 포함시켜 같은 말로 쓰이고 있음을 이해할 수 있다.

그는 "하늘의 주재가 곧 사람의 마음이다. …하늘에 있으면 주재라 하고 사람에 있으면 마음이라 하니, 그 뜻은 한가지다"[22]라 하여, 인간의 한 몸을 주재하는 능력을 '마음'이라 제시하였다. 바로 이 점에서 인간의 '신기'를 '마음'으로 이해하고 있음을 보여준다. 그런데 '마음'이라는 용어는 오랜 세월을 통해 많은 사람들이 사용해 왔던 용어로서, 그 형상에 대한 명칭이 여러 가지라는 사실을 주목하고 있다.

'마음'을 일컫는 여러 경우를 예로 들어서, "'방촌'(方寸)이라 하는 것은 오장(五臟) 가운데 심장의 '기'를 담아두는 빈 구멍을 말하는 것이요, '영대'(靈臺)라 하는 것은 신령함이 머무는 자리를 말하는 것이요, '몸을 주재하는 것이 마음이다'라 하는 것은 마음이 몸을 주재함이 마치 집 안에 주인이 있는 것과 같음을 가리키는 것이요, '사물의 이치가

---

**21**『人政』, '敎人門: 善惡虛實生於交接', "古所謂心體卽神氣也."
**22**『推測錄』, '推測提綱: 心離名像', "天之主宰, 卽人之心,…在天曰主宰, 在人曰心, 其義一也."

곧 내 마음이다'라 하는 것은 마음이 사물의 이치를 구명할 수 있음을
가리키는 것이다. 불교의 『능엄경』(楞嚴經)에서는 '일곱 자리에서 변
별하지만 모두 고정되어 머물음이 없다'는 것은 마음에 안팎이 없고
일정한 자리가 없음을 가리키니 사람으로 하여금 스스로 깨달아 알게
하려는 것이다"[23]라 하였다. 최한기는 이렇게 마음을 가리키는 여러
가지 명칭이나 정의는 각각 해당되는 바가 있지만, 어느 한 가지만 주
장하는 편협한 견해를 경계하였다. 따라서 그는 마음의 실체와 작용
을 전체적으로 파악하기 위해서는 형상의 명칭에 얽매이지 말고 그
참된 실상을 찾아서, 먼저 표준을 세워야 할 것을 강조하였다.

　여기서 그는 마음의 실상을 찾으면서, "사람의 한 몸은 오장육부가
안에서 연결되어 아홉 구멍(감각기관)에 통달하고, 피부가 밖으로 싸
서 온갖 뼈를 용납하여 스스로 한 형체을 이루며, 마음도 형체를 이룬
다. …통합하여 말하면 몸은 마음의 실체이며, 나누어 말하면 보는 것
은 눈의 마음이고 듣는 것은 귀의 마음이다.…"[24]고 하였다. 인간의
신체가 이루어지는 그 자리에 마음이 성립하는 것이고, 신체를 떠나
서 마음이 존재할 수 없는 것임을 분명하게 밝히고 있는 것이다. 그것
은 바로 '기' 바깥에 신체가 있을 수 없으며 마음도 있을 수 없음을 말
하고, '신기'의 작용이 바로 마음임을 제시하는 것이라는 이해를 보여
준다.

23 같은 곳, "或謂之方寸, 謂其五臟心之空竅貯氣也, 或謂之靈臺, 謂其神靈所居之臺也, 或
　謂之主於身者是心, 指其心主身如門庭之內有主人, 又或謂物理即吾心, 指其心能究明
　物理, 至於佛書楞嚴, 七處辨別, 皆無住着, 指其心無外內而又無定處, 欲使人自得見."
24 같은 곳, "人之一身, 臟腑內緣而通達九竅, 皮膚外抱而含容百骸, 自成一體, 而心亦成
　體,…總言之, 則身是心體, 分言之, 則見是眼心, 聽是耳心…."

### (3) '신기'의 마음과 성리학의 마음

최한기는 성리학의 마음개념에 대한 인식이 그릇된 점을 지적하면서, "옛사람은 다수가 (마음을) 얻어온 유래는 말하지 않고 단지 안으로부터 작용이 발현되는 단서를 말한다. 만약 안으로부터 얻어온 유래를 따져 물으면, '태극(太極)의 이치는 처음부터 부여받았는데, 다만 기질의 가림에 따라 혹은 통달하지 못하는 바가 있을 뿐이다'라고 말한다"25라 하였다. 그것은 성리학의 관심이 마음의 형성근원에 관심이 약하고 작용계기에 관심이 치중되었음을 지적하면서, 성리학자들에게 마음의 형성근원을 묻는다면 마음을 '태극'의 이치라 보고 '기질'이 이치를 은폐하는 것이라 보는 심주리설(心主理說)의 입장이라 파악하였다. 따라서 그는 성리학의 이러한 입장이 경전의 가르침에도 어긋나는 것임을 지적하고, 성리학과 논쟁을 벌여봐도 해결의 길이 없으므로 내버려두고 자신은 마음의 실상을 밝히는데 주의를 기울일 것임을 밝혔다.

또한 그는 성리학에서 마음을 '기'라고 규정하는 심즉기설(心卽氣說)도 자신이 제기하는 '신기'로서의 마음과 다름을 지적하였다. 곧 "옛사람이 '마음'은 '기'라고 말하였는데, 범상하게 보면 비록 근사한 것 같지만, 그 실지는 '성리'(性理)에 상대시켜 '리'와 '기'에 나누어 소속시킨 것이다"26라 하였다. 그것은 인간의 '신기'로서 마음이 '리'에 상대되는 '기'로 이해될 수 없는 것임을 분명히 지적하고 있는 것이다. 따라서 그는 성리학적 관점을 '리'로 '기'에 맞추려고 추구하는 것이라 규정하

---

25 『神氣通』, '體通: 收入於外發用於外', "古之人, 多不言得來之由, 只言自內發用之端, 若詰自內所得之由, 則謂有太極之理, 自初稟賦, 而緣於氣質之蔽, 或有所未達耳."
26 『神氣通』, '體通: 心性理氣之辨', "古人有言心氣也, 泛看, 雖若近之, 其實, 對性理而分屬理與氣也."

면서, 자신의 입장은 '신기'로 '리'를 소통시키기를 추구하며 '리'를 '기' 속에 내포시키는 것이라 대비시킴으로써, '기'와 상대되는 '리'개념을 인정하지 않았다.

그는 성리학에서 일반적으로 받아들여지고 있는 이론인 마음이 성품과 감정을 통합한다는 장재(張載)의 심통성정설(心統性情說)에 대해서도, '심'·'성'·'정'이라는 명목으로 마음의 양상을 가리키는 것이야 문제가 없지만, 그 실지에서는 참된 형상을 드러낼 수 없어서 마음의 본말을 알기 어렵게 한다는 문제점을 지적하였다. 그는 주자가 "마음이 모든 이치를 갖추고 모든 일에 대응한다"고 언급한 것에 대해서도, "이것은 익히고 물들임의 미루고 헤아림이 스스로 얻는 지각을 마음으로 삼은 것이다. 처음부터 끝에 이르기까지 하늘이 부여한 '신기'로 근본과 말단을 소통하고 저것과 이것을 통달한 사람이 (마음)이라는 명목을 따라 실지를 갖추어 놓은 것이 아니다"[27]라 비판하였다. 곧 주자가 말한 마음이란 '신기'가 추측하여 얻은 결과로서 '지각'을 '마음'으로 삼고 있는 것이지, '신기'가 추측하고 지각하여 소통시키는 활동을 '마음'이라 일컫는 것이 아님을 지적하고 있는 것이다.

여기서 그는 '성'(性)개념을 해명하면서, "'성'은 하나일 뿐이다. 그 본원에서 말하면 '천'(天)이요, 유행(流行)으로 말하면 '명'(命)이요, 사람에게 부여됨을 말하면 '성'이요, 형체로 말하면 '기질'이요, 한 몸을 주재함으로 말하면 '심'(心)이다. 아비를 만나면 '효'(孝)라 하고, 임금을 만나면 '충'(忠)이라 하니, 이렇게 미루어 가면 명목은 무궁한데 이른다"[28]라고 하였다. 그렇다면 성리학에서 '성'은 '리'요, '심'은 '기'로

---

27 같은 곳, "是乃習染之推測, 自得之知覺, 以爲心也, 非自初至終, 天賦之神氣, 通源委達彼此者, 循名而賅實也."

상대시키는 견해는 받아들여지지 않는다. 다만 하나의 '신기'가 작용하는 다양한 양상 가운데 하늘에서 부여받은 측면을 '성'이라 하고, 한 몸을 주재하는 측면을 '심'이라 이름붙인 것일 뿐이지, '성'과 '심'이 별개의 존재영역을 지니고 있는 것이 아님을 분명하게 밝히고 있다. 비록 그가 '성'을 '리'로 제시하는 경우가 있지만, 이 때에도 "마음이란 그 '질'을 말하면 '기'요 그 '성'을 말하면 '리'다"[29]라고 하여, '마음'에서 바탕의 측면을 '기'라 하고, 성질의 측면을 '리'라 파악함으로써, '심'에 대비되는 '성'이나 '심'을 벗어난 '리'를 인정하지 않고 있으니, 성리학에서 마음을 '기'와 '리'의 결합으로 보는 '심합이기설'(心合理氣說)과는 상관이 없는 것이다.

이처럼 최한기는 성리학의 '심·성·정'에 대한 이기론적 해석과 자신의 '신기'로서 '심'개념의 차이를 선명하게 밝히고 있지만, 성리학의 '심·성'개념에 대한 이론틀을 자신의 '신기철학' 속에서 관대하게 포용하려는 태도를 보여주는 측면도 있다. 곧 "'심'에는 '도심'(道心)과 '인심'(人心)이 있고, '성'에는 '본연'(本然)과 '기질'(氣質)이 있다. 요컨대 '인심'으로 하여금 '도심'을 따르게 하고, '기질'로 하여금 '본연'을 회복하게 하는 것이다. '리'에도 '유행'(流行)과 '추측'(推測)이 있으니, 진실로 '추측'의 '심리'(心理)로써 '유행'의 '천리'에 어긋남이 없게 하고자 한다"[30]고 언급하였다. 그것은 성리설의 '심'개념에 대한 근본적 인식

---

**28** 『推測錄』, '推情測性: 主一統萬', "性一而已, 自其本源謂之天, 流行謂之命, 賦於人謂之性, 形體謂之氣質, 主於身謂之心, 遇父謂之孝, 遇君謂之忠, 推此以往, 名至於無窮."

**29** 『推測錄』, '推氣測理: 心氣淸而理明', "夫心, 言其質則氣也, 言其性則理也."

**30** 『推測錄』, '推情測性: 心性理各有分', "心之有道心人心, 性之有本然氣質, 要使人心循道心, 氣質復本然也, 理之有流行推測, 誠欲以推測之心理, 無違於流行之天理也."

을 자신의 '신기'개념으로 바로잡은 다음이라면, 성리설의 '심성론'체
계를 자신의 틀 안에서 수용할 수 있다는 포용적 입장을 보여주는 것
이라 할 수 있다.

# 3 마음의 작용으로서 통(通)과 추측(推測)

## 1) '신기'의 발용으로서 '통'(通)과 '변'(變)

### (1) '통'(通)의 도구로서 감각기관

최한기는 인간존재에서 마음으로서 '신기'의 작용이 형체(신체)와 서로 떠날 수 없으며 긴밀하게 연결되어 있다는 사실을 주목하여, "사람의 형체는 온갖 쓰임에 대비된 것이요 '신기'를 소통시키는 기계이다. …'신기'는 주재가 된다. 여러 제규(諸竅)와 제촉(諸觸)을 따라 인간의 실정과 사물의 이치를 거두어 '신기'에 익히고 물들이며, '신기'가 발동하고 작용함에는 속에 쌓았던 인간의 실정과 사물의 이치를 여러 감각기관을 따라 베풀어 운행하니, 곧 부여받은 형체를 실현하는 큰 도리이다"[31]라 하였다. 눈·귀·코·입 등 '제규'(諸竅)와 피부와 사지 (손·발) 등 '제촉'(諸觸)은 인간신체에서 감각기관을 이루고 있는데,

---

**31** 『神氣通』, '序', "天民形體, 乃備諸用, 通神氣之器械也,…神氣爲主宰, 從諸竅諸觸, 而 收聚人情物理, 習染於神氣, 及其發用, 積中之人情物理, 從諸竅諸觸, 而施行, 卽踐形 之大道也."

이 신체의 감각기관은 '신기'가 운용하는 도구요 기계로 보고 있다. '신기'는 이 감각기관을 통해 외부세계로부터 온갖 정보를 받아들이는 지각활동을 하며, 또한 그 획득한 지각에 근거하여 외부세계의 온갖 변화에 대응활동을 할 수 있는 것임을 제시한다.

따라서 인간의 '신기'로서 마음이 작용하는 것은 일차적으로 지각활동이 가장 중요한 것이며, 이 '신기'의 지각활동은 '제규'·'제촉'이라는 신체의 감각기관을 통해서 비로소 가능한 것임을 밝히고 있다. 곧 '신기'는 신체의 감각기관으로부터 외부세계에서 온갖 정보를 거두어 들이고, '신기'는 이 감각기관을 통한 경험의 정보를 기억으로 저장하며, 나아가 온갖 기미의 변화에 따라 변통하여 대응할 수 있는 것이라 한다. 따라서 '신기'는 신체와 서로 떠날 수 없는 일체를 이루고 있는 것임을 강조하여, "눈·귀·코·입이 어찌 한갓 눈·귀·코·입이 되는 것이겠는가. 반드시 형체가 머금고 있는 '신기'가 있어서 눈·귀·코·입에 소통하니, '신기'의 눈·귀·코·입이 된다"[32]고 하여, 신체기관 속에 이미 '신기'가 침투되어 소통하고 있으니 신체의 부분으로서 눈·귀·코·입 등 감각기관은 '신기' 곧 마음과 분리될 수 없음을 강조하고 있는 것이다. 이런 의미에서 인간의 '신기' 내지 마음은 신체를 떠나서 성립할 수 없는 것이요, 신체를 통제하는 기능으로서 신체의 일부분을 이루는 것으로 보고 있음을 말해준다.

그는 "사람이 하늘에서 부여받은 것은 한 덩어리의 '신기'와 더불어 '기'(氣)를 통하는 '제규'와 '사지'이니, 모름지기 써야 할 도구는 이것뿐이요, 다시 달리 얻은 것은 없다"[33]고 하여, 인간존재가 선천적으로

---

32 같은 곳, "耳目口鼻, 豈徒爲耳目口鼻, 必有函體之神氣, 通於耳目口鼻, 爲神氣之耳目口鼻."

부여받은 것은 '신기'와 감각기관으로서 신체가 전부임을 강조하였다. 또한 그는 '신기'의 활동에 따라 이루어지는 지각과 행위가 모두 신체의 감각기관을 통해서 실현되는 것임을 지적하여, "지각은 신명(神明)이 겪어감에 따라 생겨나고, 운행은 기력(氣力)이 나아감에 따라 이루어진다. 행위는 지각으로 말미암아 일어나고 지각은 행위로 말미암아 세워지니, 전체는 '신기'가 모름지기 써야 하는 것을 벗어나지 않는다"[34]고 하였다. 그것은 '신기'의 활동에서 지각과 행위가 서로 근거를 이루고 있다는 사실을 확인함과 더불어, '신기'의 활동으로서 지각이나 행위의 모든 것이 '신기'가 모름지기 써야하는 도구 곧 '제규'·'제촉'의 감각기관을 벗어나지 않는 것임을 강조하고 있는 것이다.

그렇다면 감각기관을 통하지 않으면 '신기'가 활동할 수 있는 수단이 없으며, 신체의 감각기관을 떠나서 '신기'가 지각하여 깨닫는 것이 있을 수 없다. 성리학에서 "마음 속에 이미 태극의 본래 갖춘 이치를 부여받았다"라고 언급하는 것도 '신기'가 전날에 감각기관을 통해 얻은 지식이 있는 줄을 모르면서 현재에 부합하는 이치에 현혹된 그릇된 견해임을 비판한다. 나아가 그리스도교에서 '성령'(性靈)을 말하는 것은 신비하고 괴이함에 빠진 것이요, 성리학에서 '명심'(明心)을 논의하는 것은 천착함에 빠진 것이라 비판하면서, "그 실상을 구명하면 모두 '제규'·'제촉'이 사람의 실정과 사물의 이치를 거두어 모은 것이 '신기'의 작용인 지각이 됨을 깨닫지 못하고, 다만 지각 이후의 일과 작용 이전의 이치를 따라 '심'·'성'의 본연으로 인정하는 것이다"[35]라고 지

---

**33** 『神氣通』, '體通: 知覺推測皆自得', "人之所稟于天者, 乃一團神氣與通氣之諸竅四肢, 則須用之具, 如斯而已, 更無他分得來者矣."

**34** 『神氣通』, '體通: 知覺優劣從神氣而生', "知覺, 從神明之閱歷而生, 運行, 從氣力之進就而成, 行由知而發, 知由行而立, 總不外乎神氣之須用也."

적하였다. 이처럼 그는 감각기관을 통해 얻은 지식이 아닌 '마음'의 개념이 실상을 벗어난 관념적 허구임을 밝힘으로써, '신기'의 모든 지각활동은 일차적으로 신체의 감각기관을 통해 이루어지는 것임을 역설하였던다.

### (2) '통'의 방법과 지각

'신기'는 감각기관을 통해 외부세계와 소통한 것을 바탕으로 '통'을 실현해가야 하며, 그 실현방법이 바로 '지각'이다. "그 소통한 바에 나아가서 추측과 경험을 쌓아가되, 헛된 겉치레를 버리고 정밀한 실지를 간직하며, 애매함을 제거하고 광명함을 선택해야 한다. 사람의 평생사업은 오직 보고 듣고 겪는데 있으니, …쓸 것을 생각하고 거두어들여 저장하며, 저장한 것을 미루어 운용하는 것이다. 이렇게 할 뿐이요, 다른 도리는 없다"[36]고 하였다. '신기'가 감각기관을 통해 외부세계의 정보를 거두어들여 이를 '추측'과 '경험'으로 쌓아가고 저장하여 얻는 지각을 운용하는 것이 인간의 가장 중대한 평생사업임을 강조하였다. 인간이 살아가는 것 자체가 '신기' 곧 마음의 지각활동을 벗어나지 않는다는 것이다. 물론 이때 감각기관을 통해 얻은 정보들은 '신기'가 외부세계로 다시 소통하여 활용하기 위해서 '추측'과 '경험'의 과정을 통해 헛되고 거짓된 것을 버리고 실질적이요 참된 것을 잘 골라서 유용하게 쓰일 수 있는 지식을 저장해야 할 필요가 있음을 지적하고

---

35 『神氣通』, '體通: 收得發用有源委', "性靈之談, 沒於神怪, 明心之說, 陷於穿鑿,…究其實, 則皆不覺諸竅諸觸, 收聚人情物理, 以爲神氣之須用知覺, 只從知覺以後之事, 須用以前之理, 認作心性之本然."

36 『神氣通』, '序', "就其所通, 積累測驗, 祛浮華而存精實, 除晦昧而擇光明, 人之平生事業, 惟在見聞閱歷,…念所用而收貯, 推所貯而發用, 如斯而已, 更無他道."

있다.

'신기'는 감각기관을 통해 외부세계와 소통하여 지각을 형성하고 이를 통해 다시 외부세계와 소통하는 행위를 하는 것이요, 이렇게 '신기'가 안(자기)과 바깥(사물)을 소통시킴으로써 지각을 이루는 방법이 다양하게 점검되고 있다. 곧 "처음 일에 근거하여 다음 일을 증험하고, 앞의 일을 미루어 뒤의 일을 헤아린다. 여러 가지 분별하고 비교하고 증험하여 드디어 지각하며, 이 지각으로 말미암아 확충시켜 갈 수 있다"[37]고 하여, 소통의 경험을 누적시키고 한 가지 경험으로 얻은 지각을 미루고 헤아리는 '추측'의 활동을 통해 지각을 형성하고 확충시켜 간다는 것이다. 이처럼 지각은 감각기관을 통해 외부세계와 소통한 경험을 누적시키고 '추측'함으로써 얻어지는 경험의 지각임을 밝히고 있다.

최한기는 지각을 이루는 '통'의 방법으로서 소통할 수 있는 것과 소통할 수 없는 것의 한계를 인식하는 것이 중요함을 지적하여, "소통할 수 있는 것이란 그 소통할 수 있음을 소통시키며, 소통할 수 있는 자리에서 그쳐야 하는 것이요, 소통할 수 없는 것이란 그 소통할 수 있는 경계를 겪고나서 소통할 수 없는 한계에서 그쳐야 하는 것이다"[38]라하였다. 소통할 수 있는지 소통할 수 없는지 명확한 판단을 하지 못하면 그 소통이 올바르게 이루어질 수 없고 소통으로 이룬 지각도 거짓된 것이 될 수밖에 없다. 따라서 소통할 수 있는 한계까지는 소통시켜 가야 하지만, 그 한계를 분명히 인식하고 한계를 넘어 억지로 소통시

---

**37** 『神氣通』, '體通: 天人之氣', "因其始而驗之於後, 推其前而測其後, 凡諸分別較驗, 遂成知覺, 可由此而擴充矣."

**38** 『神氣通』, '體通: 通之所止及形質通推測通', "可通者, 通其可通而止於可通之地, 不可通者, 歷其可通之界, 而止於不可通之限也."

키려 하지 않는 것이 '통'의 방법이요 조건이라 할 수 있다. 경험적 소통의 한계를 넘는 데서 온갖 허위적 관념의 천착과 미신적 속임수가 나오는 것임을 경계하는 것이다.

또한 '신기'와 감각기관은 모든 사람이 가지고 있지만, 보고 듣고 겪는 소통의 경험에서는 사람마다 차이가 발생한다. 따라서 최한기는 "마땅히 남이 통한 것을 거두고 모아서 내가 통하지 못한 것을 통하게 하고, 내가 통한 것을 널리 알려서 남이 통하지 못하는 것을 통하게 해야 한다. …남이 통하고 통하지 못한 것을 통합하여 그 실정을 소통시키고, 또 내 자신이 갖춘 통한 것을 통합하여 그 활용을 소통시키며, 치우치고 막힘이 없게 한다면 바야흐로 '통'이라 할 수 있다"[39]고 하였다. 곧 다른 사람이 통달한 것을 받아들여 나의 통달을 실현함으로써 나와 남 사이에 지각을 소통시키는 것이 소통을 이루는 중요한 방법의 하나임을 지적하였다.

나아가 최한기는 '신기'가 '통'을 실현하는 순서로서, "인간의 실정과 사물의 이치는 '제규'를 통하여 밖에서 얻어와 안에다 '습염'하며, 운용할 때에는 이것을 밖에다 베푸는 것으로, 여기에 들여오고(入) 머물게 하고(留) 내보내는(出) 세 단계의 자취가 뚜렷하게 있다. …사람 몸의 '신명한 기'는 오직 소통시키고(通) 살피며(察) 익히고(習) 물들이는(染) 능력이 있을 뿐이다"[40]라 하여, '신기'가 소통하는 순서로 감각기

---

**39** 『神氣通』, '體通: 通人我之通', "當收聚人之所通, 以通我之所不通, 敷告我之所通, 以通人之所不通,…有能統人之通與不通而通其情, 又能統我身之所具 而通其用, 毋有偏滯, 方可謂通."

**40** 『神氣通』, '體通: 收入於外發用於外', "人情物理,從竅通, 而得來於外, 習染於內, 及其發用, 施之於外, 完然有此入也留也出也三等之跡,…蓋人身神明之氣, 惟有通察習染之能."

관을 통해 '들여오고'(入), '신기' 속에 '머물게 하고'(留), 다시 감각기관을 통해 '내보내는'(出) 세 단계의 순서가 있음을 지적한다. 이것은 바로 '신기'의 지각활동이 실현되는 세 단계라 할 수 있다. 이때 지각을 하는 '신기' 곧 마음의 기능을 소통시키고(通) 살피며(察) 익히고(習) 물들이는(染) 네 가지로 제시하고 있다. 소통시키는 것은 감각기관과 연결된 지각활동의 시작과 끝을 이루는 것이라면, 살피고 익히는 것은 '추측'활동이요, 물들이는 것은 '기억'활동이라 할 수 있을 것이다.

최한기는 '신기' 곧 마음의 지각능력은 감각기관을 통한 소통의 경험에서 얻어지는 것임을 기본전제로 확인하고 있다. 곧 "'신기'는 지각의 근본이요, 지각은 '신기'의 경험이다. '신기'를 지각이라 할 수도 없고, 지각을 '신기'라 할 수도 없다. 경험이 없으면 한갓 '신기'만이 있을 뿐이다"[41]라 하여, 지각은 '신기'가 경험을 통해 얻은 성과이며, 경험이 없는 지각은 성립할 수 없음을 분명하게 밝혔다. 그는 경험을 통해 지각을 이루는 과정에서 기억의 중요성을 강조한다. "온갖 소리와 빛과 냄새와 맛과 촉감은 모두 밖에서 들어와 '신기'에 물들어 베어든다"[42]고 하여, 감각기관을 통해 들어온 감각의 경험들이 '신기'에 물들어 베어드는 '염착'(染着)은 기억으로 남게 되는 과정이고, 이 경험이 반복되어 익숙하게 베어드는 '습염'(習染)의 기억이다. 그렇다면 '신기'로서 마음이 경험의 지각으로서 기억을 간직하고 있는 것이지 결코 바깥으로 나가 사물과 만나는 것이 아님을 말하고 있다. 바늘에 한 번 찔렸던 경험이 있는 사람은 바늘을 보면 찔릴까 두려워하는 것도 바

---

**41**『神氣通』, '體通: 經驗乃知覺', "神氣者, 知覺之根基也, 知覺者, 神氣之經驗也, 不可以 神氣謂知覺也, 又不可以知覺謂神氣也, 無經驗, 則徒有神氣而已."

**42**『神氣通』, '體通: 氣通而未嘗出入', "凡諸聲色臭味觸, 皆自外而入, 染着於神氣."

늘에 찔린 고통의 기억이 있기 때문이며, 따라서 경험의 기억이 일차
적으로 지각을 이루는 것이라 본다. 따라서 지각은 결코 마음 속에 선
천적으로 주어지는 것이 아니며, '신기'가 개별적인 경험을 통해 후천
적으로 성취하는 결과인 것임을 확인하고 있다.

### (3) '신기'의 소통에서 주통(周通)과 변통(變通)

인간은 외부세계와 소통을 실현하기 위해서는 감각기관으로부터
얻은 경험을 추측으로 확장하는 과정에서 다양한 경험의 지각들을 서
로 연결시킴으로써 두루 통달하는 '주통'(周通)을 이루고, 또한 다양한
상황과 변화의 조건에 따라 지각을 끊임없이 변화시켜 외부세계에 대
응하는 '변통'(變通)을 요구하고 있다. '주통'과 '변통'은 소통의 실현과
제로서 한 단계 나아간 것이라 할 수 있다. '주통'이 지각활동의 종합
과 확장을 성취하는 것이라면, '변통'은 지각활동의 조정과 적용을 실
현하는 것이라 하겠다. 이러한 '주통'과 '변통'은 모든 경험과 추측을
더욱 심화시킴으로써 가능하며, '주통'과 '변통'을 통해서 '신기'의 온전
한 소통과 실현이 이루어질 수 있는 것으로 본다.

먼저 최한기에서 '주통'에 대한 이해는 '신기'가 '통'을 이루는 수준에
대한 논의에서 확인할 수 있다. 그는 '통'을 이루는 수준을 세 등급으
로 구분하면서, "일에 앞서서는 '범위의 통'이 있고, 일을 실천하는 데
는 '점진하는 통'이 있고, 일을 마친 다음에는 '증험의 통'이 있다"[43]고
하였다. 그것은 지각의 대상에 범위가 설정되는 단계와 지각이 점차
풍부해지는 단계와 마지막으로 지각내용의 진실성이 증험되는 단계

---

43 『神氣通』, '體通: 通有始中終', "先事而有範圍之通, 踐事而有漸進之通, 後事而有證驗
之通."

를 구분해봄으로써, 지각의 심화과정을 보여주고 있는 것이다. 이렇게 지각이 심화과정을 통해 증험이 확고해지면 모든 범위에서 모든 지각에 통달되는 성취를 이룰 수 있는 것으로 본다.

최한기는 지각의 통달함을 이루는 과정으로, "먼저 일을 처리하고 사물에 대응하는데 통하지 못한 것으로부터 통함에 이르기를 기약하고, 다음으로 연구하고 사색함에 이르러서 통함을 익숙하게 하고 물들게 하면, '신기'의 통함이 빛나고 밝음을 이룰 것이요, '제규'의 통함에 이르러서도 그렇지 않음이 없을 것이니, 이것이 곧 두루 통달함(周通)이다"[44]라 하였다. 소통하지 못하는 것을 소통시키는 단계에서 연구와 사색을 통해 소통을 익숙하고 젖어들도록 심화시키는 단계로 나아가야 한다는 것이요, 이렇게 두루 통달함의 '주통'(周通)을 이루면 최종적으로는 천하에 두루 소통하는 경지에 까지 확충될 수 있을 것이라 보았다. '신기'의 소통이 익숙하게 젖어들면 '신기'의 역량이 커지고 감각기관에 까지 미치면 감각기관으로 볼 수 없는 것을 보고 듣고 감촉할 수 있게 되며, 이 신묘한 시각(神視), 신묘한 청각(神聽), 신묘한 촉각(神觸) 등으로 신묘한 통달의 '신통'(神通)을 이루는 것이라 한다.[45] '신기'의 신명함이 지닌 지각능력은 감각기관을 통한 경험에 의해 이루어지는 것이지만, 그 역량이 축적되고 성장하면 감각기관이 미치지 못하는 경지에 까지 소통을 이룰 수 있는 것임을 제시하고 있는 것이다.

다음으로 '변통'은 '신기'의 독특하고 중요한 능력으로 주목된다. 이

---

**44** 『神氣通』, '周通: 不通偏通周通', "先自處事接物不通者, 期臻於通, 次及於研究思索, 習染於通, 則神氣之通, 可致光明, 至於諸竅之通, 莫不皆然, 是卽周通也."

**45** 『神氣通』, '體通: 神通', "若至於神氣之視力, 忘目而通於物, 神氣之聽力, 忘耳而達於事, …是謂神視神聽神臭神味神觸."

미 각각 일정하게 기능이 결정되어 있는 형체의 감각기관은 변통할 수
있는 것이 아니다. 그러나 이 감각기관을 통해 소통하는 '신기'가 여러
감각내용들을 통합하는 과정에서 변통할 수 있다는 것이다. '신기'가
감각기관을 통해 경험의 지각을 얻는다면, 이 지각을 미루고 헤아려 판
단하는 과정에서 '변통'할 수 있다. 그렇다면 '변통'은 '주통'과 더불어
'신기'의 지각작용에서 종합하고 판단하는 양상이라 할 수 있다.

　그는 '천지의 신기'는 받들고 따라야 하는 기준이므로 '변통'할 수 없
는 것이라 보고, 다만 인간의 일에서 온갖 이합집산이 벌어지고 때와
형세에 따라 변화가 일어나므로 '변통'이 가능하다고 본다. 따라서 인
간의 일에서 '변통'의 방법을 제시하여, "그 소통함을 변화시켜 통하지
못하게 할 수도 있고, 그 통하지 못함을 변화시켜 소통하게 할 수도 있
다. …인간의 일에서 막힌 것을 변통하여 변통할 수 없는 천지의 신기
에 소통하게 하는 것이 진정한 변통이다"[46]라 하였다. 인간의 '신기'에
서 변통하는 목적은 바로 변통이 되지 않는 대상세계와 인간의 '신기'
를 소통시키는데 있음을 확인하였다. 곧 인간의 '신기'가 이룬 지각에
따른 판단과 대응으로는 외부세계와 소통이 되지 않을 때는 인간의
'신기'에서 변통시킴으로써 소통의 길을 찾아가는 것이 '변통'임을 의
미한다.

　그는 '변통'을 해야하는 현실적 조건으로 쉼 없이 순환운동을 하는
'천지의 기'(天地之氣)와 늦추었다 당겼다 하면서 권장하기도 하고 징
계하기도 하는 '임금의 법령'(君長之政令)과 통하고 막힘에 따라 향하
기도 하고 등지기도 하는 '인물의 수작과 대응'(人物之酬應)의 세 가지

---

**46** 『神氣通』, '變通: 推測變通有虛實', "可使變其通, 而爲不通, 變其不通, 而使通之, …變
　人事之窒塞, 而通天地神氣之不可變通, 是眞變通也."

조건이 복잡하게 얽힌 현실을 제시하고서, "사업을 경륜(經綸)함에는 모름지기 이 세 가지 조건과 만나는 바를 살펴야 한다. 때에 근거하여 형세를 타고, 기미를 관찰하여 이롭게 이끌어가며, 막힘이 없게 하고 도리에 순응할 것을 구하여, 덜기도 하고 보태기도 하며, 나아가기도 하고 물러가기도 하며, 힘을 빌리고 마음을 합쳐서 기미에 따라 대응하여 마땅함을 제정하면, 변화시켜 소통하게 하지 않는 것이 없다"[47] 고 하였다. 현실의 상황적 조건은 이 세 가지만이 아니지만, 세 가지를 대표적 경우로 들 수 있다. 인간이 현실세계에 대응하여 소통하기 위해서는 상황의 조건이 달라지는데 따라 자신의 판단과 대응방법을 끊임없이 변화시켜 적응하여야 한다는 것이다. 그만큼 무한한 다양성의 조건 속에 놓여 있는 현실을 중시하는 것이고, 이 현실에 적응하여 소통시키기 위한 '신기'의 지각활동이 바로 '변통'의 방법임을 확인해 주고 있다.

## 2) 추측(推測)과 인식의 경험적 성격

### (1) 추측의 구조

최한기는 인간에게 외부세계의 만사·만물은 소통되어야 할 대상이요, 인간이 대상과 소통할 수 있는 도구는 인간의 형체에 갖추어진 감각기관이며, 소통할 수 있는 능력은 '신기'의 힘이라 본다. 여기서 인간과 대상세계와의 소통은 두 가지 양상으로 구분되어, 신체의 감각

---

**47**『神氣通』, '變通: 變通條目', "凡事業經綸, 須察三條所值, 因其時乘其勢, 觀機利導, 俾無梗塞, 要歸順迪, 損之益之, 進之退之, 借力協心, 達權制宜, 莫非變而通之也."

기관이 대상과 소통하는 것을 '형질통'(形質通)이라 하고, '신기'의 신
명함이 지각하고자 판단함으로써 소통하는 것을 '추측통'(推測通)이라
한다. 그는 '형질통'을 설명하여, "이미 형질의 소통에 근거하여 분별
하고 헤아림이 있다. 만약 전날에 보고 듣고 겪은 것을 미루는 것이
아니면, 곧 현재의 사물에 근거하여 이것으로 저것과 비교하거나 저
것으로 이것과 비교하여 그 우열과 득실을 헤아려 통달함을 얻음이
있다. 이것이 바로 추측의 소통이다"[48]라 하였다. 과거나 현재의 감각
적 경험을 근거로 비교하고 판단하여 소통시키는 것이 '형질통'이라는
것이다. 곧 인간은 수동적으로 받아들인 '형질통'을 근거로 능동적으
로 비교하고 평가하는 판단인 '추측통'을 실현하고 있다. 따라서 '형질
통'은 인간의 신체적 조건에 따라 개인적 차이가 있지만 그 차이는 매
우 한정된 것이라면, '추측통'은 사람마다 경험하고 지각하는 활동에
서 개인의 경험이나 노력에 따라 무한한 차이를 가능하게 한다.

　그렇다면 감각기관을 통해 거칠게 소통하는 '형질통'에 비하여 정력
을 기울여 궁구함으로써 정밀하게 소통하는 '추측통'은 인간의 '신기'
가 탁월한 역량을 드러나는 통로이다. 곧 "나에게 있는 신기에는 추측
하는 이치가 있고, 사물에 있는 기질에는 유행하는 이치가 있다. 소통
하는 것은 귀와 눈의 능력이요, 추측하게 하는 것은 '신기'의 작용이
다"[49]라 하였다. 물론 인간과 대상의 사물 사이에 소통한다는 것은 사
물의 형체가 직접 감각기관으로 출입하는 것이 아니다. 인간은 감각

---

**48** 『神氣通』, '體通: 形質推測異通', "旣因形質之通, 而有所分開商量者, 如非推前日之見
聞閱歷, 卽因現在之物, 以此較彼, 以彼較此, 測度其優劣得失, 有得通達者, 是乃推測
之通."

**49** 『神氣通』, '體通: 理由氣通', "在我之神氣, 有推測之理, 在物之氣質, 有流行之理, 所
以通之者, 耳目之力也, 使之推測者, 神氣之用也."

기관을 통해 사물의 기질에 따라 드러나는 감각자료를 받아들이는 것이고, 인간의 '신기'는 이 감각자료를 통해 사물이 지닌 '유행의 이치'(流行之理)를 추측하여 '추측의 이치'를 구성하는 것이라 할 수 있다. 이처럼 인간은 감각기관을 통해 사물이 지닌 '유행의 이치'를 수동적으로 경험하고 축적하여 이를 토대로 추측을 수행함으로써 '추측의 이치'를 발현하여 이 세계와 더욱 깊이 그리고 더욱 넓게 소통할 수 있으며, 이를 통해 '신기' 내지 마음의 역량을 실현할 수 있다는 것이다. 최한기는 이러한 '신기'의 '추측'활동으로 마음의 본질적 기능인 지각능력이 발현하는 양상을 세밀하게 해명하고 있다.

따라서 최한기는 인간의 마음을 바로 이렇게 추측하고 지각하는 현상이지 별개로 독립된 실체가 있는 것이 아님을 강조하였다. "마음은 몸을 주재하니 모든 이치와 모든 일이 마음에 근본한다. 이것은 익히고 물들이는 추측이나 스스로 터득하는 지각으로 마음을 삼는 것이지, 처음부터 끝까지 하늘이 부여한 '신기'가 근본과 말단이나 이것과 저것을 통달하는 것이 이름에 따라 실체를 갖춘 것은 아니다"[50]라 하였다. 또한 "마음은 실체가 없으며, 사물의 이치를 '추측'하는 것이 마음이다"[51]라 하여, '신기' 내지 마음을 '추측'하는 기능과 작용을 총괄하는 인간의 주체적 양상으로 확인하고, 추측의 기능을 통해 마음의 개념을 확인할 수 있는 것이라 보고 있다. 그만큼 인간의 주체인 '신기' 내지 '마음'은 신체를 주재하면서 '추측'하는 '기'의 존재양상이요, '기' 바깥에 독립된 실체가 없는 것임을 밝히고 있다.

---

50 『神氣通』, '體通: 心性理氣之辨', "心主於身, 則衆理萬事, 皆本於此, 是乃習染之推測, 自得之知覺, 以爲心也, 非自初至終, 天賦之神氣, 通源委 達彼此者, 循名而賅實也."
51 『推測錄』, '推氣測理: 氣生聲色', "心無體, 以推測事理爲心."

최한기는 '추측'을 정의하여 "하늘을 이어받아 이루어진 것이 '성' (性)이고, '성'을 따라 익히는 것이 '미룸'(推)이요, '미룸'에 근거하여 계량하는 것이 '헤아림'(測)이다. '미룸과 헤아림'(推測)의 방법은 예로부터 모든 백성이 함께 말미암는 큰 도리이다"[52]라 하였다. 곧 '추측'은 인간이 부여받은 기질적 조건(性)에 따라 활동하는 작용이다. 그는 이 '신기'와 '추측'의 상호관계를 해명하면서, "'기'는 실지 이치의 근본이고, '추측'은 지각을 확충하는 요령이다. 이 '기'에 연유하지 않으면 궁구하는 것이 모두 허망하고 괴이한 이치일 것이요, '추측'에 말미암지 않으면 아는 것이 모두 근거 없고 증험할 수 없는 말이다"[53]라 하여, 지각의 확충으로서 '추측'은 '기'에 근거함으로써 가능한 것이요, 진실할 수 있는 것임을 지적하였다.

따라서 추측의 기본법칙은 궁극적 근원을 추구하여 연역해 가는 것이 아니라, 가장 가까운 비근한 현실에서 경험을 쌓고 증험하여 근원에 까지 나아가는 귀납적인 것임을 제시하고 있다. 그리고 '기'를 미루어 '리'를 헤아리고(推氣測理), '정'을 미루어 '성'을 헤아리고(推情測性), '동'을 미루어 '정'을 헤아리고(推動測靜), 자기를 미루어 남을 헤아리고(推己測人), 사물을 미루어 일을 헤아리는 것(推物測事)이 그의 『추측록』을 구성하는 체계이다. 그것은 가깝고 구체적인 것을 미루어 이를 근거로 멀고 추상적인 데까지 헤아려 간다는 것으로 최한기의 경험적 사유를 분명하게 표출시켜주는 것이라 할 수 있다.

최한기는 '추측'에서도 미룸(推)과 헤아림(測) 사이에는 감각적 지각

---

52 『推測錄』, '序', "繼天而成之爲性, 率性而習之爲推, 因推而量之爲測, 推測之門, 自古蒸民所共由之大道也."

53 『氣測體義』, '序', "氣爲實理之本, 推測爲擴知之要, 不緣於是氣, 則所究皆虛妄怪誕之理, 不由於推測, 則所知皆無據沒證之言."

에 근거하는 '미룸'이 먼저 일어나고, '미룸'에 근거하여 사유의 판단인 '헤아림'이 다음에 이루어지는 것이지만, 그러나 실제의 과정에서는 '미룸'과 '헤아림'이 서로 근거가 되어 상호작용하는 것임을 강조하였다. 곧 "미루기만 하고 헤아리는 바가 없으면 활동과 고요함이 모두 막히게 되고, 헤아리기만 하고 미루는 바가 없으면 어찌 허망하지 않겠는가. 반드시 미룸과 헤아림이 서로 참여하여야 그 마땅함을 얻을 것이다"[54]라 하여, 미룸이나 헤아림이 상호작용하지 않고, 어느 한 쪽에만 치우치면 올바른 지각을 이루지 못하고, 막혀서 넓게 소통시키지 못하거나 실상에서 벗어나 허망한 판단에 빠지게 되는 폐단이 발생하게 되는 사실을 지적하였다.

### (2) 지각과 추측의 방법

최한기는 추측의 일차적 과정이 감각적 지각의 경험을 통해 이루어지는 것임을 주목한다. 그만큼 그의 추측을 통한 인식은 경험적 지각을 전제로 하고 있는 것이다. 그는 인간의 '신기' 내지 마음은 본래의 바탕이 순수하고 깨끗하여 아무 것도 없는 상태라는 사실을 거울이나 샘물 또는 흰 비단에 비유하며, 거울에 사물이 비치거나 투명한 샘물이나 흰 비단에 색깔이 물드는 경우로 경험의 지각이 이루어짐을 비유하여 설명하고 있다.

우선 최한기는 마음이 비어있는 것임을 거울에 비유하면서, "거울이 물건을 비춤은 티끌이나 때가 가리지 않는다면 천하의 사물을 모두 비추어 부족함이 없다. 이것이 어찌 만물의 형상이 거울 속에 갖추

---

**54** 『推測錄』, '推測提綱: 推測相參', "徒推而無所測, 動靜皆固滯, 徒測而無所推, 豈不是虛妄, 必須推測相參, 乃得其宜."

어 있는 것이겠는가. …마음이 사물에 대해서도 이와 같다"[55]고 언급
하였다. 거울은 속이 비어 있지만 온갖 사물의 형상을 비추듯이 인간
의 마음에도 아무런 이치를 간직함이 없지만 경험에 근거하여 미루고
헤아림으로써 사물의 이치를 인식할 수 있다는 것이다. 성리학에서
마음이 모든 이치를 간직하고 있다는 견해에 대해 정면으로 거부하여
오직 경험을 통한 지각이 가능함을 밝히고 있는 것이다.

또한 마음이 경험을 기억하는 사실을 샘물에 비유하여, "마음의 본
래 모습은 비유하자면 순수하고 맑은 우물과 같다. …순수하고 맑음
은 우물의 본래 빛깔이요, 색깔을 첨가하는 것은 우물의 경험이다. 첨
가한 색깔이 비록 없어져도, 순수하고 맑은 가운데 경험은 스스로 존
재하며, 거듭 쌓여가면 추측이 저절로 생긴다"[56]고 하였다. 그것은 마
음의 본 바탕에 아무 것도 없다는 거울의 비유에서 한 걸음 나아가 샘
물에 색깔을 넣어 물들이는 경우 색깔이 상당기간 남아 있다는 사실
을 통해 경험이 마음 속에 물들임이라는 기억의 형태로 남아 있음을
보여준다. 경험이 마음 속에 기억으로 상당기간 남아 있음으로써 비
로소 마음 속에서 비교하고 관찰하며 판단하는 추측이 발생하게 된다
는 것이다.

이와 더불어 마음이 경험을 축적하면서 숙습(習: 熟習)이 이루어짐을
흰 비단에 비유하여, "숙습(習)은 보고 들음에서 생겨서 물들고 고착되
어 익숙해진 것이다. …마치 흰 비단이 처음 물들면 뒤에 비록 빨아서
다시 다른 색깔을 물들여도 끝내 처음 물들인 것만 못한 것과 같다. …

---

55 『推測錄』, '推測提綱: 如鏡如水', "鏡之照物, 不爲塵垢所蔽, 則照盡天下物, 未見其不
足也, 是豈萬物之像, 具在鏡中耶, …心之於物, 亦猶乎是."
56 『推測錄』, '推測提綱: 本體純澹', "心之本體, 譬如純澹之井泉, …純澹者井泉之本色也,
添色者井泉之經驗也, 添色雖泯, 純澹之中, 經驗自在, 至于積累, 推測自生."

비록 익혀진 것을 버리더라도 추측은 오히려 남아 있어서 평생의 쓰임이 되니, 익혀짐은 중대한 앎이다"[57]라 하였다. 경험에서 발생하는 기억은 오래되면 완전히 사라질 수도 있지만, 경험의 반복으로 익혀져 몸에 배어 숙습이 되면 완전히 사라지지 않고 남아서 영향을 계속 미치고 있음을 주목하였다. 추측과 지각의 과정에 경험과 기억의 단계를 넘어서 숙습이 중요한 역할을 하는 사실을 지적하는 것이다.

추측이 이루어지는 순서로서, "일찍이 듣지도 보지도 못한 일을 처음 당하면 몽매하지만, 두 번 당하여 미루고 세 번 당하여 헤아려서, 무리를 견주어보고 두루 비추면 추측이 이루어진다. 일찍이 숙습된 것은 그 근원을 거슬러 궁구하면 모두 그렇지 않은 것이 없다"[58]고 하였다. 추측은 경험이 반복되면서 미루고 헤아릴 수 있으며, 비교하고 조명하여 추측이 이루어지면 그 다음 단계로 몸에 익숙하게 베어드는 숙습이 이루어지는 것이라 한다. 이처럼 경험의 반복을 근거로 추측이 이루어지고 추측이 반복되면서 숙습이 이루어지는 과정을 보여준다.

또한 최한기는 추측의 실천과정에서 기초가 되는 미룸(推)의 중요성을 강조하여, "학문을 함에 미룸을 쌓아갈 줄 모르면 마치 경작하고서 수확하지 않는 것과 같고, 일을 당함에 미룸을 사용할 줄 모르면 마치 배에 키가 없는 것과 같다"[59]고 하였다. 배우는 과정에서는 경험의 미루어감을 기억 속에 축적하지 않으면 농사를 지어도 수확할 수 없

---

**57** 『推測錄』, '推測提綱: 習變', "夫習, 生於聞見, 熟於染着,…如素帛之初染, 後來雖洗浣而更染他色, 終不若初染,…所習雖去, 推測尙存, 爲平生之須用, 大哉習也."

**58** 『推測錄』, '推物測事: 方生推測', "未嘗聞覩之事, 始當蒙昧, 再當而推, 三當而測, 比類傍照, 推測成焉, 曾所熟習者, 遡究其源, 莫不皆然."

**59** 『推測錄』, '推測提綱: 貯推用推', "學問而不識貯推, 如耕而不穫, 當事而不識用推, 如舟而無舵."

듯이 아무 성과를 거둘 수 없게 되는 것이요, 일에 대처하면서 미루어 갔던 지식을 활용하지 못하면 방향을 찾을 수 없으니, 배에 키가 없는 것과 같다는 것이다. 곧 미룸을 축적함으로써 앎이 이루어질 수 있고, 미룸을 활용함으로써 행위의 방향을 잡아갈 수 있음을 밝혀준다. 따라서 그는 앎(知)에 대해서도, "'지'(知)라는 글자의 명칭과 의미는 단지 미루고 헤아림이 효과를 이룬 것을 드러낸 것이다"[60]라 하여, 지각의 활동이 추측이요, 추측의 성과가 지각이라는 관계로 제시하여 동일한 사실의 양면을 이루는 것임을 제시하기도 하였다.

추측의 방법을 활쏘기로 비유하여, "앞서 쏜 득실을 미루어 지금 쏠 표적을 헤아린다. …앞서 쏜 것을 잊지 않음은 다음에 쏘는 데 권고나 경계가 되니, 뒤에 쏘는 데 미리 헤아림은 바로 앞서 쏜 경험이다"[61]라 하였다. 활쏘기에서 앞서 쏘았던 결과를 미루어 다음에 쏠 때의 기준을 헤아리는 것처럼, 추측은 끊임없이 먼저 경험한 것을 미루어 이를 근거로 다음에 행할 방향과 기준을 헤아리는 것임을 확인하고 있다. 그것은 모든 추측이 경험에 기반하는 것임을 강조한 것이다. 여기서 그는 추측의 기초가 경험임을 전제로, 경험에 기초한 추측에서 나아가 추측을 통해 얻은 이치를 통해 다시 경험을 증험하는 과정이 있음을 제시한다. 곧 "한 가지를 미루어 만 가지를 헤아리는 것은 근원을 미루어 말단을 헤아리는 것이요, 만 가지를 미루어 한 가지를 헤아리는 것은 말단을 미루어 근원을 헤아리는 것이다"[62]라 하여, 경험의 귀

---

60 『推測錄』, '推測提綱: 推測卽是知', "知字名義, 只擧推測之成效而標著者也."

61 『推測錄』, '推測提綱: 以射測測', "以射論之, 推前射之得失, 測方射之準的, 推誤則測亦誤矣, 推雖不誤, 測未及機, 則亦不可中矣, 前射之不忘, 爲後射之勸戒, 後射之豫度, 乃前射之經驗."

62 『推測錄』, '推測提綱: 推測源委', "推一測萬, 卽是推源測委也, 推萬測一, 卽是推委測

납적 추측과 더불어 증험의 연역적 추측이 있음을 인정하고 있다.

나아가 그는 추측이 일어나는 양상을 나와 사물 사이에서 다섯 가지 유형으로 제시하였다. 곧 "나로써 나를 관찰하는 것은 '반관'(反觀)이요, 사물로써 사물을 관찰하는 것은 '무아'(無我)요, 나로써 사물을 관찰하는 것은 '궁리'(窮理)요, 사물로써 나를 관찰하는 것은 '증험'(證驗)이요, 나는 있고 사물이 없는 것은 '미발'(未發)이다. 이 다섯 가지가 갖추어지면 추측이 이루어진다"[63]고 하였다. 어떤 추측과 지각의 실현도 주체인 나와 대상인 사물 사이의 관계로 분류될 수 있다는 것이다. 사물로써 사물을 관찰하는 '무아'의 경우에도 추측하는 주체는 '자아'인 만큼 나와 사물의 관계를 벗어날 수 없다. 다만 추측과 지각 내용에 나의 주관적 판단이 개입되지 않고 사물과 사물 사이의 상태가 비교되고 판단되는 것일 뿐이라 할 수 있다.

### (3) 추측의 실현

최한기는 추측을 올바르게 실현하기 위해서 요구되는 몇 가지 조건들을 제시하고 있다. 먼저 "보고 들음을 미루어 일을 행함을 헤아리는 것은 추측이 생겨남이고, 일을 행함을 미루어 이익과 마땅함을 헤아리는 것은 추측의 이룸이다"[64]라 하여, 감각적 경험을 미루어 일의 처리방법을 헤아리는 추측의 형성과정과 일의 처리방법을 미루어 그 성과의 이익과 정당성을 헤아리는 추측의 실현과정을 대비시키고 있다.

---

源也."

**63** 『推測錄』, '推物測事: 觀物有五', "以我觀我反觀也, 以物觀物無我也, 以我觀物窮理也, 以物觀我證驗也, 有我無物未發也, 五者備而推測成矣."

**64** 『推測錄』, '推測提綱: 推測生成', "推見聞而測行事, 推測之生也, 推行事而測利宜, 推測之成也."

결국 추측은 경험을 근거로 일을 행함에 나아가야 하며 그 일의 행함을 유익하고 정당하게 실현함으로써 완성되는 것임을 말해준다.

또한 "중정(中正)은 추측의 표준이요, 지선(至善)은 추측의 그치는 곳이요, 동정(動靜)은 추측이 다르게 쓰임이요, 변통(變通)은 추측이 두루 펴짐이다"[65]라 하여, 추측을 실현하는 조건으로 정당성의 '표준'(準的)과 목표로서 '그치는 곳'(所止)과 다양한 적용으로써 '다르게 쓰임'(異用)과 널리 응용하는 '두루 펴짐'(周遍)의 네 가지를 제시하였다. '중정'(中正)의 표준이 없으면 추측의 우열을 판단할 수 없고, '지선'(至善)의 그쳐야 할 곳이 없으면 넘어가거나 벗어날 위험이 있으며, '동정'(動靜)에 따른 다르게 쓰임이 없으면 당면한 시기와 처지에 따라 적응을 할 수 없고, '변통'(變通)을 통해 두루 펼치지 않으면 온갖 조건의 변화에 따른 활용을 할 수 없다는 문제점을 지적하고 있는 것이다.

특히 그는 추측의 실현에서 '변통'의 중요성을 주목하여, "'기'를 변통하려면 먼저 몸소 체득해야 하며, 몸소 체득하려면 먼저 '기'를 보아야 하고, '기'를 보려면 먼저 상세하고 밝게 강구해야 한다"[66]고 언급하였다. 이처럼 경험하고 추측하는 모든 과정의 최종적 단계로서 추측의 온전한 실현을 이루는 방법은 '기'를 변통하는 것임을 보여준다. 추측의 경험적 지각은 현실의 무한한 다양성에 활발하게 응용될 수 있어야 대상세계와 소통이 될 수 있는 것이요, 따라서 소통은 변통을 함로써 두루 넓게 실현될 수 있음을 밝혀주는 것이다.

---

**65** 『推測錄』, '推測提綱: 推測諸用', "中正者, 推測之準的, 至善者, 推測之所止, 動靜者, 推測之異用, 變通者, 推測之周遍也."

**66** 『推測錄』, '推氣測理: 論氣觀氣體認氣通變氣', "夫欲通變此氣, 先須體認, 欲體認此氣, 先須觀氣, 欲觀此氣, 先須講究詳明."

# 4 마음의 실현방법

## 1) 도덕적 실현과 수양의 방법

### (1) 선(善)의 개념

최한기는 인간을 '신기'로서 마음이 대상세계와 소통하는 존재로 인식하기 때문에, 선·악의 문제를 대상세계와 소통하는 '추측'의 과정에서 드러나는 것임을 주목하여, "선함과 선하지 않음은 모두 '추측'에서 나오는 것이요, 연고없이 저절로 발현되는 것은 아니다. 그 미루는 바의 다름이 있는 사실을 추구해 보면, 하나는 '도의'(道義)에서 말미암고 하나는 '사사로움'(己私)에서 말미암는다. '도의'라는 것은 천하의 공공함(共公)이요, '사사로움'은 한 몸의 왕성한 욕심(熾欲)이다"[67]라 하였다. 마음의 미루고 헤아리는 '추측'활동이 공공함을 따르는지 사사로움을 따르는지에서 선과 악이 갈라지는 것이라 보는 것이다. 이러한 견해는 선·악을 어떤 선천적 조건으로 보는 것이 아니라, 마음

---

**67** 『推測錄』, '推動測靜: 克己', "善與不善, 皆出於推測, 不是無緣而自發也, 究其所推之有異, 一由於道義, 一由於己私, 道義者, 天下之共公, 己私者, 一身之熾慾."

의 작용이 지향하는 현실적 양상으로 파악하고 있음을 보여준다. 따라서 그는 "선과 악은 공정한 의논에 따른 이익이나 손해요, 이익이나 손해는 일의 형세에 따른 선과 악이다"[68]라 하여, 공공성을 통해 드러나는 결과로서 이익이나 손해로서 선과 악이 논의될 수 있는 것이요, 그만큼 선천적 조건이 아니라 현실적 성과의 공공성과 효용성에 따른 판단임을 보여주고 있다.

또한 그는 선악의 성격을 마음의 구성요소로서 바탕인 '성'(性)과 발현양상인 '정'(情)에 연관시켜 해명하기도 하여, "'성'에 있으면 순응(順)과 거역(逆)이라 하고, '정'에 있으면 선과 악이라 한다. 그러므로 '정'의 선함은 그 '성'에 순응함으로 말미암고, '정'의 악함은 그 '성'에 거역함으로 말미암는다. …순응과 거역이란 감응하여 활동하는 기미(幾微)이고, 선과 악은 그 순응과 거역에 따른 길하고 흉함이다"[69]라 하였다. 추측하고 지각함으로써 외부세계와 소통하는 존재로 인간을 인식하고 있으므로, 그 소통이 순조로운지 어긋났는지에 따라 그 결과로서 선한지 악한지가 결정되는 것으로 본다. 그는 기질의 바탕인 '성'의 차원에서는 순응과 거역의 작용이 일으킨 결과로서 '정'으로 드러난 현상이 좋은지 나쁜지에 따라 선·악을 판단하게 되는 것이라 본다.

그렇다면 선·악은 인간의 기질적 바탕인 '성'이 선한지 악한지를 규정하는 맹자나 순자 등의 주장은 전혀 의미없는 논의로 보는 것이다. 곧 인간 마음의 바탕인 '성'은 선천적으로 부여된 선이나 악으로 도덕성을 평가할 내용이 없으며, 마음의 활동에서 나타난 결과인 감정의

---

68 『神氣通』, '變通: 善惡利害', "善惡者, 公議之利害也, 利害者, 事勢之善惡也."
69 『推測錄』, '推情測性: 性順逆情善惡', "在性曰順逆, 在情曰善惡, 故情之善者, 由於順其性, 情之惡者, 由於逆其性,…順逆者, 感動之幾微也, 善惡者, 順逆之休咎也."

단계에서 비로소 선·악이 드러나는 것임을 주장하고 있다. 여기서 그는 선·악과 '성'·'정'의 문제에 대한 논의를 두 가지로 나누어, 하나는 '성'에는 선·악이 없지만 '정'에 선·악이 있다는 주장이요, 다른 하나는 '성'에 선·악이 없다면 '정'에도 선·악이 없고, '정'에 선·악이 있다면 '성'에도 선·악이 있다는 주장으로 제시하였다. 곧 전자에 대해서는 "익힌 바에 나아가 치우치고 막힌 것을 제거하려는 것이니, 이것은 배우는 사람의 공부이다"라 규정하고, 후자에 대해서는 "근본과 말단을 들어올리고 안과 밖을 소통하게 하려는 것이니, 이것은 지혜로운 자와 어리석은 자가 바뀌어지지 않음을 말하는 것이다"라 규정하였다.[70] 그는 인간의 '성'·'정'이 선한지 악한지에 대한 무수한 견해들이 혼란만 일으키는 문제를 해결하기 위해 두 가지 상반된 견해를 대비시키면서 각각의 주장이 추구하는 의도를 규정함으로써, 주장의 성격과 한계를 드러내고 있는 것이다.

최한기는 마음의 활동으로 '추측'의 과정에서 반복되면서 선이나 악이 숙습(習)을 이루어 차이를 드러내게 되는 사실을 주목하고 있다. 곧 "악에 숙습이 된 사람은 미루고 헤아림이 악에 있고, 선에 숙습이 된 사람은 미루고 헤아림이 선에 있다. 오직 하나의 미루고 헤아림이 숙습된 바에 따라 서로 멀어지며, 악이 변하여 선의 숙습이 되고 선이 변하여 악의 숙습이 됨으로써, 그 숙습된 바가 변하면 미루고 헤아림도 변한다"[71]라 하였다. 선·악이 경험과 추측의 결과라고 하면, 경험

---

70 『推測錄』, '推情測性: 性情善惡', "或謂性無善惡, 而情有善惡者, 爲其就所習而去偏滯, 是乃學者之功夫也, 又或謂性是源也, 情是流也, 旣以爲性無善惡, 情亦無善惡, 且旣爲情有善惡, 性亦有善惡者, 爲其擧源委而通內外, 是乃知愚不移之謂也."

71 『推測錄』, '推測提綱: 習變', "習於惡者, 推測在惡, 習於善者, 推測在善, 惟一推測隨所習而相遠, 惡變爲善習, 善變爲惡習, 以其所習變而推測亦移."

과 추측의 반복과정에서 숙습이 될 수밖에 없다. 그렇다면 선이 악으로 바뀌고 악을 선으로 바꾸는 일이란 이 선이나 악의 숙습이 된 것을 변화시키는 것이요, 이렇게 선과 악을 변화시키게 되면 경험과 추측도 바뀌지 않을 수 없다는 것이다.

### (2) 도덕규범과 실행

도덕은 인간이 지향할 가치규범이면서 인간의 행위를 정당화시켜주는 행동규범이 된다. 최한기는 도덕적 가치가 결정되는 조건으로서 '천리'(天理)와 '인욕'(人欲)의 두 가지를 주목하였다. "'천리'를 거스르면 '인욕'이 되고, '천리'를 해치면 '사욕'(私慾)이 되며, '천리'를 순응하여 이루면 '도덕'이 된다"[72]고 하여, '천리'를 거스르는가 해치는가 순응하는가에 따라 '인욕'·'사욕'·'도덕'이 갈라지는 것이라 제시하였다. 여기서 '천리'는 궁극적이고 초월적인 이치를 의미하는 것이 아니라, '기'가 운행하는 자연질서를 의미한다. 또한 '천리'와 '인욕'이 상반되는 것이 아니라, 자연질서로서 '천리'에 거스르는가 순응하는가에 따라 '인욕'과 '도덕'이 대립적으로 나타나는 것일 뿐이다. 그렇다면 언제든지 '천리'에 순응하기만 하면 '인욕'이 변하여 '도덕'이 될 수 있음을 보여주고 있다.

'천리'를 거스르는가 순응하는가의 문제는 결국 마음이 '기'의 운행을 어떻게 미루고 헤아리는가의 문제와 곧바로 연결되는 것이다. 최한기는 『대학』에서 말한 인간의 덕성으로서 '명덕'(明德)을 '추측의 거울'이라 하여 '명덕'과 '추측'을 상호조명하면서, "명덕에는 밝히는 공

---

**72** 『推測錄』, '推氣測理: 人天物天', "逆於天理, 爲人欲, 害於天理, 爲私欲, 順成天理, 爲道德."

부가 있으니, 추측의 정밀하고 익숙함으로써 빛을 연마하는 방법을 삼고, 추측의 확충으로써 빛을 투사하는 범위를 삼는다"[73]고 하였다. 미루고 헤아림의 '추측'은 명덕을 밝히는 방법이요 명덕이 밝아지는 범위가 된다는 것이다. 인간의 도덕성은 '추측'을 통해 그 능력이 연마되고 실현되는 것이라면, 인간의 도덕성은 '추측'을 통해 실현된 결과임을 말해준다.

최한기는 '추측'을 '덕'으로 들어가는 문으로 비유하면서, "인(仁)·의(義)·예(禮)·지(智)의 단서를 미루어, 인·의·예·지의 근본을 헤아리고, 인·의·예·지의 '덕'을 양성한다"[74]고 하여 '추측'의 작용을 통해 인·의·예·지의 '덕'이 지각되고 실현되는 것임을 밝히고 있다. 따라서 그는 "추측하는 가운데, 저절로 생성의 '인'과 적합함의 '의'와 순서의 '예'와 권고하고 징계함의 '지'가 있다. 다만 이것은 잡으면 보존되고 놓으면 없어진다"[75]고 하여, 인·의·예·지의 '덕'이 인간의 내면에 본래 주어져 있는 것이 아니라 미루고 헤아리는 '추측'의 과정에서 저절로 발생하는 것이며, 인간의 마음이 이 '덕'을 붙잡느냐 놓아버리느냐에 따라 유지되기도 하고 사라지기도 할 뿐임을 강조하였다. 그만큼 그는 '덕'이 마음의 '추측'활동을 벗어나서 독자적으로 성립하는 것이 아님을 분명하게 확인해주고 있는 것이다.

최한기는 인·의·예·지의 '덕'이 인간의 성품 속에 본래 갖추어져 있는 것이라는 성리학적 견해에 대해, 대상세계를 도외시하고 자신의

---

**73** 『推測錄』, '推測提綱: 明德漸達', "明德有明之之功, 以推測之精熟, 爲磨光之方, 以推測之擴充, 爲射影之界."

**74** 『推測錄』, '推測提綱: 入德門', "推仁義禮智之端, 測仁義禮智之本, 養成仁義禮智之德."

**75** 『推測錄』, '推情測性: 仁義禮智', "推測之中, 自有生成之仁, 適宜之義, 循序之禮, 勸懲之知, 然操則存捨則亡."

내면에서 모든 것을 찾으려드는 잘못된 견해임을 지적하고 있다. 그는 이러한 성리학적 '덕'의 본래적 내재성이 그릇됨을 비판하면서, 금과 옥을 거두어 모으는 것으로 비유하여, "누구에게나 금과 옥을 거두어 모으는 방법이 있다고 하면 옳지만, 누구나 본디 쌓아 놓은 금과옥이 있지만 사용할 줄 모른다고 한다면 잘못이다. 그러므로 맹자는 '사람이면 누구나 요·순이 될 수 있다'고 말하였지, '사람은 누구나 요·순인데, 다만 요·순의 도리를 행할 수 없는 것이다'라고는 말하지 않았다"[76]고 하였다. '덕'의 선천성 내재성을 철저히 거부하고, 오직 마음의 추측활동에서 발생하고 추측활동을 통해 실현되는 것임을 밝힌 것이다.

나아가 그는 '이욕'을 부정하는 불교의 금욕주의적 입장을 부정할 뿐만 아니라, 성리학의 '천리'를 간직하고 '이욕'을 제거하려는(存天理去人欲) 입장에 대해서도 사실상 부정의 입장을 취하고 있음을 보여준다. 곧 "'이욕'이 반드시 사람(의 마음)을 가리는 것은 아니다.…만약 이욕에 가리워서 내 마음에 본디 갖추어 있는 이치를 드러내지 못한다고 생각하여, 평생 이욕을 없애기 위해 노력하여 하루아침에 시원하게 관통하기를 바란다면, 선가(禪家)의 '돈오설'(頓悟說)에 거의 가깝다"[77]고 하였다. '이욕'(利欲)이 '천리'를 거스를 수는 있지만 그것은 '추측'이 충실하게 이루어지지 않은 상태일 뿐이리 본다. 따라서 '이욕'은 '추측'을 온전하게 함으로서 저절로 '도덕'에 합치되는 것이지, 결코 '이욕'을 제거하여야 '도덕'이 실현되는 것으로 보는 입장이 아니다. 그

---

**76** 『推測錄』, '推情測性: 仁義禮智', "若謂人皆有收聚金玉之方則可, 若謂人皆有素積之金玉, 而不得須用則不可, 故孟子曰, 人皆可以爲堯舜, 不曰人皆是堯舜, 而不能行堯舜之道."
**77** 『推測錄』, '推測提綱: 開發蔽塞', "利欲非必蔽人,…若謂以利欲所蔽, 未顯我心素具之理, 平生用力, 要除利欲, 冀得一朝豁然貫通, 殆近於禪家頓悟之說也."

는 '천리'와 '인욕' 내지 '천리'와 '이욕'을 대립구조로 파악하는 성리학적 입장을 거부하고, 객관적 기준인 '천리'를 주체적 실행으로서 '추측'이 실현하는 과정에서 미숙한 단계의 '이욕'과 성숙한 단계의 '도덕'으로 파악한다. 따라서 '이욕'은 '추측'의 성숙과정에서 극복되어야 할 미숙한 단계를 가리키는 명칭으로 볼 뿐인 것이다.

### (3) 마음의 수양 방법

최한기는 도덕을 마음의 '추측'과정에서 확인하고 있는 만큼, 마음의 도덕적 통제로서 수양의 문제에도 관심을 보여주고 있다. 곧 "'성실'(誠實)의 뜻은 추측하는 처음에 저절로 드러나고, '정심'(正心)의 공부는 추측한 다음에 온당하게 된다"[78]라 하여, 마음의 활동으로서 '추측'은 그 처음부터 '성실'의 마음자세로 수행되어야 하는 것이고, '추측'이 잘 이루어지면 마음을 바로잡는 '정심'의 공부도 적합하게 이루어지는 것임을 밝히고 있다. 그렇다면 마음의 수양도 '추측'을 벗어나지 않으며, '추측'활동 가운데 실현되고 있음을 보여주는 것이다. 따라서 '추측'은 '성실'로 시작부터 끝까지 관철되어야 하고, '정심'으로 그 결과가 확인되어야 하는 것임을 말하고 있다.

그는 '추측'이 바로 마음의 수양공부임을 지적하여, "덕에 나아가는 (進德) 단계는 미룸이 되고, 지극한 선(至善)의 표준은 헤아림이 된다"[79]고 하여, '추측'에서 미룸은 덕에 나아가는 단계에 따라 실천해 가는 것이고, 헤아림은 덕의 표준인 지극한 선을 확인하는 것이라는

---

**78** 『推測錄』, '推測提綱: 推測爲誠實之功', "誠實之意, 自著於推測之初, 正心之功, 妥帖 於推測之後."
**79** 『推測錄』, '推測提綱: 聖訓皆推測', "進德之階級爲推, 至善之準的爲測."

'추측'의 수양론적 의미를 밝히고 있다. 또한 그는 "'성실'을 미루어 거짓됨(邪僞)을 헤아리면 성실이 더욱 독실하고, '경'(敬)을 미루어 태만함(怠)을 헤아리면 그 태만을 제거할 수 있다"[80]고 하여, '추측'을 통한 수양론적 실천에서 '성실'과 '거짓됨'(邪僞)이나 '경'(敬)과 '태만함'의 상반된 도덕적 가치는 항상 양면으로 인식되어 긴장관계를 유지해야 그 '추측'이 더욱 생동하는 '추측'의 수양공부가 될 수 있음을 강조하였다. 이처럼 구체적 경험에 기반하는 '추측'을 통해 마음의 수양을 실행하고, 선의 요소와 악의 요소를 동시에 관찰하여 악을 버리고 선으로 나아가는 '추측'공부를 추구하는 것이 바로 그가 말하는 마음을 닦는 '활법'(活法修心)이라 할 수 있다.

특히 최한기의 수양방법에서 기질의 병통이나 사사로운 이익의 욕심은 인간의 마음에서 없애버릴 수 없는 현실적 조건임을 중시하며, 마음의 수양이란 바로 이러한 기질적 병통이나 사사로운 이익의 욕심을 '추측'의 과정에서 어떻게 처리해야 할 것인가의 문제임을 주목하였다. 곧 "기질의 병통을 제거할 수 있다고 하면 이것은 기질이 없는 것이요, 제거할 수 없다고 한다면 이것은 추측이 없는 것이다. 제거할 수 있는 것은 작용(用)이요, 제거할 수 없는 것은 바탕(體)이다. 사사로운 이익의 욕심을 제거할 수 있다고 한다면 이것은 나의 존재가 없는 것이요, 제거할 수 없다고 한다면 이것은 추측이 없는 것이다. 제거할 수 있는 것은 사사로운 이익이요, 제거할 수 없는 것은 참된 이익(眞利)이다"[81]라 하였다. 기질과 욕심이 없다면 '추측'도 불가능하고 마음의 수양도

---

80 『推測錄』, '推物測事: 誠敬, "推誠實而測邪僞, 誠實益篤, 推敬而測怠, 可祛其怠."
81 『推測錄』, '推情測性: 氣質私利', "氣質之病, 如可去, 是無氣質, 如不可去, 是無推測, 可去者, 用也, 不可去者, 體也, 私利之欲, 如可去, 是無我也, 如不可去, 是無推測, 可去者私利也, 不可去者眞利也."

불가능하게 되는 것임을 보여준다. 그렇다면 마음의 수양방법은 기질과 욕심의 현실적 조건 위에서 이루어지는 것이요, 기질에는 병통이 없을 수 없지만 끊임없이 병통을 제거해가는 것이 '추측'의 과정이요, 욕심의 대상인 이익에는 사사로움이 없을 수 없지만 끊임없이 사사로움을 제거해가는 것이 '추측'의 과정임을 보여주고 있는 것이다.

또한 그는 쟁기가 밭을 가는 도구요, 솥이 음식을 익히는 도구인 것처럼 경전이 마음을 다스리는 도구임을 중시하였다. 곧 "경전을 읽으면서도 마음을 다스리지 못하는 것은 쟁기를 잡고서도 밭을 갈 수 없는 것이나 솥에 불을 때면서도 음식을 익힐 수 없는 것과 같으니, 장차 어디에 쓰겠는가"[82]라 하여, '추측'을 통한 마음의 수양에서 옛 성현의 경험을 제시한 경전이 마음의 수양을 위한 중요한 도구로서 활용되어야 할 것임을 밝혔다.


## 2) 마음의 사회적 실현으로서 대동(大同)과 일통(一統)

### (1) 천하를 일체로 삼는 소통

'신기'로서의 마음은 경험과 추측으로 소통을 시켜가야 하며, 그 소통은 나의 '신기'로 천하 모든 사람의 '신기'와 소통할 수 있는 것이 극치이다. 따라서 최한기는 "나는 비록 하나의 '신기'이지만 억만의 '신기'로 만들 수 있으니, 억만의 신기를 거두어 한 몸의 '신기'에 써야 한다. 그런 다음에 중정(中正)한 큰 도리가 억만인에게 소통하는 경상(經

---

82 『推測錄』, '推物測事: 經傳理心之器', "讀經傳而不能理心, 則是猶舉未耜而不能墾土, 爨釜鼎而不能飪食, 將焉用哉."

常)을 따르게 된다. 특별히 이름을 붙이면 곧 윤강(倫綱)이요 인의(仁義)이다"[83]라 하였다. 인간의 마음은 모든 인간의 마음과 소통할 수 있기 때문에 어느 시기나 어떤 지역에만 소통되는 폐쇄된 도리가 아니라 모든 시대 온 인류와 온 천하에 소통되는 큰 도리(大道)를 밝혀야 하는 것이 소통의 이상임을 확인한다.

이처럼 천하에 소통하는 도리를 추구하는 것은 그 자신의 시대현실에서 조선사회의 도리가 천하에 소통되지 못하고 지역과 시대에 폐쇄되어 있다는 인식을 전제로 하는 것이며, 그만큼 천하에 소통하는 큰 도리를 통해 현실의 폐쇄된 도리를 개혁해야 한다는 입장을 밝혀주고 있는 것이다. 여기서 최한기가 천하의 모든 인간에 소통하는 큰 도리의 성격을 '중정'(中正)으로 제시한 것은 그 도리가 통합성과 정당성을 지닌 것임을 강조한 것으로 이해할 수 있다. 그러나 이 '중정'의 큰 도리를 '윤강'(倫綱)과 '인의'(仁義)로 이름붙이고 있는 사실은 유교전통의 규범체계와 덕목을 계승해야 한다는 입장을 밝힌 것이 아니라, 천하에 소통하는 '중정'의 큰 도리로서 '윤강'의 규범질서나 '인의'의 덕목이 어떠한 것이라야 하는지 재인식을 요구하는 것이라 할 수 있다. 그가 "주공과 공자의 학문은 진실한 이치를 따라서 앎을 확충시켜가는 것이요, 이로써 나라를 다스리고 천하를 화평하게 하는데로 나아가기를 바라는 것이다"[84]라고 언급한 사실도 주공과 공자의 학문을 받들어 높이겠다는 말이 아니라, 주공과 공자의 학문이 지닌 진정한 의미가 무엇인지 또 어떻게 하는 것인지를 되묻고 있는 것이다. 곧 아무리

---

**83** 『神氣通』, '體通: 耳目神氣統萬爲一', "我雖一神氣, 可作萬億之神氣, 收聚萬億神氣, 須用於一身之神氣, 然後中正大道, 從萬億人所通經常, 特揭建號, 卽倫綱仁義也."
**84** 『氣測體義』, '序', "周孔之學, 從實理而擴其知, 以冀進乎治平."

주공과 공자를 내세우고 있더라도 그 학문이 진실한 이치를 따르지 않고 지식을 확장시켜가지 못하며 나라를 다스리고 천하를 평화롭게 할 수 없는 것이라면 그것은 이미 주공과 공자의 학문이 될 수 없음을 강조하는 말이다.

같은 맥락에서 그는 "천하의 모든 사람이 행할 수 있는 도리로 '신기'를 소통시키면 이는 '신기'의 표준이 되고, …모든 나라가 소통하고 행할 수 있는 도리로 나라를 다스리면 이는 치국(治國)의 표준이 되며, 천하를 포용하는 '인의'와 '윤강'이라는 소멸될 수 없는 가르침으로 미혹된 자를 깨우쳐주고 악한 자를 교화하여 천하의 백성을 편안하게 하면 이는 평천하(平天下)의 표준이 된다"[85]고 하였다. 천하의 모든 사람이 행할 수 있는 도리로 '신기'를 소통시키는 것을 표준으로 삼는다는 것은 바로 한 인간의 마음이 그 기준이요 극치로서 천하의 모든 사람의 마음과 소통해야 하는 것으로 보았다. 여기서 그는 『대학』에서 말하는 '수신·제가·치국·평천하'의 조목을 실현하는 것도 천하와 소통하는 것을 표준으로 삼아야 할 것을 강조하고 있다.그렇다면 천하와 소통하는 것을 기준으로 삼지 않은 수신·제가·치국·평천하는 폐쇄된 관습이나 독선에 빠진 잘못된 것임을 각성시켜주고 있는 것이다.

'기'의 전체를 가리키는 '하늘의 신기'는 본래 천하를 일체로 삼고 있으며, 개별적 존재인 '인간의 신기'는 형체에 국한되어 있지만, 경험과 추측으로 소통을 넓혀감으로써 천하를 일체로 삼는데까지 나아갈 수 있다. 곧 인간의 마음은 천하를 일체로 삼는데까지 소통을 넓혀감으

---

85 『神氣通』, '體通: 準的習俗消長', "以天下人可行之道通神氣, 則是爲神氣之準的,…萬國可通行之道治國, 則是爲治國之準的, 以包容天下之仁義倫綱不泯之敎, 牖迷化惡, 安天下之民, 是爲平天下之準的也."

로써 하늘의 '신기'와 일치하는 완성을 이룰 수 있는 것이다. 따라서
최한기는 "이 '도'(斯道)를 담당한 사람은 부지런히 노력하여 천하를
소통시켜 일체로 삼을 것을 기약해야 한다"[86]고 하여, '도'를 실현하는
목표와 기준으로 '천하를 소통하여 일체로 삼음'(通天下爲一體)을 제시
하였다. 그것은 최한기의 '신기철학'이 추구하는 목표요 기준이며, 다
른 명칭으로 '대동'(大同) 또는 '일통'(一統)으로 일컫기도 한다.

### (2) '주통'(周通)과 '대동'(大同)

'대동'은 생활환경에 따라 익숙함이나 견문이나 추측이 달라지는 것
에 구애되지 않고 두루 통하는 것이다. 그는 "가정을 미루어서 나라를
헤아리고, 나라를 미루어서 천하를 헤아리며, 지금을 미루어서 옛날을
헤아리니, 이것을 '대동'이라 한다"[87]고 하였다. 곧 자신의 한 몸에서
가정으로 나라로 천하로 확장시켜 천하를 일체로 소통시키는 것이 '대
동'이요, '대동'은 미루고 헤아림으로써 두루 소통하게 하는 '주통'(周
通)을 통해 실현할 수 있는 것으로 제시하고 있다. 이렇게 '추측'을 확
충시켜감으로써 온갖 다양한 사물(萬殊)의 경험을 근거로 하나의 보
편적 바탕(一本)을 확보함으로써, 온갖 국지적 폐쇄성과 관습의 비루
함을 씻어내어 천하에 까지 두루 통달하는 '주통'을 넓혀가면 '대동'이
확보될 수 있는 것이라 할 수 있다.

그는 두루 소통시키는 '주통'의 방법으로 재화의 소통(通貨)을 중시
하면서, "사업의 경영을 소통함은 재화를 통합에 달려있다. 재화가 어
찌 연고없이 소통될 수 있겠는가. 반드시 '신기'가 주선하고 구제함에

---

86 『神氣通』, '體通: 通天下爲一體', "任斯道者, 孜孜拮据, 期通天下爲一體."
87 『推測錄』, '推測提綱: 所習各異', "推家而測國, 推國而測天下, 推今而測古, 是謂大同."

말미암으니, 일의 크고 작음이나 가볍고 무거움을 막론하고 대중의
화합과 협력을 얻어야 이룰 수 있다"[88]고 하였다. 한 나라 안에서 재
화의 소통을 넘어서 천하의 다른 나라와 재화를 소통하는 문제는 통
상과 외교의 문제를 포함하는 것인데, 최한기는 재화의 소통에서도
그 기반이 '신기'의 소통으로 마음이 열려 서로 화합하고 협력할 수 있
어야 가능한 것임을 지적하고 있다.

　이와 더불어 그는 천하가 일체로 소통하기 위해서는 나라와 나라
사이에 언어와 문자의 소통이 중요함을 주목하여, "문자는 바로 언어
를 소통하는 기호이다. 각국이 사용하는 바는 글자의 형태가 같지 않
고 글씨 쓰는 법도 서로 다르다. …여기에 번역의 방법이 있는 것이
다. …형세는 소수가 대중을 본받게 하고, 흩어짐은 모여듦을 본받게
하는 것이다. 서양의 여러 나라들이 중국 문자를 같이 사용하면, 발음
은 비록 다르더라도 글자의 뜻이나 모양은 같으니 소통하여 쓸 수 있
을 것이다"[89]라 하였다. 나라마다 언어와 문자가 다르니, 언어를 소통
하는 기호인 문자를 가장 많은 사람들이 쓰고 있는 중국 문자로 통일
할 것을 제안하고 있다. 언어와 문자의 소통이 없으면 서로 이해와 소
통이 안되어 분쟁이 쉽게 일어나기도 하니, 선박으로 교역을 하고 군
함이 왕래하여 전쟁의 위험이 있는 현실에서 언어의 소통방법으로 번
역의 중요함과 더불어 문자의 통일이 필요함을 강조한 것이다. 그가
중국문자로 통일을 제안한 것은 중국문자가 사용하는 사람이 많다는

---

**88** 『神氣通』, '體通: 通貨', "營事之通, 在於貨財之通, 貨財豈得無緣而通哉, 必由神氣之
　　周旋營濟, 無論事之大小輕重, 得人衆之和協, 庶可諧矣."

**89** 『神氣通』, '體通: 四海文字變通', "文字, 乃通言語之標識也, 各國所用, 字形不同, 書
　　法有異,…於是有翻譯之法,…勢將使寡效衆, 使散效聚, 則西域諸國, 同行華夏文字,
　　而音則雖異, 字義字形同, 則可以通行."

점과 더불어 당시 서양인들이 중국서적을 서양말로 번역하고 서양서
적을 중국말로 번역하는 기구(英華書院 Englican–Chinese College, 堅
夏書院 American–Chinese College)가 설치되어 있는 사실도 문자소통
의 사례로서 들고 있다.

### (3) '일통'의 통합원리

'일통'은 유교전통에서 중국중심의 천하통일 논리를 표현해온 말이
다. 그러나 최한기는 천하를 일체로 삼는 소통의 과제를 '일통'의 개념
으로 재해석하고 있다. 곧 " '일통'을 높이는 것은 가정과 나라와 천하
를 다스리고 화평하게 하기 위한 것이다. 만약 다스리고 화평하게 함
에 상관없는 것이라면 이것은 진부한 '존통'(尊統)이요, 만약 다스리고
화평하게 함에 해독이 있는 것이라면 이것은 파괴하는 '존통'이다"[90]라
고 하여, 진정한 소통의 '일통'과 잘못된 전통적 '존통'을 구별하고 있
다. 진정한 '일통'은 '천리'를 표준으로 삼아 나라를 다스리고 천하를 화
평하게 하는 것이지만, 중국의 예법전통을 고수하면서 '일통'을 추구하
는 인물들이나 중화를 높이고 오랑캐를 물리치는(尊中華攘夷狄) 의리
를 내세워 청나라를 오랑캐로 성토하는 조선후기 도학의 정통주의는
나라를 다스리고 천하를 화평하게 하는데 해독이 되는 '존통'으로 소통
의 논리가 아니라 폐쇄의 논리임을 분명하게 지적하고 있는 것이다.

따라서 '일통'의 실현을 위해서는 그 시대의 변화에 맞게 예법을 고
쳐서 소통을 확보해야 하는 것임을 제시하면서, "성왕(聖王)이 예법을
제정하여 천자로부터 서인에 이르기까지 등급과 절도가 있게 하여 상

---

90 『推測錄』, '推物測事: 尊一統爲治平', "尊一統者, 爲其治平家國天下也, 若無關於治
平, 則是陳腐之尊統, 若有害於治平, 是戕賊之尊統."

하가 '일통'하는 제도를 이루었는데, 후학의 예설이 번잡하고 천착하는 까닭은 대체(大體)를 정의함에 소홀하고 그릇된 풍속과 사사로운 사정에 이끌렸던 것이다"[91]라 하였다. 예법은 천하를 '일통'시키는 방법인데, 후세 유학자들의 예학은 본래정신을 잃고 구속됨으로써 '일통'을 방해하는 요인이 되고 있는 현실을 지적하고 있다. 따라서 그는 예학에서 제기하는 '불이통'(不二統)·'불이존'(不二尊)·'불이주'(不二主)·'불이참'(不二斬)의 의리들이 모두 가정이나 나라나 천하에 '일통'을 이루기 위한 방법으로 나온 것임을 확인한다.[92] 그렇다면 '일통'의 실현을 위해서 예법의 제도를 시대의 현실에 맞게 고쳐야 하는 것이며, 예법의 제도를 고치는 목적은 가정과 나라와 천하을 하나로 소통시키는 '일통'의 사회적 통합에 있는 것임을 밝혀주는 것이다.

---

**91** 『推測錄』, '推物測事: 禮制一統', "聖王制禮, 自天子達庶人, 有等級節數, 以成上下一統之制, 後學禮說, 所以繁瑣穿鑿者, 旣忽於大體定義, 又爲汙俗私情所牽制."

**92** 『推測錄』, '推物測事: 禮義參和', "不二統·不二尊·不二主·不二斬之義, 皆出於一統, 家而有家之一統, 國而有國之一統."

## 5 '이단'의 비판과 '서학'에 대한 인식

### 1) 성리학과 이단에 대한 인식

#### (1) '학'(學)의 기준정립

최한기는 주공(周公)과 공자(孔子)가 백세의 스승이 되는 까닭을 밝히면서, "진실로 강상을 세우고 인륜을 밝히며 자신을 닦고 나라를 다스리는 도리에 있다. 옛날과 지금을 참작하고, 문채와 바탕을 덜기도 하고 보태기도 하며, 그 도리를 밝히고 그 정당함을 바로잡아서, 후세 사람들이 하늘과 사람의 떳떳한 행함이 지닌 마땅함을 준수하도록 가르치는 것이다"[93]라 하였다. 강상·인륜의 규범과 수신(修身)·치국(治國)의 도리는 바로 유교적 가르침의 기본원리를 받아들인 것이다. 그러나 그는 이 원리를 실행하는 방법은 참작하고 손익(損益)함으로써 현실적 적합성을 추구하여 예법과 제도를 변혁해야 할 것을 강조하고 있다. 변통이 없는 고수는 참된 도리나 학문이 될 수 없음을 분

---

**93** 『氣測體義』, '序', "眞在於立綱明倫修身治國之道, 參酌乎古今, 損益乎質文, 明其道, 正其誼, 以詔後世, 遵守天人常行之宜, 此所以爲百世師也."

명하게 제시하였다. 또한 이 도리의 기준은 '하늘과 인간의 떳떳한 행함'(天人常行)에 있음을 확인한다. 그것은 어떤 신념이나 학설의 권위에도 얽매이지 않고 우주와 인간의 보편적 진실성과 정당성을 학문의 기준으로 삼아야 한다는 입장을 밝힌 것이다.

그는 "수신(修身)·제가(齊家)·치국(治國)의 학문은 천하의 바른 도리이다"라 하여, 『대학』에서 제시한 유교의 과제를 학문의 기준으로 받아들이고 있다. 여기서 그는 "취하고 버림은 사람에게 달려 있고, 헤아림과 증험함은 사물에 달려 있으니, 비록 어긋나고 달리지는 이론이 있더라도 반드시 엄격하게 물리쳐야 하는 것이 아니요, 그 우열을 밝혀야 할 뿐이다. 진실로 바른 도리에 해로운 것이라면 어찌 나만 물리치겠는가. 천하의 사람들도 배척할 것이다"[94]라 하였다. 그는 유교의 기본 가르침을 바른 도리(正道)로 삼으면서도 이에 어긋나는 것을 배척의 대상으로 보는 정통주의적 입장이 아니라, 우열의 차이 정도를 평가하는 포용적 입장을 밝히고 있다. 다만 바른 도리는 천하의 모든 사람이 공인하여 받아들이는 도리이므로, 바른 도리를 해치는 이론이라면 누구나 배척할 것임을 강조하였다. 그것은 개인이나 어느 교파가 바른 도리에 어긋난다고 비판하는 것으로는 그 비판의 정당성이 확보될 수 없음을 지적한 것이다.

나아가 그는 경전과 역사서의 기본원리를 제시하여, "경전이 비록 많지만 하나의 '상'(常)이라는 글자를 미루어 베풀고 행함의 마땅함을 헤아리며, 역사서(史傳)가 비록 많으나 하나의 '치'(治)라는 글자를

---

**94** 『推測錄』, '推物測事: 辨異同之害', "修身齊家治國之學, 天下之正道,…取捨在人, 測驗在物, 雖有差異之論, 不必深鬪, 明其優劣而已, 苟害於正道, 奚但自我闢之, 天下之人, 亦將揮斥."

미루어 권장하고 징계하는 방법을 헤아린다"[95]고 하였다. 경전은 떳떳함(常)을 기준으로 삼아 인간이 행해야 할 도리를 판단하고, 역사서는 다스림(治)을 기준으로 삼아 판단과 행동의 방향을 잡아가야 한다는 인식을 보여준다. 그렇다면 떳떳함의 보편적 정당성을 잃으면 경전의 역할을 할 수 없고, 다스림의 실현을 못하면 역사서로서 기능을 할 수 없는 것임을 확인하는 것이다.

또한 그는 하늘의 경전인 '천경'(天經)과 성인의 경전인 '성경'(聖經)을 대비시켜 제시하여, "하늘은 큰 덕이 있으나 말씀이 없으며 운행과 일을 '경'(經)으로 삼고, 사람은 성스러운 덕이 있으나 말씀을 남기며 인륜의 강상을 '경'으로 삼는다. …오직 이 '말씀이 없는 경'은 갖추지 않은 일이 없고 갖추지 않은 사물이 없다. …'성경'도 이 '천경'으로부터 실마리를 뽑아내어 책을 이룬 것이다. 실마리를 뽑아낸 책에 참고할 것이 없으면 모름지기 '천경'의 전체에서 고증해야 한다"[96]고 하였다. 성인이 말씀으로 남긴 경전인 '성경'의 근거를 하늘의 말씀이 없는 가운데 운행하는 경전인 '천경'이라 제시함으로써, '성경'에 절대적 권위를 인정하는 것이 아니라, '천경'에 일치하지 않는 '성경'은 '신기'의 미루고 헤아림이 잘못된 것으로 '추측'을 새롭게 해서 '천경'과 일치시켜야 할 것임을 지적하였다. 따라서 유학자가 '성경'을 해석하는 자세에서도 '성경'의 문자나 구절에만 얽매이지 말고 '천경'에 깨달음이 있어야 '성경'의 의미도 깊이 체득할 수 있음을 강조하고 있는 것이다.

95 『推測錄』, '推物測事: 經有常史有治', "經傳雖多, 推一常字, 測措行之宜, 史傳雖煩, 推一治字, 測勸懲之方."
96 『推測錄』, '推物測事: 聖經本於天經', "天有大德而無言, 以行與事爲經, 人有聖德而立言, 以倫常爲經, …惟此無言之經, 無事不備, 無物不具, …聖經亦自斯經中抽繹成篇, 則無所稽於抽繹之篇者, 須考證於天經之全部."

(2) 성리학에 대한 인식

최한기는 유교의 학문전통에서 학파의 분렬현상에 관심을 기울이면서, 도리의 실행을 연구하는 것을 '도학'(道學)이라 하고, 마음을 밝히는 것을 '심학'(心學)이라 하고, 이치를 궁구하는 것을 '이학'(理學)이라 일컫고 있는 것으로 분류하면서, 각 학파의 전통만을 지키고 다른 학파를 거부하는 문제점을 지적하였다. 여기서 그는 "이치를 궁구하지 않으면 마음을 밝힐 수 없고, 마음을 밝히지 않으면 도리를 행할 수 없다. 그러나 명칭이 이미 셋에 이르러 사람의 듣고 봄을 어지럽히기 쉬우니, 그 의미를 총괄하자면 미루고 헤아림이 아니면 어떻게 하겠는가"[97]라 하여, 이치를 궁구하는 '이학'과 마음을 밝히는 '심학'이 서로 발명됨으로써 도리를 행하는 '도학'이 이루어질 수 있는 것임을 제시하였다. 그것은 유교의 학문적 분파가 서로 대립되면 진리를 은폐하게 됨을 경계함으로써, 서로 화합할 것을 요구하는 소통의 논리를 밝히고 있는 것이다.

성리학의 기본주제인 '심'(心)·'성'(性)에 대한 인식에서도 최한기는 자신의 '신기철학'으로 새롭게 해석하고 있다. 곧 "기질이 '성'을 이룬 것이 하늘과 땅의 유행하는 이치요, 보고 들으며 겪는 것이 사람 마음의 추측하는 이치이다. 그러므로 하늘의 이치를 주장하여 말하면 '성'이요, 사람이 이치를 주장하여 말하면 '심'이다. '성'의 이치와 '심'의 이치는 그 실지는 하나이다"[98]라 하였다. '기'가 유행하는 자연의 활동현상에서 '성'을 인식하고 이 유행하는 이치에 근거하여 인간의 '심'이 추

---

**97** 『推測錄』, '推測提綱: 學問問異稱', "非窮理, 無以明心, 非明心, 無以行道, 然名旣至三, 易眩人聽視爾, 總括其意, 非推測何以哉."

**98** 『推測錄』, '推情測性: 性理心理', "氣質成性, 天地流行之理也, 見聞閱歷, 人心推測之理也, 故主天理而言, 則性也, 主人理而言, 則心也, 性理心理, 其實一也."

측하고 있으니, '유행'과 '추측' 내지 '성'과 '심'은 양상이 다르지만 동일한 이치로 연결되어 있다는 것이다.

이러한 '심·성'개념의 이해는 이미 성리학의 '심·성'개념과 중요한 차이를 드러낸다. 성리학에서 '성'은 '심'에 부여된 근원적 이치이지만, 최한기는 '성'을 자연(천지)의 유행하는 '기'의 현상으로 보든 전혀 다른 맥락의 체계임을 보여준다. '리'(理)개념의 이해에서도 성리학에서는 구체적이고 형상으로 드러나는 '기'에 상대되는 보편적이고 형상이나 작용이 없지만 형상이 있는 '기'를 지배하는 궁극적 근원으로 '리'개념을 제시한다. 그러나 최한기는 '리'란 '기'의 유행하는 작용 속에 드러나는 형식이거나 인간의 마음이 추측으로 파악하는 조리일 뿐이다. 그렇다면 최한기는 성리학의 학파적 분렬과 이론적 분석을 공허한 것으로 거부하면서, 자신의 '신기철학' 안에서 새로운 이해의 틀로 수용하는 입장을 보여주고 있는 것이라 하겠다.

성리학의 중요한 이론적 유형인 '주리'(主理)와 '주기'(主氣)의 학설에 대해서도 촛불의 비유로 설명하여, "촛불 속에 사물을 비추는 '리'를 스스로 가지고 있다는 것이 '주리'를 내세우는 사람의 말이요, 불이 밝은 것은 사물을 비추는 '기'라고 하는 것은 '주기'를 내세우는 사람의 말이다. '주리'는 미루고 헤아림의 공허한 그림자요, '주기'는 미루고 헤아림의 실천이다"[99]라 하였다. 한마디로 '기'를 근거로 삼는 '주기'의 설이 옳고, '리'를 근원으로 내세우는 '주리'의 설이 공허한 것임을 제시하였다. 여기서 그는 '주리'의 견해는 '유행의 이치'(天理)와 '추측의 이치'(心理)를 혼동하여 '추측'이 잘못된 것이요, '주기'의 견해는

---

[99] '推氣測理: 主理主氣', "燭中自有照物之理, 主理者之言也, 火明乃是照物之氣, 主氣者之言也, 主理者, 推測之虛影, 主氣者, 推測之實踐也."

'기'를 미루어 '리'를 헤아림으로써 '추측'이 올바르게 실행된 것이라 하여, '주리'나 '주기'의 견해가 갈라지는 것은 미루고 헤아림으로서 '추측'이 잘못된 것인지 바른 것인지의 차이에 따른 이론임을 지적하고 있다. 이런 의미에서 최한기는 성리학을 전면적으로 거부하는 입장은 아니다. 다만 성리학의 기본용어를 자신의 개념체계에 따라 재해석함으로써, 성리학의 전통이 빠진 오류를 비판하고, 자신의 '신기철학' 안에 극히 한정시켜 받아들이고 있는 것이라 할 수 있다.

### (3) 이단(異端)·방술(方術)에 대한 비판적 인식

조선시대 유교전통에서는 주자학(도학)을 정통으로 삼으면서 불교·도교(노장) 및 민중신앙의 여러 유형 등에 대해 '이단'(異端) 내지 '사설'(邪說)로서 배척해 왔다. 이 점에서 최한기의 기본입장도 이단에 대한 비판적 입장이었던 것은 사실이다. 그러나 단순히 유교의 입장에서 이단을 배척하는 것이 아니라, 미루고 헤아림의 '추측'을 기준으로 학설과 신앙의 정당성 여부를 판단하는 독자적 입장을 밝히고 있다.

곧 "이단(異端)의 폐해는 그 종지(宗旨)에 뿌리가 있다. 유학자의 폐해는 당파를 옹호하는 데서 일어나니, '추측'을 할 수 없다면 어떻게 전체를 거느릴 수 있겠는가. 노장(老莊)과 불교와 양주(楊朱)·묵적(墨翟)도 그 말을 관찰하면 혹 취할 만한 것이 있으나 그 행적을 고찰하면 수신·제가·치국의 도리를 더불어 논할 수가 없다"[100]고 하여, 먼저 유학의 폐해부터 지적하고 있다. 유학의 당파를 옹호하는 폐해란 송

---

100 『推測錄』, '推物測事: 辨異同之害', "異端之害, 根於宗旨, 儒者之害, 起於護黨, 不能推測, 何以統悉, 老佛楊墨, 觀其言, 則或有可取, 考其行, 則不可與論於修身齊家治國之道."

나라때 주자가 '묻고 배움으로 말미암을 것'(道問學)을 강조하고 육상산(陸象山)이 '덕성을 높일 것'(尊德性)을 강조하여 학풍이 갈라지고, 조선후기에 호론(湖論)이 '기질의 차이'(氣異)를 내세우고 낙론(洛論)이 '이치가 같음'(理同)을 내세워 각각 문호를 지키면서 상대방을 공격하여 대립하고 있는 현상에 대해 당파로 분렬된 폐해를 지적하고 통합하여 전체를 볼 수 있는 시야를 열어야 할 것을 요구하였다. 노장·불교나 양주·묵적에 대해서도 그 말에는 취할 것이 있음을 인정하는 열린 자세를 보여주면서 그 행적의 폐단에 대해서는 유교의 수신·제가·치국·평천하의 도리를 기준으로 비판하는 입장을 밝힌 것이다.

최한기는 유교의 가르침을 기준으로 삼으면서도 모든 사상전통이 하나로 통합된 소통의 세계를 지향하는 자신의 입장을 분명하게 밝히고 있다. 곧 "유교의 도리 속에 인륜과 강상과 인의(仁義)는 취하지만 귀신이나 재앙과 상서로움은 분별해내며, 서양의 법도 속에 역산(曆算)과 기설(氣說)은 취하지만 괴이하고 허황하며 화복에 관한 것은 제거해야 하며, 부처의 가르침 속에 허무(虛無)는 실유(實有)로 바꾸어서, 삼교(三敎)를 화합하여 하나로 돌아가게 하며, 옛것을 따르면서 새롭게 개혁하면, 진실로 천하에 소통하여 시행될 수 있는 가르침이 될 것이다"[101]라 하였다. 그는 유·불·도의 전통적 삼교와 달리, 유·서(西: 기독교)·불의 삼교가 당시에 가장 강성한 교세를 지닌 것이라 인정하여, 이 세 가지 '교'(敎)에서 장점을 취하고 단점을 버려서 온 세상에 소통되는 하나의 '교'(通天下可行之敎)로서 세계통합을 위한 종교적

---

101 『神氣通』, '體通: 天下敎法就天人而質正', "儒道中取倫綱仁義, 辨鬼神災祥, 西法中取歷算氣說, 祛怪誕禍福, 佛敎中以其虛無, 換作實有, 和三歸一, 沿舊革新, 亶爲通天下可行之敎."

통합을 추구하는 입장을 보여주고 있는 것이다.

그러나 그의 '교'개념에서는 종교의 신비적 신앙을 거부하고 윤리나 기술의 현실적 가르침을 진리의 기준으로 제시하고 있다. 그것은 탈신비적 '교' 내지 현실적 합리성의 '교'를 지향하는 종교관이라 할 수 있다. 따라서 그는 '교'의 올바름과 그릇됨을 분별하는 기준을 제시하면서, "예로부터 '신교'(神敎)를 세우고 '성학'(聖學)을 밝힌 사람은 모두 하늘에 순응함을 도리로 삼아, 크거나 작거나 이에 말미암았고 크고 작은 것이 모두 그 물속에서 헤엄치니 비록 여기서 벗어나려 해도 벗어날 수 없다. 후세에 허무(虛無)의 가르침이나 귀신의 이론과 방술(方術)의 논의는 모두 밝히기 어렵고 증거할 수도 없는 일을 들어서 더 위가 없는 큰 도리를 삼았으나, 그 이론을 궁구해보면 실지에 본받아서 따라 행할 방법이 없다"[102]고 하였다. 그는 성인이 세운 '신교'와 '성학'의 유교를 '교'의 모범으로 제시하면서 그 근거가 '하늘에 순응함'(順天)이라 확인하며, 개관적 실재인 하늘에 순응함으로써 모든 일이 도리에 맞게 실행될 수 있는 것이라 확인한다. 여기서 '신교'는 (神敎)는 『주역』(觀卦)에서 말하는 '하늘의 신명한 도리'(天之神道)요 성인이 '신명한 도리로 베푼 가르침'(神道設敎)이라는 것이니, 결코 초월적 신비함이나 귀신의 도리라는 뜻은 아니다. 이에 비해 바른 도리에서 벗어난 이단의 '교'로서 '허무'·'귀신'·'방술'의 이론들은 모두 실지의 증거가 없어 재앙을 막고 복을 비는 술법에 빠진 것으로 실천의 기준이 되지 못하는 것이라 지적하고 있다.

---

102 『推測錄』, '推物測事: 大虛小實', "自古建神敎明聖學者, 皆以順天爲道, 而大小由之, 鉅細涵游, 雖欲外此, 而不可得也, 後世虛無之敎, 鬼神之說, 方術之論, 俱擧難明無證之事, 以爲無上大道, 究其說, 則實無模着遵行之方."

유교전통에서 이단의 대표적 유형으로 삼고 있는 불교나 노장에 대해, "노자의 '무'(無)와 불교의 '공'(空)은, 형질이 없고 막힘이 없음만 보고 우주에 가득 차서 만물을 만들어냄을 못 본 것이다"[103]라 하여, 형질이 없고 막힘이 없는 '기'의 한쪽 면만 보고 우주에 충만하여 만물을 생성하는 근원이 됨을 못본 문제점을 지적하고 있다. 따라서 그는 노자가 "있음은 없음에서 생겨난다"(有生於無)고 말하는 '없음'(無)이나 불교에서 '산하와 대지가 텅 빔'(山河大地之虛空)이라는 '텅 빔'(虛空)은 '기'라는 글자로 바꾸어놓으면 뜻이 제대로 통할 수 있다고 보았다. 이처럼 그는 불교와 노장이 유교와 더불어 하나의 동일한 '기'를 보면서도 그 형질이 없고 비었음만을 보기만 하고 그 작용이 활발함을 못 보는 데서 이단으로 빠지는 것이라 규정하고 있는 것이다.

또한 그는 부적(符籍)·주문(呪文)·간지(干支) 등을 이용하는 다양한 술법인 '방술'(方術)이 발생하게 된 배경과 성격을 규명하면서, "귀신에 미혹되고 화복에 빠지는 것은 우매한 자가 면하기 어려운 것이다. 그러므로 '방술'이 허수아비를 만들었는데, 후세 사람들은 도리어 '방술'을 귀신으로 삼으니, 어찌 모이고 흩어지는 '기'가 있음을 알겠으며, 또 '방술'을 화복으로 삼으니 어찌 화복은 스스로 불러들이는 것인 줄 알겠는가"[104]라 하였다. 인간이 귀신과 화복의 말에 쉽게 빠져드는 허약함을 틈타서 '방술'이 온갖 술법을 만들어내었는데, 사람들은 '방술'이 귀신을 부리고 화복을 조작할 수 있는 것이라 믿는 과오에 젖어 있는 현실을 지적한 것이다. 여기서 그는 '귀신'이란 '기'가 모이고 흩어

---

103 『推測錄』, '推氣測理: 老氏無佛氏空', "老子之無, 佛氏之空, 蓋見無形質無窒礙, 未見其充塞宇宙裁和萬物."

104 『推測錄』, '推氣測理: 鬼神禍福', "惑於鬼神, 溺於禍福, 愚迷者所難免, 故方術作俑, 後之人反以方術爲鬼神, 焉知有聚散之氣也, 又以方術爲禍福, 焉知有自召之禍福."

지는 현상일 뿐이요 따로 실체가 없는 것이며, '화복'이란 자신의 행위에 따라 인간이 스스로 불러들이는 결과일 뿐이지 따로 화복을 조작하는 귀신이 존재하거나 이를 조종하는 방술이 있을 수 없음을 밝히고 있다. 이처럼 그는 모든 현상은 '기'의 작용일 뿐이요, 간지(干支)로 운명을 헤아리고 부적이나 주술로 귀신을 부리는 온갖 외도(外道)나 이단의 술법들은 모두 아무 근거가 없는 거짓된 것임을 강조하였다.


## 2) 서양과학과 서양종교에 대한 인식

### (1) 서양과 지리·문화적 소통

최한기는 서양에서 대항해시대 이후 지구위의 대륙과 바다의 교통로가 열리면서 세계가 하나로 소통하는 시대를 맞이하게 되었다. 비록 조선은 폐쇄되어 새로 열린 세계를 외면하고 있었지만, 그는 당시 조선의 지식인으로서는 세계를 향해 가장 적극적으로 시야를 넓혀갔던 인물이었다. 그는 "지구에 이르면 전체가 광대하여 비록 배나 수레로 두루 유람할 수 없지만, 한 지방의 거주하는 땅으로 천하의 바다와 육지와 여러 나라를 미루어 보면, 토지에 합당한 물산은 크게 같고 약간 차이가 있으나, 법률·교화·풍속은 익힘에 따라 차이가 있다"[105]라 하여, 물산의 차이는 크지 않으나 교화와 풍속의 차이가 크다는 사실을 주목하고 있다. 여기서 그의 기본관심은 자신이 만난 지구라는 하나의 세계에서 확인되는 문화적 차이를 소통시켜 하나의 통합을 이

---

105 『神氣通』, '體通: 天地通難易', "至於地球, 全體廣大, 雖未得舟車之周遊, 以一方所居之地, 推之於天下海陸諸邦, 土宜物産, 大同而小異, 法敎風俗, 隨習而有異."

룬 세계를 추구하는 것이다.

따라서 그는 인간이 자신을 절제하는 규범으로서 오륜(五倫)과 인간
을 이끌어가는 방법으로서 인의(仁義)·예악(禮樂)의 유교적 가르침을
성인이 다시 나와도 바꿀 수 없는 것이라 하여,106 유교전통의 규범을
계승해야 한다고 입장을 밝히고, 이와 더불어 서양학문으로 들어온 기
용학(器用學)과 역산학(曆算學)을 천하가 같이 하는 것으로 백성의 생
활에 빠뜨릴 수 없는 것이라 인정하였다.107 그것은 도덕규범은 유교
적 전통에서 끌어오고 과학기술은 서양의 새로운 지식을 받아들임으로
써 동서의 소통을 추구하는 '동도서기'(東道西器)의 논리를 보여주는 것
이라 할 수 있다. 이처럼 그는 명나라 말기부터 중국에 전래해온 서양
의 새로운 지식에 대한 적극적 관심을 기울이고 있었던 것이다.

그는 16세기 초 마젤란의 세계일주 항해를 완성시킨 엘 카노(嘉奴)
의 항해를 중시하며, 그 이후 선박이 세계의 바다를 누비며 8, 9개월이
면 세계일주가 가능하게 되었다는 사실과 무역활동이 활발해진 사실을
주목하면서, "인간 세상의 경영이 한번 변함에 이르러, 물산은 만국에
교류하여 소통되고, 온갖 종교(敎)가 천하에 뒤섞이며, 육지의 시장이
바다의 시장으로 변하고, 육지의 전쟁이 바다의 전쟁으로 변했다. 변
화에 대처하는 도리는 마땅히 그 변한 것으로 변한 것을 막아야 하며,
불변하는 것으로 변한 것을 막아서는 안 된다"108고 하였다. 그는 자신

---

106 『神氣通』, '體通: 通敎', "君臣有義, 父子有親, 夫婦有別, 長幼有序, 朋友有信, 以爲
  倫常之目, 仁義禮樂, 以爲導化之方, 是實人道之所固有, 聖人特名言其條目而已, 縱
  使聖人復起, 不可變換此道."
107 같은 곳, "器用學, 歷算學, 是亦天下之所同, 民生之不可闕, 寧可參於師尊之列."
108 『推測錄』, '推物測事: 海舶周通', "人世營濟, 至於一變, 物産交通於萬國, 諸敎混殽
  于天下, 陸市變爲海市, 陸戰變爲水戰, 處變之道, 固宜將其變以禦其變, 不宜以不變
  者禦其變."

의 시대가 세상이 변한 시대임을 강조하고, 그 변화의 양상으로 동양과 서양 사이에 물산과 종교가 교류 소통하는 현실과 바다가 교류와 갈등의 무대로 등장한 여건을 주목하면서, 이 변화의 현실에 대응하는 방법은 불변의 규범이 아니라 변화의 실상을 활용하는 것임을 주장하였다. 이미 유교전통의 가치를 지키는 것만으로는 변화의 시대상황에 대처할 수 없으며, 서양의 지식과 기술을 도입하여 변화에 적응하는 것만이 살아나갈 수 있는 길임을 역설하고 있는 것이다.

서양의 배가 우리의 바다에 왕래하고 서양의 서적이 한문으로 번역되어 서양문물이 전래되고 있는 시대에서 그는 "법률·제도의 좋은 점과 도구의 편리함과 토산물의 우량한 것은 진실로 우리보다 나은 점이 있으면 나라를 다스리는 도리에서는 당연히 취하여 써야 한다. … 필경의 승패는 풍속이나 예교에 있지 않고, 오직 실용을 힘쓰는 사람은 이기고 공허한 문장을 숭상하는 사람은 패하며, 남에게 취하여 이롭게 하는 사람은 이기고 남을 그르다 하여 고루함을 지키는 사람은 패하는데 있다"[109]고 하여, 당시 조선사회의 서양에 대한 배타적 거부 태도가 패망으로 갈 수밖에 없음을 절실하게 경고하였다. 풍속과 예교의 교화체제는 전통을 지키더라도 서양의 우수한 제도와 기술과 물산은 적극적으로 받아들여 편리하게 활용할 수 있어야 시대변화에 적응하여 성공할 수 있을 것임을 역설한 것이다.

그는 세계정세의 인식을 위해 각 나라의 경계와 크기를 그려놓은 '지도'와 더불어 세계 각국의 풍토와 물산과 역사를 기록한 '지리지'(地

---

**109** 『推測錄』, '推物測事: 東西取捨', "法制之善, 器用之利, 土産之良, 苟有勝我者, 爲邦之道, 固宜取用,…畢竟勝絀, 不在於風俗禮敎, 惟在於務實用者勝, 尙虛文者絀, 取於人而爲利者勝, 非諸人而守陋者絀."

志)를 중시하여, '지도'와 '지리지'를 통해 세계의 사정에 대한 정보를 얻고 대책을 판단할 수 있음을 강조하여, "인간 세상에서 이른바 사업을 경륜한다는 것은 토지를 버려두고 손발을 둘 곳이 없고, 지도와 지리지를 버리고서는 땅의 이치를 알 수 없다. …착수할 때 늦추고 서두름이나 때에 맞게 취하고 버림은 여기에서 생각이 일어난다"[110]라 하였다. 당시 세계정세를 파악하는데 지도와 지리지의 역할이 얼마나 중요한지에 대한 인식을 잘 보여주고 있다.

### (2) 서양과학지식의 수용논리

서양문물의 수용과정에서 최한기는 특히 서양과학기술에 대한 폭넓은 지식을 습득하고 있었던 것이 사실이다. 그가 언급하고 있는 서양과학기술에 관련된 내용은 수학·지구설·천문학·역법(曆法)·측량술·기계·기구·의학 등 다양한 영역에 걸치고 있음을 보여준다.

수학에 관해 그는 먼저 '수'(數)와 '기'(氣)의 근원적 연관성과 중요성을 강조하여 "'수'는 '기'로 말미암아 만들어지고, 사물도 '기'로 말미암아 생겨난다. '수'가 아니면 '기'를 쓸 수 없고, '기'가 아니면 만물을 '궁리·격물'할 수 없다. 비록 '기'와 '수'에 정통한 사람이라도 오히려 사물의 이치의 깊고 오묘한 것을 충분히 다하지 못하는 것이니, '기'와 '수'를 모르는 사람의 이른바 '궁리·격물'이라는 것은 알 만하다"[111]라 하였다. '기'와 '수'를 모르면서 도리와 예법을 따지는 유학자들이 말하는 '궁리'와 '격물'이 얼마나 공허한 것인지를 비판하고 있는 것이다.

---

110 『推測錄』, '推物測事: 地志學', "人世所謂經綸事業, 捨土地無以措手足, 捨圖志無以認地理, …着手緩急, 時措取捨, 從此起意."

111 『神氣通』, '體通: 氣數之學', "數由氣而作, 物由氣而生, 非數無以用其氣, 非氣無以窮格萬物, 雖精於氣數者, 尙不能盡物理之蘊奧, 不識氣數者, 所謂窮格可知也."

성리학의 전통에서 '이학'을 내세우며 '기학'을 정통에서 배제하는 사실과, '수학' 내지 '기수학'(氣數學)을 주변의 자질구레한 학문으로 취급하는 전통을 정면으로 거부하고 있음을 보여준다.

여기서 그는 자신이 내세우는 '기학'도 천문을 헤아리고 지리를 살피며 온도와 습도를 측정하는 기구나 힘과 무게를 측정하는 기계에 이르기까지, '수학'에 근거하지 않으면 활용할 수 없음을 지적하여, '수학'이 학문의 기초임을 강조하고 있다. 따라서 그는 "'기'의 이치에 통달하고자 하는 사람이 '수'를 계산하는 학문에 통하지 못하는 것은 인도하는 사람이 없는 소경과 유사하다. '기'에는 반드시 이치가 있고, 이치에는 반드시 형상이 있고 형상에는 반드시 '수'가 있다. '수'를 따라 형상에 소통하고, 형상을 따라 이치에 소통하며, 이치를 따라 '기'에 소통한다"[112]고 하였다. '기' → 이치(理) → 형상(象) → '수'의 방향은 발생순서이고, 그 역방향은 소통순서이다. 그렇다면 '수'가 아니면 이치도 '기'도 밝힐 수가 없음을 말해주는 것이다.

최한기는 서양과학의 지구설을 관심깊게 소개하면서, "둥근 물체가 도는데, 하늘을 머리로 이고 하루에 한 번 도는 것은 어디서나 같다. 무게가 있는 사물은 모두 붙어 있으며, 땅을 디디고 가거나 머무는 것은 형세가 원래 그런 것이다. 사람들은 각자 자기가 사는 땅으로 전후와 좌우를 분별하는 것은 옳지만, 뒷면의 땅에서는 사람과 사물이 거꾸로 매달렸다고 의심하는 것은 옳지 않다"[113]고 하여, 지구가 구형이

---

112 『神氣通』, '體通: 數學生於氣', "夫欲通達於氣之理者, 不通於算數之學, 其類無相之育乎, 氣必有理, 理必有象, 象必有數, 從數而通象, 從象而通理, 從理而通氣"

113 『推測錄』, '推氣測理: 地無上下', "圓體轉運, 頂天而日周, 隨處同然, 重物皆貼, 足地而行止, 勢所固然, 人各以所居之地, 分別前後左右, 可也, 以後面之地, 疑人物之倒懸, 不可也."

요 자전(自轉)하는 사실을 지적하고, 모든 무게가 있는 사물은 지구의 표면에 붙어 있는 중력(重力)현상을 들어, 지구의 반대편에 있는 사람이나 사물이 거꾸로 매달려 있는 것이 아님을 설명하고 있다. 중력으로 지구 표면에 붙어 있는 인간에게는 상하·사방이란 자기가 있는 자리에서 성립하는 것일 뿐이요, 상하가 고정되어 있는 것이 아님을 제시하기도 한다. 또한 지구가 태양을 중심으로 돌면서 자전함에 따라 밤과 낮이 생기고 공전함에 따라 겨울과 여름이 생기는 사실을 소개하기도 하고,[114] 조석(潮汐)이 일어나는 현상도 지구와 달의 '기'가 서로 부딪치는데서 생겨나는 것으로 설명하기도 하였다.[115]

천문학에 관해서 "해와 별의 궤도가 모두 타원이니, 천체가 바른 원(圓)이 아님을 알 수 있다. 동지와 하지에 이미 (태양과의 거리가) 멀어지고 가까워짐이 있으니, 지구도 (하늘의) 중심에 있지 않음을 믿게된다"[116]고 하였다. 이처럼 태양과 별의 궤도가 타원이라는 사실은 서양인들이 실험으로 증명한 사실이 『역상고성후편』(曆象考成後編)에 수록되어 있음을 소개하기도 한다. 또한 술수가들이 재앙과 상서를 천문과 연결시켜 점치는 것이 거짓된 것임을 지적하고, 서양인이 망원경(大千里鏡)으로 정밀하게 관찰하여 「남북극항성도」(南北極恒星圖)를 그려냈던 사실을 소개하였다. 여기서 태양의 흑점이나 달이 태양의 빛을 받아 비추는데 따라 보름달에서 그믐달 사이의 변화가 보이게 되는 사실과 토성과 목성의 위성들이 운행하는 주기 등을 자세

---

**114** 『推測錄』, '推氣測理: 晝夜冬夏生於太陽', "太陽正照, 氣暑蒸, 斜照, 氣微熱, 此乃四時之所由分,…地球之半常見日而半常不見日, 此乃晝夜長短之所由分."

**115** 『推測錄』, '推氣測理: 潮汐生於地月相切', "潮汐之生, 在於月與地相切之氣."

**116** 『推測錄』, '推氣測理: 日星道撱圓', "日星行道, 俱是撱圓, 則可知天體非端圓, 冬夏二至, 旣有遠近, 則方信地球亦非居中."

히 설명하면서, "이러한 이치는 실로 망원경에 의해 발견된 것이다. 기계의 정밀함은 인간의 제작으로 말미암아 예리해지고, 인간의 식견은 기계로 인하여 더욱 넓혀지기도 하니, 앞 시대 사람이 발명하지 못했던 것인데 뒤따라 발명된 것이 하나 둘뿐만이 아니다"[117]라 하였다. 서양에서 천문학 지식의 새로운 발견이 망원경 등 관측기계의 발명에 크게 의존하고 있음을 지적하고, 서양에서는 기계의 발명과 함께 천문학지식이 지속적으로 발달하지만 천문현상을 재앙이나 상서와 연결시켜 말하지 않는 사실도 중국의 전통보다 우월한 점으로 지적하고 있다.

역법(曆法)에서도 서양의 새로운 법도는 실제의 측량을 통해 추측의 실험이 쌓여서 밝혀진 것으로 높이 평가하면서, 중국에서 한(漢)의 태초력(太初曆), 당(唐)의 대연력(大衍曆), 원(元)의 회회력(回回曆: 大統曆), 청(淸)의 서양력(西洋曆: 時憲曆)으로 역법의 변천과정을 들면서, 중국역법과 서양역법을 자세하게 비교하여 서양역법이 가장 우월한 것이었음을 강조하였다. 여기서 그는 중국역법에는 술수적 요소가 결합되어 있는 문제점을 경계하여, "(중국역법과 서양역법의) 차이를 들어서 근본과 말단을 밝힐 수 있으면, 방술(方術)의 재앙이나 상서는 제거하기를 기약하지 않아도 저절로 제거될 것이다"[118]라 하였다. 그만큼 서양의 천문학과 역법을 도입함으로써, 중국의 전통적 사유가 빠져있던 방술의 거짓됨을 뿌리 뽑을 수 있다는 확신을 밝히고 있는 것이다.

---

**117** 『推測錄』, '推物測事: 星名災祥之非', "大抵此理, 實自大千里鏡而發, 則器械之精, 由人制作而利, 人之識見, 或因器械而益廣, 前人之所未發, 追發者非特一二."

**118** 『推測錄』, '推物測事: 中西歷異同', "有能舉此異同, 究明源委, 則方術災祥, 不期去而自去矣."

최한기는 서양의 측량기술과 기계의 정교함에 깊은 관심을 보였으며, 특히 측량술과 화력이나 수력으로 회전시키는 윤기(輪機), 선박과 대포의 제도 등을 실용에 매우 소중한 것으로 주목하였다. 그는 천문학의 측량기구 뿐만 아니라, 『의상지』(儀象志)에 도설(圖說)이 수록된 날씨의 흐리고 맑음을 측량하는 '음청의'(陰晴儀)를 비롯하여, 냉열기(冷熱器)·조습기(燥濕器)·절기표(節氣表)·기포뢰법기(氣砲雷法器) 등을 소개하며, "사람의 몸은 여러 가지 기구의 활용이 갖추어 있으므로 음청(陰晴)·냉열(冷熱)·조습(燥濕)의 이치를 몸에서 체험하여 기구를 만드는 데까지 나아갈 수 있다"[119]고 하여, 기구를 제작하는 원리가 사람의 몸에서 증험하는 것임을 지적하였다.

예를 들어 몸의 맥박은 시계(時儀)의 역할을 할 수 있고, 가슴의 체온은 온도계(冷熱器)를 측정하는 역할을 할 수 있다는 것이다. 곧 "사람의 한 몸은 본래 기구이니, 옛날과 지금의 사람들이 제작한 도구들은 가까이 자기 몸에서 취하지 않은 것이 없다. …만약 몸에 근거하지 않았다면, 일찍이 제작된 기구도 없었을 것이요 또한 쓰이는 도구도 없었을 것이다"[120]라 하여, 인간이 만든 측량기구나 온갖 기계들이 인체를 이루고 헤아리는 '추측'의 방법을 증험한 것임을 밝히고 있다.

### (3) 서양종교의 신앙에 대한 비판

최한기는 천하에 두루 통달할 수 있는 '주통'을 실현하는 방법으로 가르침(敎) 내지 종교의 중요성을 강조하여, "뭇 백성을 통솔하는 도

---

119 『推測錄』, '推氣測理: 陰晴儀', "人之一身, 賅諸器之用, 陰晴·冷熱·燥濕之理, 可驗於身, 而推及於制器."
120 『推測錄』, '推物測事: 身爲器本', "蓋人之一身, 本是器也, 而古今人所制器用, 莫非近取諸身,…若不根因於身體, 則曾無所制之器, 亦無所用之器."

리는 오직 가르침 뿐이다. 천하의 만백성이 같이 지닌 '신기'를 소통시
키는 것은 항상함(常)에 근거하여 등급으로 절제하고, 간직한 것에 근
거하여 이끌어 가는 것이다"[121]라 하였다. 여기서 그는 "다만 저들의
같이 할 수 없는 가르침이나 도리어 해독이 되는 '도'는 마땅히 함께
도태시켜 버려야 하지만, 점차로 교화시켜갈 수 있으며 급작이 변혁
할 수는 없고, 형세를 따라 이롭게 이끌어 갈 수 있지 위압으로 억눌러
꺾을 수는 없다"[122]고 하여, 서양종교에 대해서는 부정의 입장을 밝히
면서도 강압적 방법이 아니라 점차적 교화의 방법을 요구하고 있다.
19세기 초반과 중반의 조선사회에서 서학을 엄격히 배척하는 '척사
론'(斥邪論)이 주도하고 있는 현실적 과제에 대한 최한기의 대책이라
할 수 있다.

그는 천하의 '교'를 불교·천방교(天方敎: 回敎)·천주교(天主敎: 기독
교)·유교의 넷으로 제시하여, 세계종교의 분포지역과 분파를 소개하
여 종교를 바라보는 눈을 넓혀주고 있다. 불교의 분파는 인도의 구교
인 묵나교(墨那敎: 興杜敎·힌두교)와 서장의 대라마교(大剌麻敎: 黃敎)
와 서장의 묵로혁교(墨魯赫敎: 墨低蘭敎·紅敎)의 세 갈래가 있고, 천방
교의 분파는 유사교(由斯敎: 婆羅門舊敎·유태교)와 마합묵교(馬哈墨敎:
마호멧교)와 비아리교(比阿厘敎)의 세 갈래가 있으며, 천주교(그리스도
교)의 분파는 가톨릭교(加特力敎: 天主舊敎)와 액리교(額利敎: 앵글리컨·
聖公會)요, 하나는 프로테스탄트교(波羅特士頓敎: 改新敎)의 세 갈래가
있다고 한다. 이러한 정보는 부정확한 점이 있지만 세계종교를 개괄

---

**121** 『神氣通』, '體通: 通敎', "奉烝民之道, 惟敎耳, 通天下萬民所同之神氣者, 因其常而品
節, 因其有而導率."
**122** 같은 곳, "惟彼不同之敎, 反害之道, 宜幷汰棄, 可漸化而不可猝變, 可以因勢利導, 不
可將威摧抑."

적으로 파악하는데 주의를 기울이고 있다는 점에서 의미가 있다. 여기서 그는 네 가지 종교의 신봉대상으로 유교의 '상제'(上帝), 불교의 '제천'(諸天), 회회교의 '사천'(事天), 서양종교의 '신천'(神天)을 들면서, "(섬기는 대상의) 명칭은 비록 다르지만 그 실지는 모두 하늘이다. 후학들로서 달관할 수 없었던 자들이 명칭을 부여한 뜻에 따라 그 다름을 궁구하고, 소견이 각각 다름에 따라 지향함이 점차 갈라졌다"[123]고 하였다. 동일한 하늘을 궁극존재로 섬기면서 각각이 세워놓은 명칭에 사로잡혀 본래의 존재를 망각하고 말았다는 것이다. 이처럼 그는 숭배의 근원이 일치함을 각성함으로써 종교의 분열을 극복하고 조화와 일치를 이룰 수 있는 가능성을 중시하는 입장을 밝히고 있다.

그는 천주교와 개신교를 포함하는 기독교 중심의 서양종교로를 '서양교'(西洋敎) 혹은 '서교'(西敎)로 일컬으면서, 서양종교에서 삼위일체(一體三身)나 강생(降生)의 이론 및 온갖 신령하고 괴이함을 말하는 것은 불교보다 더 심한 것으로 잘못 변한 것이라 보고, 서양종교는 다시 한번 바르게 변해야 상도(常道)에 이를 수 있을 것이라 본다.[124] 따라서 그는 서양종교에서 7일마다 재(齋)를 올리는 번거로운 의례나 신령하고 괴이한 말로 사람들을 놀라게 하는 것이나 제사를 폐지하고 괴이하고 허망한 이론으로 어리석은 백성을 미혹하는 것을 과오로 비판하였다. 여기서 그는 "서양의 각국에서는 재주와 지혜가 대대로 진보하였고, 법도와 기술이 점점 밝아졌으니, 마침내 불변의 기준이 되는 큰 도리를 깨닫는 자가 있을 것이다. 십자가의 소상도(塑像圖)와 영괴

---

**123** 『推測錄』, '推己測人: 推師道測君道', "名雖殊, 而其實皆天也, 後學之不能達觀者, 因其命名之義, 而所究不同, 因其所見之各異而, 趨向漸歧."

**124** 『推測錄』, '推己測人: 西敎沿革', "所稱一體三身·降生·諸靈怪, 反又甚於佛敎, 是可謂不善變也,…變改修明西敎之不善變者, 又至一變之善, 可至於常道也."

설(靈怪說)과 첨례회(瞻禮會)를 처음에야 평생토록 종사하지 않다가 나중에는 백성에게 그릇된 믿음을 못하게 금지하는 데 이를 것이다"[125]라 하였다. 그는 서양의 과학기술은 긍정하면서도 서양종교의 신비적 신앙은 잘못된 것이요, 서양의 합리적 과학지식이 발전하면 스스로 부정되는 시기가 올 것이라는 견해를 밝히고 있는 것이다. 따라서 서양종교의 신비적 신앙을 과오로 인식하지만 비판할 필요도 없이 불합리한 신앙내용은 합리적 과학지식의 발전에 따라 스스로 폐기될 것이라는 신념을 보여주고 있다.

그는 서양종교에서 말하는 '상제'(上帝)나 '주재'(主宰)의 개념에 대해서도 실체로서 인정하기를 거부하여, "이른바 상제(上帝)니 주재(主宰)니 하는 것은, 다만 그 '신기'가 발용하는 덕을 가리키는 것일 뿐이요, 그 전체를 들어서 주재자가 있는 것이 마치 한 집안에 주인이 있는 것이나 한 나라에 임금이 있는 것과 같은 것은 아니다"[126]라 하였다. '기' 내지 '신기'의 작용 바깥에 별개의 실체가 있어서 세상을 주재하는 것이 아님을 분명히 밝히고 있다. 그렇다면 최한기는 종교의 신앙대상으로서 궁극존재인 '상제'·'천주'·'신'이라 일컫는 것은 모두 '신기'의 작용에 따른 한 양상을 가리키는 것일 뿐이니, 인간의 의식이 만들어낸 관념적 존재로 한정되고 만다.

19세기 조선사회의 유교지식인들은 서양종교를 극단적으로 배척하면서 서양의 과학기술에 대해서도 거부하는 폐쇄성에 사로잡혀 있었다. 이러한 폐쇄적 사유를 깨뜨리기 위해 최한기가 주장하는 요점은

---

**125** 『推測錄』, '推己測人: 西教沿革', "念西洋各國, 才智世進, 法術漸明, 畢竟有見得經常之大道者, 以十字架塑像圖靈怪說瞻禮會, 始則終身不事, 至於禁民爲非."
**126** 『神氣通』, '體通: 天地通難易', "所謂上帝云主宰云者, 特指其神氣發用之德而已, 非擧其全體有主宰, 如一家之內有主人, 一國之內有人君也."

서양종교의 배척이 급한 것이 아니라 서양의 실용적 과학기술의 수용이 시급한 것임을 역설하였다. 곧 "교술(敎術)이 비록 여러 가지이나, 총괄하면 권선징악에서 벗어나지 않는다. …남을 비난하면서 고루함을 지키는 사람은 남들도 반드시 도우려 하지 않을 것이나, 남에게서 취하여 이롭게 하는 사람은 남들도 반드시 잘 이용할 것이다. 그러므로 서교(西敎)가 천하에 만연하는 것은 근심할 것이 아니고, 실용(實用)을 온전히 취하여 쓰지 못함을 걱정해야 할 것이다"127라 하여, 서양에 대해 배척의 적대적 관계를 벗어나 실용적 지식을 섭취하며 서로 도울 수 있는 소통의 교류를 요구하고 있는 것이다.

최한기는 모든 인간이 소통할 수 있는 공통의 기반인 마음으로서 '신기'와 언어와 풍속의 전통 속에 형성된 종교로서 '교법'의 관계를 음미하면서, "'신기'가 '교법'에까지 통달된 다음에라야 막중한 책임을 담당할 수 있으며, 죽을 때까지 실천해 갈 수 있어야 큰 덕을 드러낼 수 있을 것이다"128라 하였다. 인간과 인간이 소통하고 인간과 세계가 소통하는 마음으로서 '신기'가 확보되고, 이렇게 소통하는 '신기'가 풍속과 언어의 전통 속에 형성된 '교법'의 종교에 까지 실현되어야 그 종교도 전통의 굴레에 사로잡히지 않고 소통할 수 있는 길을 열게 되는 것임을 확인한 것이다.

따라서 마음이 열리고 '신기'가 소통한다면 온갖 종교의 독선과 폐쇄성을 넘어서 소통의 길을 찾을 수 있을 것이라는 신념을 보여준다.

---

127 『推測錄』, '推物測事: 東西取捨', "敎術雖多, 總不離於勸善懲惡,…非諸人而守陋者, 人必寡助, 取諸人而爲利者, 人必爲用, 是以西敎之蔓延天下, 不須憂也, 實用之不盡取用, 乃可憂也."
128 『神氣通』, '體通: 天下敎法就天人而質正', "神氣達於敎法, 而後可以任重致遠, 克擧大德."

여기서 그는 "겨를 까불어 낟알을 취하는 방법으로 여러 '교' 가운데서 하늘과 사람의 마땅함에 절실한 것을 가려서 취하며, 허무하고 잡박하고 괴이하고 허망한 것을 제거하함으로써, 천하 만세에 통행할 수 있는 '교'를 삼는다"[129]고 하였다. 그가 추구하는 소통된 세계의 종교로서 '천하 만세에 통행할 수 있는 종교'(天下萬世通行之敎)를 제시하며, 이러한 종교의 이상적 모형을 실현하기 위해서는 여러 종교 속에 들어 있는 온갖 거짓과 허망함을 제거하고 인간과 하늘에 절실한 도리를 확보해야 하는 매우 인위적인 절차가 요구되고 있는 것이 사실이다. 물론 그는 이러한 종교적 소통과 일치의 실현을 위해 억지로 강요해서는 안되는 것임을 분명하게 인식하고 있다. 곧 '신기'의 기반을 확보하고 '신기'의 소봉을 이룸으로써 궁극적으로는 지역과 관습에 고착된 종교와 문화와 사회의 통합도 가능하다는 신념이 바로 최한기의 '신기철학'이 지향하는 목표라 할 수 있을 것이다.

---

**129** 같은 곳, "揚粃取粒之方, 諸敎中擇取切實於天人之宜者, 除去虛雜怪誕者, 以爲天下萬世通行之敎."

## 6 최한기에서 '신기'의 추측과 소통이 지닌 의의

최한기는 조선후기 실학자의 한 사람이니 분명 유학자이다. 그러나 그는 유학의 어느 학파나 학맥에도 소속시키기가 어려운 인물이다. 장재(張載)나 서경덕(徐敬德)의 '기학'에 가깝다고 하기에도 그는 이미 성리학의 '기학'에서 벗어난 독자적 '신기철학'의 체계를 제시하고 있다. 그의 철학적 기반은 어떤 사유체계를 계승하는 것이 아니라 서로 다른 이질적 사유체계를 소통시키는 논리를 추구하는 것이다. 바로 이 점에서 그의 '신기철학'은 유교전통 속의 '기학'과 서양과학의 '기학'을 소통시키는 논리로서 계발된 것이라 할 수 있다. 그는 서양의 과학기술을 '기학'으로 이해하고, 새로운 세계를 열어가는 합리적 사유의 기준으로 서양과학을 받아들이고 있는 것은 분명하다.

그의 '신기철학'을 다시 요약해보면 우주의 전체를 구성하고 있는 근본바탕을 '기'로 인식하면서, 그 '기'의 활동능력을 '신'이라 한다. 따라서 '기'는 '신'의 덕을 지닌 '신기'요, 우주의 '신기'는 유행(流行) 내지 운화(運化)하는 활동을 하며 인간의 '신기'는 '추측'(推測)의 활동을 하는 양상의 기본적 차이가 있음을 제시하였다. 자연의 '유행'하는 '신기'

가 인간의 '추측'하는 '신기'의 근거이지만, 미루고 헤아리는 '추측'활동
은 인간의 '신기'가 지닌 고유한 활동양상임을 강조한다.

인간의 '신기'가 '추측'하는 것은 바로 마음의 지각활동이요, 따라서
인간의 '신기'는 마음이라 일컬을 수 있는 것으로 본다. 실재하는 것은
'신기'요, 마음은 인간의 내면에 별도로 존재하는 것이 아니라 인간의
'신기'가 '추측'의 지각활동을 하는 양상을 가리키는 명칭일 뿐이다. 바
로 이 점은 성리학에서 '심'을 '기'로 파악하더라도 최한기의 '신기'로서
'심'개념과는 달라지며, 그가 사용하는 '심'·'성'이나 '이'·'기'개념은
이미 성리학의 틀을 벗어난 자신의 '신기철학'으로 체계화 되고 있는
것이다. 여기서 인간의 '신기'가 '추측'하는 마음의 활동은 감각기관을
통해 사물의 세계를 감각하는 경험에 기반하여 '추측'의 지각활동을
전개하며, '추측'을 통해 인간은 외부세계와 소통을 이루는 독자적 역
할을 하는 것으로 인식한다. 바로 이 점에서 최한기의 '신기철학'은
'추측'과 '통'을 핵심개념으로 삼고 있는 것이라 할 수 있다.

인간의 마음이 '추측'하는 지각활동은 감각기관에 기초함으로써 철
저히 경험적 성격을 띠는 것이요, 감각적 지각의 경험에 따라 미루고
헤아리는 '추측'의 인식과 판단이 이루어지고, 다시 경험을 근거로 증
험되어야 '추측'의 정당성이 확보될 수 있는 것으로 본다. 이와 더불어
'신기'로서의 마음이 경험과 '추측'을 통해 이루는 성과와 목적은 자신
과 외부세계 사이를 소통시키는 것이다. 소통의 근거는 인간과 자연
이 '신기'라는 공통기반을 지녔다는 사실이요, 소통의 방법은 인간 마
음의 '추측'활동이다. 따라서 소통이 이루어짐으로써 '추측'도 정당하
게 되고 완성될 수 있는 것이라 보았다.

사실상 최한기가 『신기통』과 『추측록』을 저술하였던 1836년의 조

선사회는 1780년대 조선사회에 자리를 잡기 시작한 천주교 신앙을 배척하는 척사론(斥邪論)이 도학이념의 시대적 주제로서 정립되었고 1860년대 서양무력 침공을 계기로 서양문물 전면적으로 거부하는 한말도학의 위정척사론(衛正斥邪論)으로 서양에 대한 적대적 의식이 강화되어가는 상황이었다. 이러한 시대에서 그는 서양의 과학기술을 수용하는 체계적 이론을 펼쳤던 거의 유일한 인물이라 할 수 있다. 그것은 최한기의 가치기준이 실용과 합리성에 근거한 소통에 있었던 만큼, 동시대의 다른 학자들과 교류나 토론조차 어려운 독보적 성격을 지닌 것이었고, 또한 그 시대의 한계를 넘어서 다음 시대를 열어주는 선구적 사상이었던 것이 사실이다.

최한기에서 '신기'의 '추측'으로서 마음의 활동은 경험을 통한 지각활동이요, 도덕의식과 규범도 경험을 통해 형성되는 것이다. 또한 '추측'의 지각활동이 소통을 지향하는 것과 더불어 도덕의 사회적 실현도 궁극적으로 천하가 화합하고 일치하는 소통의 실현을 추구하는 것이다. 바로 이 점에서 그는 분명히 유학자요, 유교전통의 도덕규범으로서 '강상'과 '인의'를 기본으로 받아들이지만, 다른 한편으로 유교와 더불어 불교·기독교 등이 소통하여 천하가 하나의 '교'(종교)로 행해지는 이상을 제시하고 있는 사실은 유교조차도 동양과 서양이 소통해야 하는 새로운 세계질서의 이상 속에서 상대화되고 선택적 조건으로 남게 되는 것임을 보여준다. 곧 새로운 시대가 지향하는 소통의 기본모형으로 유교적 도덕규범과 서양의 과학기술이 결합하는 '동도서기론'(東道西器論)의 성격을 드러낸다. 그것은 이미 유교전통의 계승론이 아니라 서양과학의 경험적 합리적 사유에 의한 유교전통적 사유의 변혁을 통한 소통을 추구하는 것이라 할 수 있다.

# 참고문헌

* 文集

金平黙,『重菴別集』　　　　　　朴趾源,『燕巖集』

愼後聃,『河濱全集』　　　　　　柳重教,『省齋集』

李晩采,『闢衛編』　　　　　　　李　植,『澤堂別集』

李　瀷,『星湖全書』·『星湖僿說』　李恒老,『華西集』

李獻慶,『艮翁集』　　　　　　　丁若鏞,『與猶堂全書』

崔漢綺,『明南樓叢書』　　　　　洪正河,『四編證疑』

黃德壹,『拱白堂集』


* 漢籍 · 史料

葛洪,『抱朴子』　　　　　　　　荀卿,『荀子』

利瑪竇,『天主實義』　　　　　　朱熹,『朱熹集』·『朱子語類』

墨翟,『墨子』　　　　　　　　　張載,『正蒙』

『正宗實錄』·『純祖實錄』, 국사편찬위원회.


* 西學書

달레,『한국천주교회사』, 안응열·최석우 譯, 분도출판사, 1980.

로베르,「李碩士旅軒下－佛人謹謝」·「答嶺南儒者李沂書」

方豪,『中西交通史』, 臺北, 中國文化大學出版部, 1983

徐宗澤,『明淸間耶蘇會士譯著提要』, 北京, 中華書局, 1989.

윤재영 譯,『黃嗣永帛書 外』, 正音社, 1979.

李能和,『朝鮮基督敎及外交史』, 朝鮮基督敎彰文社, 1928.

利瑪竇,『天主實義』, 송영배外 譯, 서울대 출판부, 1998.

李檗,『성교요지』, 하성래 譯, 성 황석두루가서원, 1986.

丁若鍾,『쥬교요지』, 京城府明治町天主敎會, 1932.

* 연구서 · 논문

금장태,『동서교섭과 근대한국사상』, 성균관대 출판부, 1984.

＿＿＿,『조선후기 儒敎와 西學』, 서울대 출판부, 2003.

김옥희,『曠菴 李檗의 서학사상』, 가톨릭출판사, 1979.

이원순,『한국천주교회사연구』, 한국교회사연구소, 1986

조 광,『조선후기 천주교사 연구』, 고려대 민족문화연구소, 1988.

차기진,『조선후기의 西學과 斥邪論연구』, 한국교회사연구소, 2002

한우근,『星湖 李瀷 연구』, 서울대 출판부, 1980.

홍이섭,『韓國史의 방법』, 탐구당, 1970.

이원순,「西洋文物과 漢譯 西學書의 傳來」,『한국사』14, 국사편찬위원회, 1975.

＿＿＿,「星湖 李瀷의 西學세계」,『교회사연구』1, 한국교회사연구소, 1977.

주명준,「天主敎 信徒의 西洋船舶請願」,『교회사연구』3, 한국교회사연구소, 1981.

최석우,「Dallet가 인용한 정약용의 韓國福音傳來史」,『李海南華甲論叢』, 1970

# 인명색인

# 금장태 (琴章泰)

1943년 부산 생
서울대 종교학과 졸업
성균관대 대학원 동양철학과 수료(철학박사)
동덕여대 · 성균관대 · 서울대 교수역임
현 서울대 종교학과 명예교수

• 주요저서
『비판과 포용—한국실학의 정신』
『귀신과 제사—유교의 종교적 세계』
『한국유교와 타종교』
『율곡평전—나라를 긔정한 철인』
『다산평전—백성을 사랑한 지성』
『퇴계평전—인간의 길을 밝혀준 스승』
『경전과 시대—한국 유학의 경전활용』
『선비의 가슴 속에 품은 하늘』 외

실학과 서학
—한국근대사상의 원류

## 실학과 서학-한국 근대사상의 원류

**초판 인쇄** | 2012년 7월 25일
**초판 발행** | 2012년 8월  9일

**저    자**   금장태

**책임편집**   윤예미

**발 행 처**   도서출판 지식과교양
**등록번호**   제 2010-19호
**주    소**   서울시 도봉구 창5동 262-3번지 3층
**전    화**   (02) 900-4520 (대표)/ 편집부 (02) 900-4521
**팩    스**   (02) 900-1541
**전자우편**   kncbook@hanmail.net

ⓒ 금장태 2012 All rights reserved. Printed in KOREA

ISBN 978-89-94955-92-6   93150                    **정가** 21,000원

저자와 협의하여 인지는 생략합니다. 잘못된 책은 바꾸어 드립니다.
이 책의 무단 전재나 복제 행위는 저작권법 제98조에 따라 처벌받게 됩니다.

이 도서의 국립중앙도서관 출판도서목록(CIP)은 e-CIP홈페이지(http://www.nl.go.kr/ecip)에서
이용하실 수 있습니다. (CIP제어번호: CIP2012003371)